情報系基礎と会計システム論

―内部統制のシステム観―

田端哲夫
［著］

税務経理協会

まえがき
～総合知に向けて～

21世紀に入り，情報社会はめまぐるしく変化している。この変化は，インターネットの出現による変化であり，このきっかけはコンピュータの出現である。会社や組織で働く人々にとってＩＴ（情報技術）の活用が重要であるということは良く知られている。そして，ＩＴマネジメントは，情報技術の発展と共に変化している。日本においては，最近，ＩＴではなくＩＣＴ（情報通信技術）と呼ばれるようになった。そのＩＣＴを戦略的に活用しようとするときに，書店に出かけられてもパソコンやアプリケーションソフトなどのテクノロジー系の本は多くあふれているが，意外と経営情報や会計システムの本が少ないことに気づかれた方々は多いのではないだろうか。その理由には，これらの書籍が自然科学系の書棚と社会科学系の書棚に分散して置かれていることにも原因がある。

「経営情報論」や「会計情報論」は，テクノロジーからのアプローチではなく，ビジネス経営論からのアプローチである。しかし，コンピュータやインターネットの技術が企業経営に与えた影響について考慮することは大変重要なことである。経営・会計情報論は，必ずしもコンピュータによる情報通信技術を前提にするものではないが，現代の経営・会計情報論にとって，コンピュータによる情報通信技術は極めて重要な役割を果たしている。

日本の大学では，「経営情報」「情報会計」に類する科目は，ビジネス系の学部ではほとんど設置されているが，必ずしも多くの研究者に支持されている一般的定義が存在するわけではない。「情報会計」は，グローバル化された「制度会計」に押され情報提供会計として内包され衰退しているという意見もある。しかし，情報資源を迅速に収集し，有効に活用し，さらに情報を生成するためのマネジメントには不可欠であることは認められている。情報通信技術の発展が加速されているために経営情報学や会計情報学の領域が日増しに拡大している状況であり，社会科学としての存在意義は増している。いまは，情報会計を会計情報として，情報論から捉え直し，制度会計も会計情報の範疇に入れ，システムとしての会計として捉え直すことが重要となっている。

情報系基礎と会計システムの関連を探るときの観点は，人間とコンピュータとの果たす役割の相互関係を把握することからはじめ，システム論からのアプローチを主として情報学と会計学の発展がビジネス経営に与える影響を考える。情報系基礎学は，文系と理系を結ぶ「総合知」という性質を持っている。また，コンピュータもメインフレームのときには理系の学問であったが，パソコンがベースになってくると文系と理系の知が結びつき始めた。情報概念による「総合知」が情報学であり，ビジネスの現象を扱う分野を経営情報学という。「総合知」は，個人がビジネスにおける自らのポジショニングや活動の意味を把握しつつ，主体的に自律的に人間らしく生きていくための力になる。

会計という専門を極めるためにも，その周辺科学である情報学を「総合知」として学ぶことが重要である。専門性をより詳しく掘り下げるためにも周辺科学をより広くしなくては専門性をより深く掘り下げることはできない。専門知を深めるためにも，「総合知」が必要なのである。専門知を極めることは，石油を掘り出すためのボーリング（Boring）方式に似ている。この方式は，近代科学の要素還元方式のようであり，１つの細い穴を掘り進んでいく。しかし，「総合知」は，手掘り方式である。ある専門知を求めてスコップで大きな穴を掘りながら進んでゆくようなものである。この周辺科学が，総合知であり，リベラルアーツである。

「総合知」とは，文系の学問に対して理系の学問を広く浅く学ぶことではなく，文系と理系の学問を秩序により関係性を見出そうとすることであり，手掘り作業のことである。手掘り作業は，深く掘り下げるだけではなく，周りである周辺科学の関連性を見つけ出すことに意義がある。ボーリング方式の方々から見ると中途半端な探求であると受け取られかねないが，それは，専門を掘り下げる方式の捉え方ではないので決して，基礎を並べられているだけではない。

本書では，財務会計分野における内部統制という専門に関連する周辺科学について述べている。会計という文系の学問とコンピュータ科学やシステム論の理系の学問は，ビジネスという実践の場において融合している。内部統制システムを企業に取り入れるためには，情報学やシステム論を理解し周辺科学を広げることである。この「総合知」を広げることは，法律により内部統制を取り入れるという行動様式ではなく，企業改革のためにも有効活用し，主体的に導入するためにも内部統制のシステム観を持つことができるようになる。この場合の周辺科学は，「広く浅く」ではなく，専門と結びつけて認識を広げ，新しいことを受け入れることによってできるのである。これは，学問と学問を融合しているのではなく，学問とビジネスの実践を重ね合わせることにより新しい展開を試みていることである。

要素還元的に分割された文系分野と理系分野を簡単に融合させることはできない。「文系理系の融合」などは簡単にできることではない。そこには，ビジネスの場であり，生活の場の中で関連させ，重ね合わせていくという方法しかない。その中で理系にとっての文系という「総合知」が生まれ，文系にとっての理系分野の「総合知」が生まれる。

そして，情報提供会計学は，領域を拡大しつつある。特に，会計学と情報システムとの関連は，コンピュータの出現から大変便利に双方が重宝しながら受け入れてきた。情報革命との波に乗って，情報会計などが囃し立てられた。そして現在は，情報学としての会計へと変貌を遂げようとしている。

それは，専門知としての会計学だけではなく，ビジネス社会においては，一般の人々が知っていなくてはならないリベラルアーツとしての会計でもある。会計は，経理部や会計士の専門分野だけではない。一般社員も決算書ぐらいは読めるようになっていなくてはならない。自分１人で起業をしようとしたときには，パソコンを利用してでも自分の確定申告ぐらいは，指導を受けながらでも作れなくてはならない。日本におけるサラリーマンは，源泉徴収制度があるために，その意識は薄い。しかし，リベラルアーツとしての会計が認識されることにより変化は期待できる。そのリベラルアーツとしての会計は，今までの複式簿記による記帳技術を中心とする会計技術ではなく，経営の意思決定と行動に影響を与える会計情報であり，コンテンツを重視した情報システムであろう。会計に対する能力は，ただ単なる簿記の記帳技術だけではなく，経営の意思決定に関わる情報が提供できる能力が重要であり，解釈できる情報リテラシーが重要視される。

これからの時代は，文系の分野の人々にとっては，理系分野を基礎とし，理系分野の人々にとっては，文系分野を基礎として認識する必要性がある。理系でも経営や会計，法律，倫理の知識は欠かせない。文系でも，科学やコンピュータの影響を理解し，意思決定する能力は，読み書きそろばん能力と同様に大切になっている。

情報系の学問は，文理の二分法は合わなくなっている。理系，文系さらに専門ごとにたこつぼ化しては学問レベルを上げることはできない。各専門分野に情報系学問を受け入れるべきである。これは，キャリア教育や生涯教育の場などでリベラルアーツを基本に据えた新しい学問のあり方を探ることが日本の将来にも必要となるであろう。

本書は，そのために，序章では「パラダイム・シフト」として近代科学のパラダイムの変遷から始め，機械論的パラダイムである要素還元主義から生命的パラダイムである一般システム理論への転換期として現代を見ている。

その中にあって，企業経営の実践の場で情報を問い，情報学によって経営・会計を重ね合わせている。そして，この情報をもたらす大きなファクターの1つとしてコンピュータの存在も述べ，組織文化とテクノロジーとしてのネットワークも文系的要素と理系的要素を交互に関連づけて章立てを配置している。このように内部統制システムの専門知を求めながら，その周辺科学としての情報とコンピュータなどの理系分野と経営学と会計学の社会科学分野を探求するという総合知を目指している。

本書をまとめるに当たって，株式会社税務経理協会書籍企画部課長の新堀博子氏と書籍製作部の飯森正恵氏には大変お世話になった。校正には相当の手直しをしてしまいご迷惑をおかけしたことをお詫び申し上げます。

2007年2月

大津市比叡平にて

田端　哲夫

目　　次

序章

パラダイム・シフト

第1節　コンピュータと人間

アーサー・C・クラーク[1]は，「……『2001年宇宙の旅』の冒頭でご覧にいれたように道具というのは人類が出現する以前からあったのです。簡単な道具でも，それを使う動物を変えてしまう力を持っています。たとえば，我々の祖先は両手で道具を使えるように直立歩行になったのです。これらの変化によって私たちは生まれました。この変化が完成した時，それ以前の古い形は全て無用になったのです。つまり，最初に道具を使ったヒトザルは，そのことでヒトザルという種を地球から消し去ったわけです。言ってみれば道具が人間を発明したのです。決して，その逆ではありません。今そのサイクルが，又，始まろうとしていますが，この結果は誠に興味深いものです。今やコンピュータの出現によって，人間のようにふるまう機械が生まれ始めました」[2]といった。実際に，人間に近い動きをするロボットも出現してきている。ロボットは，人間に近い動きはするが，その動き方は人間が指示し，プログラムを組んでおかなくてはならない。このようにコンピュータは，人間が意思を持って使う道具なのである。

すなわち，人間にとってコンピュータの出現は，次にどのような人間を作ろうとしているのかという課題を発生させている。このような解釈は，ドイツの社会主義者であるフリードリッヒ・エンゲルス[3]の「自然弁証法」の中にも，次のような文章がある。それは，「人間は『道具』を発明し利用する。それを使うことによって，逆に人間は「道具」からの反作用的な影響を受ける」というのである。人間と道具の関係は，エンゲルスが表現する道具からの反作用的な影響を考えることにある。この道具は，コンピュータであり，メディアでもある。コンピュータやメディアは，人間の文化を変容させる力がある。そして，インターネットというメディアは，人々の意識と行動を変容させ，社会の文化を変える。

コンピュータという道具は，人間が意思を持って使う道具であるために，かつての単純な道具よりもより一層，人間に与える影響は大きなものであろう。コンピュータと人間の関係を考える材料として，チンパンジーと道具の関係を実験したテレビ番組があった。ＮＨＫの「科学ドキュメント」[4)] で放映されたもので，「石器を使うチンパンジー」という題名で放映されていた。

それは，サーカスにいるチンパンジーが，三輪車でも竹馬でも巧みに使いこなしている状況を，本当の意味で道具を使いこなしているということにはならないという。しかし，多摩動物公園の飼育係がチンパンジーに石器を使わせるように訓練ではなく教え込もうとした。そこで，20年前に人間の家庭で育てられた経歴があるチンパンジーを，人の動作に興味を持つに違いないと気づいた飼育係が実験することにした。実験を始めて半月後に成功し，チンパンジーはクルミ割りの意味を理解し，簡単にできるようになったのである。

次には新しい段階の実験に入り，檻の中という特殊な条件ではなく，群れの自由な行動の中で，クルミ割りが他の仲間に広がるかということを調べる試みを行っている。自然に近い状態で作られた動物園の中に子供のチンパンジーが３頭いる。この３頭の子供のチンパンジーは，いろいろなものに興味を持っているので，くるみ割りを覚えるのではないかという実験を行うのである。このときの条件は，動物園のチンパンジーには，自分の意思で行動するように自由にさせてある。

そして，もう１つの実験は，サーカス団で訓練させられたチンパンジーと比較している。そして，動物園のチンパンジーは，実験を始めて２ヶ月後に，子供のチンパンジーは石器を使えるようになった。それと同時に，サーカスのチンパンジーは，飼育員の指導の下に，約10分でできるようになる。これを見ていた多摩動物園飼育係の吉原耕一郎氏は，「このチンパンジー達は，元々指導者の命令をよく聞くように仕込んでありますので，チンパンジーの意思でやったのではなくて命令でやったわけですから，これでは文化にまで広がるかどうかは分かりません」という。サーカスのチンパンジーは，指導者からだけの命令による行動は，文化にはなってこないということである。このことは，道具を使う人間が工夫することにより文化が生まれ，その文化が人間社会に対して影響を与えるのであると解釈できる。サーカスのチンパンジーには文化がなく，動物園のチンパンジーに文化ができる。そのために，動物園のチンパンジーには他のチンパンジーにその技術が波及し広がっていくのである。

コンピュータ技術は，人間の工夫によって進化し，その進化が文化となって人間社会に影響を及ぼすのである。その変化について，機械文明が現れたことにより工業化社会が生まれ，コンピュータが出現してきたことにより情報社会ができあがっている。ビジネス社会は，組織の中にいる人間が，単純に上司から，「これからは，コンピュータで仕事をせよ」と命令されたからといって改善提案が出せるような仕事になってこない理由が理解できるであろう。コンピュータのハードを導入して，組織変革しようとしても成功しない理由は，組織文化がないところには生成発展しないのである。大切なことは，組織を変革しようとするときには，組織文化を司る人間の「主体性」の存在に依存している。この「主体性」とは，仕事に対して意味が付与できるという能力であり，工夫している行動である。組織としての問題は，命令やコントロールで意味が付与できることではなく，自発性とサポートにより可能になるのである。コンピュータが生み出した情報社会は，この自発性とサポートシステムに変換している。

第２節　機械論パラダイムからシステム論パラダイムへ

16世紀に入った頃，ニコラス・コペルニクスが，地球が太陽の周りを回っているという地動説を提唱する。しかし，この当時の中世のヨーロッパでは，太陽が地球の周りを回っているという天動説が常識であった。この天動説を覆す新しい地動説が受け入れられるまでには，ガリレオ・ガリレイ，ヨハネス・ケプラー，アイザック・ニュートンなどの近代科学の創始者たちの大変な努力があったことはよく知られている。そして，この転回に端を発して，科学的な概念の枠組みが大きく変わった。このような新しい概念の展望の転換を科学者は「パラダイム」の創造と呼んでいる。

この「パラダイム」という言葉は，哲学者であり，科学史家でもあるトーマス・クーンが初めて提唱したものである。この言葉は，ギリシャ語のパターンを意味する「パラディグマ」に由来する。クーンは，科学の基礎となっている支配的な理論枠組み，あるいは一連の仮説という意味で「パラダイム」という用語を用いている。あるパラダイムが一度受け入れられると，その社会では疑われることはなかった。天動説も紀元前140年頃のギリシャの天文学者プトレスマイオスによって公式化されたものであるが，16世紀まで天動説が常識であった。しかし，地動説が受け入れられると，もう誰もが宇宙の中心が地球であるとは考えなくなった。天動説をいかに精緻な理論体系に組み立てても，地動説は生まれてこない。このようなパラダイムの転換をパラダイム・シフトと呼ぶ。

□図表序－1□ 山とトンネルの多義図形

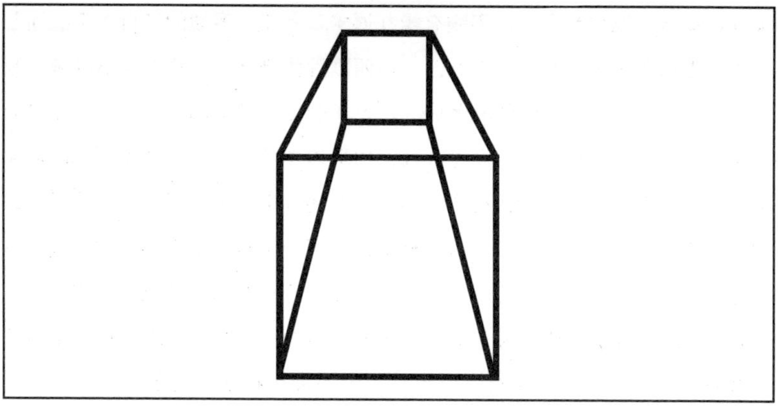

上の図を見たときには，1つの図形を見てもパラダイム（枠組み）によって違った図形になってしまう。上の図を見ると上に小さな四角を見て，徐々に下の方向に四角が大きな山のようになっている図形に見える。しかし，同じ図形を違った見方，すなわちパラダイムを変えて見てみると下に大きな四角があると見ると，奥の方向にこの四角が徐々に小さくなってトンネルのように見ることができる。全く同じものを見ながら違った図形として認識することをパラダイム・シフトと呼ぶ。

このパラダイム・シフトは，中世のキリスト教の頑迷なコスモロジー（Cosmology：宇宙論）の支配を脱して，西欧近代科学が成立していくプロセスでもあった。この時期の科学は，伝統的な解釈を引き延ばすのではなく，これを廃棄することによって近代的な理論になったのである。ホワイトヘッドは，ヨーロッパの中世を支配していたキリスト教神学が，「事実」を「啓示（神が人に教え示すこと）」に合わせようとするところにあると指摘している。啓示にあわなければ「ありえない」という烙印を押してしまうことにある。このことに対する反発が，近代科学の方向性を規定した。そのために，絶えず事実に照らし合わせ，論理の一貫性があるからといって信用しないで，「客観的」に事実を確かめようとする姿勢が生まれた。

このようにして，近代科学は，「客観性」というものを異常なほどに標榜するようになる。仮説を立て，実験を繰り返すことで，客観的に自然を記述しようとする方法が生まれた。しかし，この西欧近代科学は，絶大なる成果を収めるが，それと同時に「科学的」ということが全て真実であるかのごとく疑いを持たずにいるのが現在である。それは，中世のキリスト教の世界観に匹敵する支配力を持ったものが，近代科学であり，客観性を最重要視した「機械論的世界観」である。古代ギリシャでは，科学は観察を基本として，自然界の現象を観察分類することにより多くの法則を発見してきたが，17世紀に実験科学という新しい方法と実験結果の数学記述により，自然を研究室の中で再現することを可能にした。このことを行ったガリレオが近代科学の父と呼ばれるようになった。ガリレオは，科学者の活動を数学的に客観性を持つ対象に限定し，数量化できない主観的な特性を除外しようとしたのである。

そして，同時代にフランシスコ・ベーコンも科学の手法を編み出していた。実験を行い，一般的な結論を得た後でさらに実験を繰り返して，初めの結論を検証するという「帰納法」である。

さらに，フランスの哲学者であるルネ・デカルト（1596－1650）は，「方法序説」の中で，新しい思考体系を組み上げていた。それは，すべての学問において真と偽を区別しようとした。その根底にあるのは古代ギリシャ以来の二元論であり，複雑な問題を細かく分割して，論理的に順序を並び換える方法であった。その思索方法は，わずかでも疑わしいものは排除していくという懐疑主義である。そこで，肉体も，知覚も，絶対的ではないが，思惟するものとしての自分自身の存在だけは否定することができないことにたどり着き，「われ思う，ゆえにわれ在り」の結論を導き出す。思惟する精神と延長された物質は厳密に分離され，物質よりも精神を確実なものとして捉えた。そして，すべての自然現象を数学と結びつけようとした。測定されないものや，数量的に表せないものは非実在的であると見た。その中には，植物も動物も含まれており，生物は自動機械であるとされた。

自然現象も複雑な細かい構成要素に還元することによって全体の理解が得ら

れると考える「要素還元主義」にて分析するのである。要素還元主義とは，複雑な事物や状況を理解するには，単純な構成要素に分解し個々の要素の性質と働きを調べるのが最善の方法であるとする考え方である。この「機械論的世界観」と「要素還元主義」が，近代科学の特徴であるということができる。ガリレイやケプラー，ニュートンによって述べられた機械論的世界観は，デカルトによって哲学的に基礎づけられた。デカルトは，生物をある入力に対して決まった出力を出す存在として捉え，生物を機能的な存在として捉えた。しかし，デカルトは，人間だけは「われ思うゆえに，われ在り」という特別な存在として除外している。このデカルト以降，確立された近代的知性は自然科学という金字塔を打ち立てた。この成果の１つである古典物理学は，均質性，線形性，客観性の原理の上に成り立っている。均質性とは，時間，空間のどの点に座標の原点をとっても同じ結論が得られることであり，線形性によると，空間の一点には物理的な存在は１つしかない。力を倍加すると効果は倍加する。１つの原因に対しては１つの結果が生じる。また，客観性は，場所と実験者を問わずに，条件が同じであれば同じ実験結果が生じることを保証して，学問の絶対性の根幹となるものである。この学問は数多くの自然現象を説明できたし，その応用とみなされる技術は，社会的な貢献を成した。

しかし，自然科学が機械に向けられているときには矛盾はなかったが，人間に向けられるようになりいろいろな矛盾に遭遇せざるを得なかった。「それは，科学が人間の心を扱うとき，客観化を行うべき主観を，また客観化しなくてはならないという循環論に陥るからである。客観性を標榜するものが自己の客観性に言及するときに，当然のように論理的な矛盾が起きるのである」[5)]。

今日，中世から近代へのパラダイム・シフトと同じパラダイム転換が再び起こっている。そして，もう１つのきっかけは，パソコンや携帯電話などの中に使われている半導体チップが，電子や素粒子のミクロの世界の仕組みや法則を解き明かす量子力学であった。半導体技術の進展を支えた量子力学は，微視的な世界を説明する理論で，粒子と波の両方の性質を持つ量子という概念を基にした理論である。この量子力学が，機械論的世界観に転換をもたらしたのである。アインシュタインの相対性理論と量子力学は，20世紀の科学の世界を飛躍的に発展させた。1920年代後半に確立された現代物理学の動向であり，物理科学の最先端であった量子力学が，ニュートン・デカルト的パラダイムに対してパラダイム・シフトを迫ったのである。ハイゼンベルグやボーアらが，機械論的世界観を否定したのと同時に，観測者の重要性を強調し，主体と客体の不可分性について述べるコペンハーゲン解釈が近代科学の基盤を揺るがすことになる。

物理学で起こったパラダイム・シフトの波は，要素還元主義批判となって，科学全体の手法に対する批判につながっていった。その流れの中から，1968年にアーサー・ケストラーによって組織された「還元主義を超えて」というシンポジウムであった。このシンポジウムにおいて，ポール・ワイスは，分子生物学の進歩は目覚しいが，分子レベルのことをいくら調べても「全体の代役」にはならないことを述べている。「全体は部分の総和以上である」ことと「すべてが他のすべてに依存する」ことについての見解を発表している。この内容は，「一般システム理論」の提唱者であるフォン・ベルタランフィと同じ見解であった。この「一般システム理論」は，要素還元主義とは対照をなすもので，自然の中に構造を生み出す「秩序」を求める動きである。アーサー・ケストラーの「ホロン」という概念も「一般システム理論」の延長線上でなされたものである。

1930年代にフォン・ベルタランフィが提唱した「有機体論」は，自然を支配する一般理論を求める一般システム理論に向かう傾向が強い。機械論的世界観を極める科学的パラダイムを「要素還元主義」とするならば，生命的秩序を求めるパラダイムは「一般システム論」ということができる。フォン・ベルタランフィは，一般システム理論がいろいろな学問分野に流れていた隠れた伏流に感応した経済学者K・E・ボールディングからの1953年の来信はこうした状況をよくまとめているといっている。

「生物学からではなく経済学や社会科学のほうからですが，私もあなたとほぼ同じ結論に達したようです――つまり，多くの異なった分野に広い応用可能性をもつ，私のいう「一般経験理論」あるいはあなたのすぐれた用語でいえば「一般システム理論」というべき大きな領域があるということです。

私たちと本質的に同じ立場に達した人びとは世界中に多いにちがいありません。しかし私たちはばらばらでたがいに知りもしませんし，したがって各分野の境界を橋渡しするのは非常に困難のようです」[6]。

この来信があった翌年，1954年にベルタランフィは，ボールディングと数理生物学者のA・ラポポート，生物学者のラルフ・ジェラートと集まり，行動科学高等学術研究センター（パロ・アルト）を立ち上げ，アメリカ科学振興協会(AAAS)の学会で認められ，「一般システム研究学会（The Society for General Systems Research)」を創設し，機関誌『一般システム（General Systems)』を創刊した。1976年にコロラド大学のボールディングの元へ留学した時には，コロラド大学の行動科学研究所にて活動されていた。

第3節　ボールディングの「偉大なる転換」

ボールディングが，「一般経験理論」で自然科学と社会科学にまたがる新しい科学的研究方法を模索していた内容は，システム論であった。システム論は，ある現象を構成要素が相互に関係を持ちながら作り上げる1つの全体，つまりシステムとして理解する考え方である。これに対して，近代科学の基本的立場は，現象を構成要素に分解し，その要素の本質や本性を究め，それらから現象を理解しようとする分析主義，要素還元主義である。しかし，社会や経済，文化などのさまざまな専門分野に分割し分析してもそれだけでは社会の持つ生命力に迫ることはできない。それは，世界の本質は関係性のネットワークでつながっているシステムなのである。ボールディングは，「システムを可能な限り広く定義すれば，それは「カオス（混沌）ではない，何ものか」ということになる。その定義をさらに展開すると，秩序とパターンを示す何らかの構造がシステムであるといえよう」[7]といっている。

経済学者であるケネス・E・ボールディング（K.E.Boulding）が，著書『二十世紀の意味』の中で，社会は「偉大なる大転換」を起こしているという指摘は，科学がパラダイム・シフトを起こしている現代について理解する上で，社会科学が基礎となる学問であることを示唆している。この著書の冒頭は，次のような言葉で始まる。

「二十世紀は，人類の状態における一大転換期の中間期に当たっている。この転換期は，人類史における第二の大転換と呼ぶべきものである」[8] という視点で，第１の転換期を文明前社会から文明社会への転換期として約５千年前および１万年前に始まり，20世紀まで続いている。そして，20世紀になって第１転換期がようやく完了し，第２の転換期であり文明後社会が始まろうとしているのが20世紀の意味であるという。そして，この著書の意義は，未来社会をポジティブに描くのではなく，人類がこの転換を実現するために乗り越えなくてはならない４つの落とし穴を描いていることである。その１つの落とし穴は，戦争問題であり，第２の落とし穴は，経済的貧困の問題，第３は，人口問題であり，第４がエントロピーの問題である。

この第４のエントロピーは，熱力学から始まった用語であり，あるシステムの混沌とした状況を測るものであって，混沌とした状況をエントロピーが増大しているという。エントロピーの多いシステムは，ポテンシャルを持たないと表現している。そのために，ボールディングは，「私たちが進化過程に見るものは，エントロピー隔離のためのエネルギーを使用すべきものである。エントロピーは，混沌―奇妙な話だが，これは，或るシステムの最も確率の大きい状態と定義することが出来る―の尺度とも考えられる」[9] として，エントロピー隔離が社会の転換期の必要事項であることを述べている。すなわち，転換期の社会が，「秩序から混沌」への方向性から「混沌から秩序」への転換を計ることを指摘しているのである。

そして，実際的な認識としてこの文明社会の大転換期は，２つの部分に分かれているとしている。その第１の部分は，「農業革命」であり，第２の部分は「都市革命」であるという。この農業革命のころに文字の発明があり，農業の発展が社会の資源のより大きな部分を知識産業に配分することを可能にしたと同時に，文字は，知識産業における巨大な技術的進歩を意味するとしている。このときに，文字と一緒に学校が発達した。そして，文明社会は家族や直接接触する集団から得られた通俗的知識から学校教育や書物，職業的教育者によって伝達される学校的知識に分類している。

これらの知識の緩慢な蓄積が，第2の大転換と科学の勃興の道を開いた。西ヨーロッパでは，6世紀頃から出発点とする知識のかなり持続的な成長と技術的な進歩とをたどることができるとし，15世紀の印刷技術と時計の発明は「人間の心を宇宙のアニミズム的説明ではなく，機械的説明に向かわせた。」といい，宗教革命の「ルターが教皇の宗教的および世俗的な権威に挑戦して成功したとなると，他の人々はアリストテレスやガレノスの権威に挑戦できると思うようになる」[10] として，科学主義の始まりを指摘している。科学の勃興は，学問における1つの突然変異と見てよいといっている。

この科学革命は，物理的世界や生物的世界に関する科学的イメージに限られただけではなく，通俗的イメージにも影響を及ぼし人間自身に関する人間のイメージと社会的なイメージを含めた社会科学の領域に拡がった。ボールディングは，「通俗的知識と科学的知識との本質的相違点は，通俗的知識がその推論を経験的観察から引き出すのに反して，科学的知識はその推論を理論的モデルおよび必然的結合から引き出すというところにある」[11] として，社会科学を人間・社会システムとして知覚する科学としている。社会科学の進歩のカギは，社会観察の方法の発展にある。その方法が発達した1つが「標本調査」であり，その母集団から情報を引き出す方法である。この標本調査は，社会科学における望遠鏡の発明に相当し，深層心理学は社会科学における顕微鏡の発明に相当するとボールディングは説明している。もう1つの方法が「情報指数化のテクニック」である。これは，価格水準やＧＮＰのコンセプトによって経済学で始められたものである。経済学の場合，情報収集や情報指数化における社会科学のテクニックが経済政策に与えている影響を認知することは可能であるとしている。

このボールディングの偉大なる転換を振り返ってみることにより，コンピュータが出現したことによる社会的変化は，社会科学の意義の中に基礎科学として存在していたためにコンピュータ科学の受入れが可能となったことが想像できる。コンピュータや情報論が，社会の変化に影響を及ぼしているという見方は，文明社会を大きく変えようとするパラダイム・シフトとして，ものの見方や考え方が変わろうとしている中で捉えることの重要性を示唆している。

第4節　アルビン・トフラー（Alvin Toffler）の「第三の波」

アルビン・トフラーの「第三の波」は，ボールディングの文明社会の変化としての農業革命と都市革命を，「農業革命」と「産業革命」そして「情報革命」として3つの波で表現し直したものである。ボールディングの「二十世紀の意味」は1964年に初版本が出されているが，「第三の波」の初版本は，1980年である。しかし，トフラーのコンピュータの発展と社会の転換期に対する無批判的承認は，社会科学に相当の影響を与えたことは確かである。

このトフラーの文明認識は，20世紀型文明を，大量生産・大量消費文明であったとしている。このような認識は，トフラーが指摘する前にも，この文明に限界が見え出した30年ほど前から工業化社会に変わる新たな時代の模索が始まっていた。その時代を展望する理論としてダニエル・ベル（Daniel Bell）が脱工業化社会論を表わした。カナダのマーシャル・マクルーハンは，通信の発達により「地球村」という造語を作りメディア論を展開した。ドラッカー（P.F. Drucker）の「断絶の時代」や「知識社会論」なども出てくるのである。

ダニエル・ベルの「脱工業社会の到来」は，時代の花形産業は鉄鋼業から自動車業界へ，そして，コンピュータ業界からソフト産業へと移ってきたことを著した。この変化は，企業組織や経営のあり方，人々の生活の秩序に大きな影響を及ぼしている。いつの時代も技術上の大変革があったときは，産業や社会および人々の生活に構造的な変化をもたらされた。このような捉え方は，ダニエル・ベルが指摘していた脱工業化社会の出現は，花形企業の変遷だけでなく人々のものの見方，考え方にまで影響を及ぼしている。

「第三の波」を著したアルビン・トフラーは，「世界中でデジタル革命，ユビキタス社会の到来，ブロードバンド時代などが話題になっていますが，本当の意味は誰も理解していません。革命的な変化が起ころうとしているのです。ビジネスや経済，科学技術だけではなく，我々の考え方や，国際政治の枠組，生活の全てにおけるコミュニケーションの方法，さらには個人にとっての価値そのものが変わってしまうのです。すなわち，他人との関わり方すら考え直さなくてはなりません。今，起ころうとしている変化が，これら全てのことに強力な影響を及ぼすでしょう。もはや単なる技術上のシステム，ネットワークといったものの変化ではありません。これは革命であり，歴史上の大きな流れの一部なのです。それは家族，宗教など日常生活の全てに関わっています。それは，まさに「第三の波」と「文明の変貌」なのです。」とまでいっている。

そのアルビン・トフラー（Alvin Toffler）は，人類の生活に最初の大変革をもたらしたのは，農業の技術であったと「第三の波」[12] で述べている。道具によってもたらされる技術が，「第一の波」としておよそ1万年前に地球上に広がりそれまで狩猟や遊牧をしていた人々を農民に変えた。そして，次に「第二の波」を巻き起こしたのは，産業革命であった。新しい技術体系は農民を工場労働者に変えた。その生活様式は世界に広がり，「第二の波」の特徴であるいろいろな原則が現れた。「第二の波の国ぐにで機能してきた，支配的な六つの原則である。「規格化」，「分業化」，「同時化」，「集中化」「極大化」それに「中央集権化」という6原則は，工業化の進んだ社会であれば，社会主義国にもあてはまる原則であった」[13]。この6原則は，情報社会へとパラダイム・シフトする産業主義が転換する要素についての記述を，大変うまくまとめられているものである。この6原則について以下に簡単にまとめておきたい。

①「規格化の原則」

規格化の事例では，フレデリック・ウインスロー・テイラーを選び，仕事の手順や道具は，仕事に合わせて規格化すべきであり，作業時間も規格化することが「第二の波」で成功するための秘訣であると主張して，マネジメントの教祖にまでなった。

そして，労働の規格化により，教育関係者もカリキュラムを規格化していったとしている。度量衡についても，産業革命後の文明は，メートル法と太陽暦を採用するようになったのは偶然ではないとしている。

② 「分業化の原則」

分業化の事例では，アダム・スミス（Adam Smith 1723−1790）の「国富論」から引用している。この初版本の第１章冒頭の一説にこのように書いている。「労働の生産力における最大の改善は，分業の結果であったように思われる。そこで，一例としてピンを作る仕事を取ってみよう。現在行われているやり方を見てみると，作業は多くの部分に分割されている。ある者は針金を引き伸ばし，次の者が真っ直ぐにし，３人目が切り，４人目がそれを尖らせ，このように約18の別々の仕事に分割されていた。ある仕事場では僅か10人が仕事に従事していただけだが，1日に48,000本のピンを作ることができた。だがしかし，彼らが分業ではなく，別々で働いていたら１本のピンさえつくることができなかったであろう」としている。専門家による分業化の価値を認めたのはアダム・スミス１人だけではなかった。ヘンリー・フォードはもとより，分業化は「第二の波」では，どこの工場でも，さらには社会の全体にわたる基本的な原則になっている。この分業化と同時に専門化という風潮が高まったとして，仕事を専門的職業にしてしまったとしている。

③ 「同時化の原則」

人々が，太陽や季節のリズムに従って生きていた農業社会では，正確な時計などは必要なかった。しかし，工場の時代では，時間による統制を必要とする。１人でも時間に遅れると工場の流れ作業は止まってしまう。一斉に仕事をはじめ，一斉に仕事を終わる。それが，社会の約束事の１つになった。そして，「機械が導入されると労働歌が歌われなくなったが，こうした作業の同時化は，自然発生的であり，有機的なものであった。それは，季節のリズム，生理的な反応，地球の自転，心臓の鼓動などに倣ったものであった。ところが，第二の波の社会では，それとは対照的に機械の鼓動に合わせるようになった」[14] として，ラッシュアワーの発生も「同時化の原則」であるとしている。学校教育も，時間厳守とか，絶対服従とか，いわば枠にはまった作業をするために，必要な科目を教えてきたのではないかと指摘している。

④「集中化の原則」

集中化の原則は，市場が巨大化することによって発生した。エネルギーも石炭や石油，天然ガスといった限られた地下埋蔵物にそのエネルギー源を依存している。そして，人間の集中化も促進した。巨大な人口が農村から工場労働者として新しい都市へ移動した。住宅から工場に通う労働者の生活は，それまで農業や牧畜に生きていた時代から全く違ったものとなった。夫婦と２～３人の子どものために設計されたささやかな部屋がモデル住宅となった。ここに，核家族を中心とした現在の生活の原型がある。

⑤「極大化の原則」

「第二の波」の社会は，大きいことは良いことだという「極大化偏執狂」という症状が現れた。この傾向は，大きさと成長とを追い求めるものであり，規模を大きくすると節約が図れるという考え方である。そのことにより，極大化は「効率的」という言葉と同義語となった。「産業主義の極大化偏執狂は，工場にとどまらなかった。たとえば，いわゆる国民総生産＝ＧＮＰを統計指標とする考え方にも」[15] 極大化の傾向があると見ている。

⑥「中央集権化の原則」

「第一の波」の経済は基本的に地方分権的であり，自給自足を原則とした経済であった。「第二の波」での統合の進んだ国家経済への移行は，権力を中央に集中する方法を生み出し，個人企業も大企業も，一国の経済の支配方法を真似ていった。アルフレッド・Ｄ・チャンドラーが指摘した鉄道会社の，情報と命令の中央集権化に基盤を置いた新しい組織作りを事例に使っている。そして，中央集権化は，中央銀行の創設という形で完成させようとしたとしている。中央銀行の「役割は，政府の指示を受けて市場活動の水準や公定歩合を規制することであった。……資本主義，社会主義を問わず，第二の波の社会のあらゆる動脈に，通貨という血液を流れることになった。両社とも，通貨を吸い上げる中央機能を必要とし，その結果，中央銀行という組織がつくられた。中央銀行と中央政府は，相互に手をとりあって進むことになった。中央集権化もまた，第二の波の文明の支配的原則の一つだったのである」[16]。

これらの6つの原則が，新しい情報社会においては問題視されてくるであろうという指摘を行っている。新しいパラダイム・シフトが起こるときには，今までの原理原則が廃棄されて，新しい社会への秩序原則が形成される。

第5節　情報学の意義

一般システム理論が，理解を深めつつあった時期に，もう1つの発展が起きていた。ノーバート・ウィーナーの「サイバネティックス」やシャノンとウィーヴァーの「情報理論」，フォン・ノイマンとモルゲンシュターンの「ゲームの理論」などがほぼ同時に表れてきていた。この他にも，「意思決定理論」や「トポロジー（位相数学）」などがある。トポロジーは，数学では位相幾何学であるが，トポスとロゴスとを結合したもので論点の所在を明らかにすることを意味する。また，構造主義やトランスパーソナル心理学，複雑系の科学などがある。これらは，一般システム理論が目指したものと同じように要素還元主義の「機械論的パラダイム」から「システム論的パラダイム」への知の転換である。システム論的な発想や包括論的思想は，科学の基本に組み入れられた。このようなシステム論的新しい思考の登場は，近代主義である要素還元主義を超えようとする動きであり，特定の理論というよりは1つの世界観である。

この一般システム理論に代表される考え方は，古いパラダイムの上に立っていたものであり，そのために完成されたものではない。しかし現代の情報社会となった状況は，今までニューと呼ばれた理論が検証できる土台ができあがりつつある。コンピュータが出現した社会状況を探索するには，一般システム論的視点でなくては，問題としての解決の方向が見出せなくなっている。

このシステム論的パラダイムは，全体をシステムとしてみる見方であり，理系と文系を統合する知的な世界を作ろうとしている。ボールディングが指摘するように，この範疇にあるのが社会科学である。社会科学としてのシステム的見方とは，「個人と社会との結びつきを，個人を主にミクロ的に捉える方法ではなく，また社会を主にしてマクロ的に捉える方法でもなく，両者の総合的把握により」[17]システムとして捉える方法であり，相互作用を営む人間と人間の間に成立する行為過程に対象を求めることにより，総合的に理論的考察を加えようとする方法である。そのために，経営システムは，総合科目の範疇に入れられたり，学際的に取り扱われたりする。

しかし，現代の大学では，この「総合」という用語を専門分野の寄せ集めたもののように使っている場合がある。専門分野が縦型のそれぞれバラバラの学問体系であるならば，システム理論は，その縦型同士をつなげる横型の学問体系であると考えられる。すなわち，経営システム論という科目などは，理系と文系をシステムとしてつなげた科目群に入れるべきものである。特に「情報とは何かという問いに対し，それを人間，さらに経営者の意思決定との関連で，情報が人間主体の行動前提であるという答えを進めるために，特にその理解という点で，人文科学および社会科学の諸理論分野から学際的研究が必要となる」[18]。そして，情報学が，文系と理系を結びつける分野となるということである。コンピュータにおいても基幹システムがメインフレームであったときに比べ，皆が使うようになったパソコン時代のベースは，文系と理系が結びついているのである。理系の学問では人間を機械にしてしまっているし，文系の学問は，啓蒙時代の人間中心主義がはびこっている。経済学は，合理的経済人を想定しているだけで，合理的に行動する人間を前提としている。法律学も理性を持った責任能力のある人間を対象にしている。

学問自体が，文系と理系に区別する２分法が合わなくなってきている。たとえば，環境問題は，文系の分野だとか理系の分野だとか一概に決められない分野である。医学も一般的には理系であるが，患者の心の問題に配慮しなくてはならないことなどは人文科学の問題である。情報学が，文系の学問からアプローチする場合は，理系の学問をリベラルアーツ（教養）として基本に据えた新しい学問として捉えていきたい。

〔注〕

1） アーサー.C.クラーク：映画「2001年宇宙の旅」で有名，1917年英国生まれ。SF作家，科学解説者。「幼年期の終わり」「宇宙のランデブー」「星々の揺籃」。1989年，科学と文学への貢献により英国女王から叙勲される。
2） 日本テレビ「未知への旅～21世紀へのタイムトラベル～」1990年2月放映分。
3） フリードリッヒ・エンゲルス（Friedrich Engels 1820年－1895年）。ドイツの科学的社会主義の創始者。
4） NHK「科学ドキュメント」『石器を使うチンパンジー』1982年11月16日放映分。
5） 福村晃夫『情報学絵とき読本』オーム社，1996年，p.119
6） フォン・ベルタランフィ（長野　敬・太田邦昌訳）『一般システム論』みすず書房，1973年，p.12
7） ケネス.E.ボールディング（高村忠成他訳）『トータル・システム』第三文明社，1998年，p.10
8） Kenneth E. Boulding, *The Meaning of the Twentieth Century,* The Great Transition, Harper&Row, 1964
　K.ボールディング（清水幾太郎訳）『二十世紀の意味－偉大なる転換－』岩波新書，1964年，p.1
9） ボールディング，上掲書 p.127
10） ボールディング，上掲書 p.34
11） ボールディング，上掲書 p.63
12） Alvin Toffler, *The Third Wave,* W. Morrow&Co., New York, 1980
　アルビン・トフラー（徳山二郎監修，鈴木健次・桜井元雄他訳）『第三の波』日本放送出版協会，1980年
13） トフラー，上掲書 p.92
14） トフラー，上掲書 p.79
15） トフラー，上掲書 p.87
16） トフラー，上掲書 p.92
17） 杉原信男『経営情報と意思決定』同友館，1994年，p.12
18） 杉原信男，上掲書 p.9

第 1 章

企業経営と情報

第1節　経営資源としての情報

情報社会における企業の経営資源は，「ヒト」「モノ」「カネ」の他に「情報」（Information）が重要な要素となり，情報が，第4の経営資源と呼ばれるようになった。しかし，これらの経営資源の関係は，「ヒト」「モノ」「カネ」から「情報」が産み出されたものであり，「ヒト」「モノ」「カネ」と共にある存在なのである。もう少し，別の言い方をすれば，「ヒト」「モノ」「カネ」を鏡に映し出したものが「情報」であるといってもよい。すなわち，「情報」とは，「ヒト」の情報であり，「モノ」の情報であり，「カネ」の情報なのである。「ヒト」「モノ」「カネ」という経営資源の他に「情報」という別の経営資源が存在するわけではない。

その後，情報は，「ヒト」「モノ」「カネ」に「情報」をプラスした経営資源と捉えるのではなく，第4のクリティカル（critical：重大な）な経営戦略資源として捉えるようになった。それは，情報が「ヒト」「モノ」「カネ」の活用後に産み出されただけでなく，情報は「ヒト」「モノ」「カネ」そのものよりも先行して存在するようになり，「ヒト」「モノ」「カネ」の情報として経営戦略の資源になったことが変化の特徴なのである。第4の経営戦略資源となったのは，「ヒト」「モノ」「カネ」の情報が「ヒト」「モノ」「カネ」そのものよりも先行して，情報的相互作用するようになって初めて経営戦略資源といえるのである。

たとえば，企業の情報システム化を推進している場合，既存の業務や管理の仕事のやり方をそのままにして伝統的な事務部門の仕事として情報のシステム化を推進しようとした企業では必ずといっていいほど問題が発生し，情報システム化が推進できなかったという事例が多くあった。伝統的な事務活動を自己完結的にコンピュータに代替させても，仕事の効率化や合理化は多少上がったとしても，企業変革につながるような，本質的な改革にはつながらなかったのである。経営資源に先行した情報が，各部門や各流通などにおいて情報共有されることにより，各部門に情報相互作用されて初めて改革につながるのである。

「ヒト」「モノ」「カネ」という経営資源に情報が共にある状態で情報が処理され，「ヒト」「モノ」「カネ」に先行して活用されている事例としては，カタログ販売やオンラインショッピングに見ることができる。カタログ販売やオンラインショッピングにおけるｅコマースなどは，現物の商品を手に取る前に情報のみで商品販売を行っている。情報と「モノ」とが共にあるにもかかわらず情報のみが先行して，顧客に届けられている情報である。この関係が，「モノ」情報と現物の「モノ」そのものとあまりにも違っていると信頼をなくし，商売の継続をありえなくしてくる。そのときに，情報発信者と情報受信者の間の信頼感が生じるのは，発信している情報の価値と，受信した情報との価値の間の誤差がどの程度許容されるかにかかっている。このときの価値が共有されるならば信頼関係が生まれている。たとえば，カタログに載ったブランド・バックは，商品の信頼力だけで偽ブランドではないという信頼だけが確保できれば，どのような通販会社でも販売は可能である。もちろん，この場合は，通販でブランド物を買う必要性をどこかで訴える情報が必要であることは，また別問題ではある。

(1) 情報の一物双面観

薬局は，「薬というモノ」を売っているだけではなく，健康という情報を売っていると考えられる。不動産業者は「住宅というモノ」ではなく生活という情報を，食品スーパーは「食品というモノ」ではく，食事という情報を売っている。顧客の方も商品そのものを買っているだけではなく，その商品の持っている付加価値やイメージという情報を買っている。このような情報を売るためには，顧客のニーズを探し出すことが重要になってくる。「モノ」そのものを表す名前も情報と同じように見ることにより，「モノ」と「情報」が共にあるという意味が分かりやすくなる。このことにより，コンピュータの中にある「モノ情報」がいかに「モノ」そのものを表現できているかということの重要性が理解できる。

そのために，企業や組織体では，「ヒト」「モノ」「カネ」そのものを管理するだけではなく，ヒト情報，モノ情報，カネ情報によって効率的に効果的に管理することが可能となった。情報は，「ヒト」「モノ」「カネ」という経営資源と共にあるものとして認識し，ヒト情報，モノ情報，カネ情報を情報活動や情報現象という側面からアプローチしたものにすぎないということの認識が重要なのである。

この認識は，「ヒト」「モノ」「カネ」という経営資源を活用する業務・管理活動とヒト情報，モノ情報，カネ情報を活用する情報活動は，一物双面観としての見方である。この見方により，「ヒト」「モノ」「カネ」の状態を把握し，経営の状況を認識する情報機能としての役割を果たすことができる。そして，経営資源としての「ヒト」「モノ」「カネ」のコンテンツ状況を，迅速かつ正確に把握し活用するために情報システムを構築するのである。「ヒト」のコンテンツ状況を把握するために人事情報があり，「モノ」の状況を把握するために販売情報，物流情報がある。そして「カネ」の状況を把握するために会計情報，財務情報が必要である。これらの情報を獲得するためにも基幹系システムや情報系システムやオフィス系システムが構築されている。

情報化とは，「モノ」の生産や流通，およびそれに伴う「ヒト」と「カネ」に関する定量的な情報を流すことであると思われていた。しかし，情報社会は，情報そのものに価値が見出されるようになった。そのために，「モノ」情報と具体的な「モノ」を運搬し，販売しているのである。この「モノ」情報に定量的なデータだけではなく，定性的なデータまでが表示されるようになった。

「モノ」と「情報」の関係を価値という尺度で見直してみると，ブランドやデザインによって10倍ほどの値段になっても売れ続けている商品などの事例で理解することができる。たとえば，ルイヴィトンのバックは，モノを買っているだけではなく，価値を買っているのである。情報社会は，情報となった「モノ」と「ヒト」と「カネ」の中身（コンテンツ）に価値を求める社会なのである。これは決して，「モノ」の生産や流通の後にくっついている情報に価値があるのではない。「ヒト」「モノ」「カネ」のコンテンツという情報に価値があるのである。情報社会は，コンテンツを産出することが，経済成長や企業利益の源泉になる社会なのである。

情報がコンテンツを重要視しソフト化が進んでくるとソフトそのものに価値を持つようになり，「モノ」や「カネ」そのものだけではなく，コンテンツ・ソフトそのものに価値が見出される時代なのである。「ヒト」「モノ」「カネ」にくっついていた情報が，「ヒト」「モノ」「カネ」そのものを超えて，そのものを操作するようになってきたことを表している。

ＩＣタグの活用により，野菜などの生鮮食料品の情報を店頭の端末機にかざすと，生産者の顔までが表示される。消費者が生産から小売りまでの履歴情報が瞬時に表示されても，そのコンテンツが食の安全情報というコンテンツに結びついていないと意味のない情報となってしまう。情報社会で重要なことは，経営資源である「ヒト」「モノ」「カネ」そのものと共に「ヒト」情報であり，「モノ」情報・「カネ」情報のソフトの中身であるコンテンツに対する説明責任（アカンタビリティー）としての情報が大切なのである。

情報管理の基本は，この「ヒト」「モノ」「カネ」の状態を記録し，実際の「ヒト」「モノ」「カネ」の状況がその記録と一致していることを照合することから始まる。「ヒト」「モノ」「カネ」の状況を把握することが，情報管理なのである。管理とは，「実際には単に状況をよく把握するということである1)」。情報管理として状況を捉える方法は，情報を「ヒト」「モノ」「カネ」の経営資源の後からついているとの考え方から出発している。「ヒト」「モノ」「カネ」の具体的なものが先行して後から情報が間違いなくついているように設計しているかどうかということが情報管理システムとしての情報である。そのために，情報管理のコンピュータへの組込みは，記録をデータとして残すことにあった。それが，経営情報論となり先行する情報に具体的な「モノ」がついてきているかどうかが，信頼と価値の源泉となってきているのである。このことは，逆からいうと「モノ」と「情報」とが共にあるという関係と同じである。

(2)　ＣＲＭ（カスタマー・リレーションシップ・マネジネント）

これまでのＩＴは，合理化のツールであり，単に情報を得るためのツールとしての側面ばかりに注目が集まっていた。元々，ＩＴは，企業と顧客の関係作り，すなわち，リレーションシップを構築するためのツールでもある。言葉を変えれば，ＩＴを導入すれば，競争優位に立てる時代はもはや終わりを告げたのである。

経営情報も，パソコン活用によりデータ中心の取扱いになっているときには商品が主役であった。しかし，モノに対する付加価値が中心になると商品の情報や顧客情報が自社からの観点だけではなく，顧客からの観点からも見るようになってくる。顧客からの情報が必要となってくる。

情報通信技術とは，関係性の技術であるということが明らかになったのは，各企業がＣＲＭを重視するようになったことで理解できる。顧客との関係を重視したものが，ＣＲＭ（Customer Relationship Management）である。ＣＲＭとは，企業が顧客との間に長期的な関係を築くことである。顧客と接する機会のあるすべての部門で顧客情報とコンタクト履歴を集めて分析し，１人ひとりの特徴や取引履歴を共有・管理し，どのような問い合わせにも対応できるようにすることである。そして，顧客それぞれに対して最適な商品やサービスを，さまざまなチャネルを使い分けながら提供する。このような活動を継続して顧客満足度を高めて定着率を上げ，安定した収益を上げようとする経営方法である。

ＣＲＭを実現する情報システムが，ＣＲＭシステムである。ＣＲＭシステムの中核になるのが顧客情報データベースである。ここに顧客との取引内容や属性を格納しておくのである。データベース中心に，営業支援のＳＦＡ（Sales

Force Automation）システムやコールセンターシステムなどを統合したシステムをＣＲＭシステムと呼ぶことが多い。その柱となるのが，ウェブ・サイトや電子メールといったインターネットを介して顧客と接する「ｅＣＲＭ」の重視もある。しかし，ＣＲＭシステムの導入が盛んであった2000年前後は，システム導入自体が目的となり，顧客情報であるコンテンツに関しては後で埋めているという状況であった。

第２節　先行する経営情報

(1)　オンラインショッピング（On－Line Shopping）

カタログ販売とオンラインショッピングとの決定的な違いは，カタログ製作は想像以上に時間がかかる。商品の写真を載せて記事を書き，見本との色の違いを確かめる地道な作業により成り立っている。文字のレイアウトを確認するにも印刷を待たねばならない。一度印刷に回ってしまえば修正できないために念には念を入れる仕事である。カタログに載っていても完売している場合もある。オンラインショッピングの場合は，新しい情報をすぐに反映できる。店頭へ出るのと同時に販売することができる。カタログ販売の場合は，ページ数があるために限定されるが，インターネットの場合は，無限大に商品情報を流すことができる。顧客にとっては選択幅が増えることは確かである。

しかし，デメリットもある。たとえば色。いまや豊富なカラーバリュエーションがあるにもかかわらずパソコンで表示した場合，ディスプレーの問題で色の抑制やユーザーの調整具合で実物とは微妙に違う表示がされてしまう。今までの販売は，店頭で商品そのものを見て買うか買わないかを決めていた。しかし，オンラインショッピングでは顔が見えない。だから店側では一度は店に足を運んでもらいたいという要望がある。そのために，オンラインショッピングでもフェースtoフェース（Face to Face）の関係が重要で，顧客との信頼関係で成り立っていることを重要視しなくてはならない。これは，カタログ販売でも同じである。「モノ」の情報を扱っている人たちの思いでもある。

カタログ販売やオンラインショッピングでの販売方法の重要なものは，情報を流しているから売れているのではなく，その商品を選んでいる人を紹介し，その人のセンスなどを売り込むことである。そのためにも，フェース to フェースの知り合い関係を樹立し，信頼関係が築かれることによりビジネスとなっていくのである。このときのオンラインショッピングのスピード性や新鮮さ「モノ」に対する驚きや意外性の情報を流し続けなくてはならないメリットは，継続しなくてはならない。

オンラインショッピングなどは，フェース to フェースの関係を模倣するようにしていろいろなシステムを構築している。ｅコマースでは，バーチャルな商店街を作り，バーチャル・リアリティ（Virtual Reality）社会を創り出す。商品を買うときには「買いものカゴ」に入れたら商品を購入したようにしている。

ｅコマースの特徴を活かしたものでは，ネットオークションがその例である。商品の価格は，今までは供給者がつけていたが，ネットオークションでは購買者がつけることができる。たとえば，あるショッピングモールでは，ギャザリングというシステムを導入している。ギャザリングとは，商品の価格は一定期間の申込者の人数において決まるというシステムである。申込者が多ければ多いほど安くなっていく。たとえば，ある商品が１個から５個までの申込者の場合は7,800円で，６個から９個の場合は7,200円で，10個から50個の場合は6,980円などと決めておき，その時々で最初の価格表示やＭＡＸの数，現在の申し込み数などを表示し現在の商品価格が表示されているとその信用度も理解されやすくなるというシステムである。

カタログ販売の秘訣については，買い付けのときに，いろいろな商品を見て，瞬間にキャッチコピーが浮かばないものは売れないという。デザインと価格とキャッチコピーがシンクロした状態で，カタログが売れるという状態になると表現していた人がいたが，情報として流すものと現物そのものが，いかにシンクロしていることが重要であるかということである。

このようなカタログ販売やオンラインショッピングなどは，情報を介して商品を販売している状況で，「モノ」の情報をいかに伝え，「モノ」の後からではなく,「モノ」に先行して販売がなされている。宣伝であるカタログやホームページで見る情報と具体的な「モノ」との関係性が，信頼と価値を伝えるために工夫されている。

この工夫とは，情報の発信者が，消費者の気持ちを理解して買い付けをしているのではなく，自分が気に入った「モノ」であり，自分の主観を消費者の主観とをシンクロさせている。この「モノ」の見方は，顧客と商品とを客観的に見ているだけではなく，自分が顧客の感覚になっていることから主観的ではあるが，その状況に自分を入れたまま，客観的に見ていることをキャッチコピーとして商品情報で流していることが理解できる。この方法は，今売れている商品情報を後についているデータとして流し，意思決定しているわけではない。経営情報の取扱い方の重要性は，売れる商品の開発と創造性にある。「モノ」の後からついてきている情報をデータとして区別している。データは，過去のものであり，事後的なものを整理・記録されたものである。これを，データ処理と呼ばれる。情報は，このデータ処理も含まれるが，過去だけではなく未来を垣間見ることにある。

「モノ」と「情報」の関係を価値という尺度で見直してみると，ブランドやデザインによって10倍ほどの値段になっても売れ続けている商品などの事例で理解することができる。たとえば，あるブランドもののバックは，モノを買っているだけではなく，価値を買っているのである。情報社会は，情報となった「モノ」と「ヒト」と「カネ」の中身（コンテンツ）に価値を求める社会なのである。これは決して，「モノ」の生産や流通の後にくっついている情報に価値があるのではない。「ヒト」「モノ」「カネ」のコンテンツという情報に価値がある。情報社会は，コンテンツを産出することが，経済成長や企業利益の源泉になる社会なのである。

情報がコンテンツを重要視しソフト化が進んでくるとソフトそのものに価値を持つようになり，「モノ」や「カネ」そのものだけではなく，先行した情報としてのコンテンツ・ソフトそのものに価値が見出される時代なのである。「ヒト」「モノ」「カネ」にくっついていた情報が，「ヒト」「モノ」「カネ」そのものを超えて，そのものを操作するようになってきたことを表している。

(2) ネーミングライツ（Naming Rights）

もう１つ先行している情報の事例として，ネーミングライツ（Naming Rights：命名権）を上げることができる。情報は，ある意味で名前と同じように考えると「モノ」と「モノ情報」の関係がより鮮明になるであろう。ある商品名は，商品そのものを表している情報であるが，商品名だけを先行させて宣伝されている。ネーミングライツというのは，施設などの名称を一定期間買い取る権利であり，施設の命名権である。たとえば，2003年の３月１日に「東京スタジアム」の名前を５年間12億円で「味の素スタジアム」（東京・調布市）に変えられた。このように，スタジアムの名前がつけられると，スタジアムへの交通標識からバス停・駅の表示さらに地図までも書き換わる。そして，かなりの効果として，メディアによる露出効果などがある。この他にも，ヤフーとソフトバンクは，2003年３月31日に当時「グリーンスタジアム神戸」のネーミングライツを神戸市の承認により取得し，オリックス・ブルーウェーブの本拠地を２年間20億円で正式名称として「Yahoo！ BB STADIUM（スタジアム）」と付けられた。しかし，その後ソフトバンクはホークスを買収して，ホークスの本拠地である「福岡ドーム」のネーミングライツを2005年２月25日に取得し，「福岡Yahoo！JAPANドーム」となった。それと同時に「Yahoo！ BBスタジアム」の名称は2005年３月31日をもって契約期間満了となったので新しい名称のスポンサーが見つかるまでは「神戸球場」と呼ばれ，2005年シーズンより「スカイマークスタジアム」になっている。県営宮城球場は「フルキャストスタジアム宮城」となり，2006年４月には「大阪ドーム」は「京セラドーム」となっている。

また，サッカーのワールドカップ終了後，各施設の維持費に悩まされている各スタジアムの中，横浜国際総合競技場は年間５億円で５年以上のネーミングライツ・ビジネスを行おうとしていたがスポンサーがなかなか見つからなかった。しかし，2005年から５年間23億5,000万円で「日産スタジアム」として「横浜国際総合競技場」は契約されたが，「2005年末に世界のサッカークラブチャンピオンが結集した「トヨタカップ・ジャパン・2005」の会場となった「日産スタジアム」は，旧名称の「横浜国際総合競技場」として紹介された」[2]と日本経済新聞が記事にしているが，日本ではネーミングライツ・ビジネスが始まり出したといっていいであろう。2006年（平成18年）9月14日に中日新聞に「名古屋市　命名権売ります」[3]という記事が掲載された。11月をめどに公募開始し，1972年に開館された市民会館と1987年に開設された総合体育館（レインボーホール）を，財政難に悩む名古屋市がネーミングライツ・ビジネスに乗り出している。

このようなネーミングライツ・ビジネスは，アメリカで始まった。この動きは，1980年代にアメリカの各州が財政難に陥り，スタジアムやアリーナを造る財源がなくなったときに，新しい資金の調達方法のために考え出されたのである。たとえば，メジャーリーグのシアトルマリナーズの本拠地セーフコフィールドは，保険会社のセーフコ社が20年間48億円で命名権を購入している。アメリカのメジャーリーグ全30球団中15球団がネーミングライツを導入している。また，シドニーオリンピックメインスタジアムは，テルストラ社（通信会社）に7年57億円で売買されている。

これらのネーミングライツ・ビジネスは，スタジアムや劇場の名前を情報として売買されている事例である。このような名前の権利が，情報として取り扱うことによりスタジアムとスタジアムの名前という情報が共にある事例である。スタジアムの名前という情報を先行させた情報として，名前だけを独立させて売買されているのである。スタジアムと名前が共にあるのだが，スタジアムでテロなどの事件が発生したときやスタジアムでの不祥事があったときには，スタジアム自体のことであるにもかかわらず，先行している名前の企業がテロの標的であったように解釈される可能性もある。ネーミングライツ・ビジネスは，宣伝効果のみではなくリスクもある。このような情報の先行のためのリスクマネジメントも必要性である。これらの他にも，ライセンスビジネスなどでも同じことがいえる。

第３節　状況判断と情報学

「ヒト」「モノ」「カネ」と「情報」を把握するということは，経営状況を把握することであり，把握ができれば次は情報の判断である。

(1)　静的情報と動的情報

コンピュータを活用することにより，ある状況を数量化しまたは，具体的に状況を読み取ることによりデータ（Data）や知識（Knowledge）を増加させることができる。しかし，経営資源の活用後の情報は，静的情報と表現される。また，ただ単にデータといっている。従来，情報とは，すでにどこかにあるもので，それを獲得することが重要であると考えられていた。この情報を静的情報といい，昔の知識や死んでいるデータのことである。伝統的な情報管理の情報処理は，この静的情報を扱ってきた。そして，戦略的経営資源に先行して産み出された情報は，動的情報と呼び，意思決定に影響を及ぼす情報として意思決定情報などと呼んでいる。この情報は，動的情報であり，情報を自分で産み出し関係の中に意味と価値を見つけ出すことが重要なのである。この動的情報は，生きているデータであり，人の意思決定と行動に影響を与えるものであり，役立つものになる。

マクドノウは，情報とは，「特定の状況における価値が評価されたデータ」[4)]であるといい，静的情報であるデータを解釈することにより価値ある情報となるということをいっている。この価値あるデータを動的情報と呼ぶのである。情報と知識（Knowledge）とは，どう違うのか？図書館の本にはたくさんの知識が詰め込まれているが，それらはそのままでは情報と同じとは言えない。情報というのは使いやすい形のもの，すなわちすべての人が自由に見たり，聞いたりできるような形態になっており，さらに必要な場所へ迅速に移動されることが必要である。知識は，『生きた言葉』となって初めて情報となる。知識が情報となって，伝達，共有することができる。すなわち，知識とは，静的情報のことであり，ここでいう情報は動的情報のことなのである。知識が，情報になって生命力を有する。しかし，情報だけを追っかけていく状況は，実態はどうなっているのか，どこに問題があるのか，本質は何かを考えることができなくなる。それは，知識である静的情報を動的情報にすることが重要なのである。静的情報が解釈されたことにより価値あるものとなった動的情報を判断することが必要となるからである。

(2) 情報収集力

情報収集には，２つのプロセスがある。１つは日常業務情報と２つ目は目的情報である。１つは，日常業務情報として日々の活動の中から記憶していく方法である。一般的な学習や日常業務の体験などもあるが，この記憶した情報は整理して，必要なときに取り出せるようにしておく必要がある。そのためにも，日常業務時においても問題意識が必要となる。報告書や業務日誌，新聞や雑誌などから情報収集するときには，組織や社会における問題意識から新聞の切抜きをし，興味ある雑誌を定期購読したりして，常識的に知っておかなくてはならないと思うものについて記憶し，記録し，整理し，保管しておくのである。この情報収集が継続できる状況は，知りたいと思う「学ぶ意識」である。

日常業務情報には，3つの要素があり，その１つが現実に起こった「事実情報」である。これには，数値で残っているデータもあり，具体的な５Ｗ２Ｈの事実である。「who」誰が，「where」どこで，「when」いつ，「what」何を，「why」なぜ行ったかという事実であり，「how」いかに，「how mach」いくらで行ったかである。

２つ目が，思い情報であり，そのときの感情である。上司が，遅刻してきた新入社員に対して遅れてきたことに対する「事実」に対しては注意を促さなくてはならない。そして，今後は遅刻をしないように約束という「計画」をさせねばならない。しかし，上司の仕事としてはその後に，汗をかきながら走ってきたという思いに対しては，洗面所で顔を洗ってこいなどと遅刻を気にしながら出社してきたことに対する思い情報は新入社員に伝わるようにフィードバックしておくことが，今後のコミュニケーションを潤滑にするためにも重要な要素となる。

日常業務情報の３要素

① 事実情報⇒・手段・戦術・行動・過去・５Ｗ２Ｈ

② 思い情報⇒・感情・フィードバック（コミュニケーションのため）

③ 計画情報⇒・目的・戦略・言葉・未来

このようなときにも，今後は遅刻しないように計画させる必要があるように，３つ目は，計画情報がある。コミュニケーションは，情報収集のときには一番重要な要素となる。

しかし，情報収集におけるコミュニケーションを妨げるものが，情報内容に対する評価である。人を相手に話しているときや活字による情報収集やメディアからの情報収集でも，評価しながら情報内容を情報収集しているとそのコンテンツが入ってこない。たとえば，会話で，相手が古びた汚いカバンを持っていたときに「古そうな汚いカバンですね」というような評価の入った会話をしていると，その人がカバンを持っていることについての情報は入ってこなくなる可能性は高い。「古くて汚いものですね」などと評価された後は，そのことについて話そうとは思わないものである。その時に，「そのカバンは気に入っておられるのですか，大切に使っておられるようですね」などと聞いてくると，カバンの情報は，入ってくる可能性があるであろう。評価行為は，コミュニケーションの妨げになり情報収集できなくなる可能性が出てくる。日常業務の情報収集では，事実情報は事実として聞き入れ，情報収集のときにはその情報には評価してはならない。情報収集は，会話であり，書籍であり，メディアからの内容を事実情報と計画情報に分けながら理解することであり，相手の気持ちになって思い情報をフィードバックすることである。

２つ目の情報収集法は，一定の目標に従って必要なデータを集めることである。この中には日常情報の記憶の中から取り出すものもあれば，新しい目的に従って収集するものもある。論文を書き，仕事の課題を達成するために活動しているときには，目的思考を持って情報収集しているのである。目的を持った

□図表1－1□　情報行動プロセス

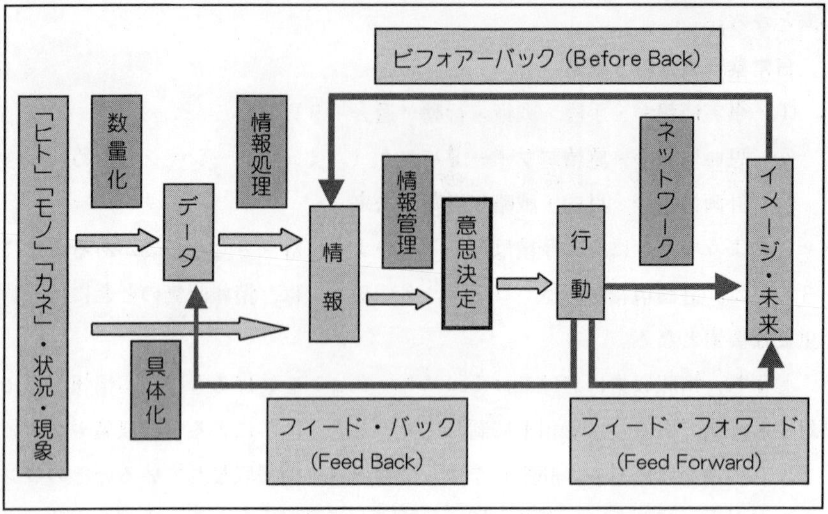

ときに初めてコンピュータが役立つ。以前，学生から質問されたことで，「今，パソコンを買いたいのですが，どんなパソコンが良いですか？教えてください。」という内容である。このようなときは，必ず「何に使いたいのですか？」という目的意識を聞くことにしている。このときに，パソコンの性能について語り出すと質問した学生はほとんどの場合意味が分からないという表情をする。特に，このような質問をする学生は，みんなが持っているので私も買っておきたいとの意識からの質問である場合が多い。パソコンのことが分からなくとも，目的意識のある学生は，大学に入学して個人的にパソコンが必要かどうかを聞きたいときには，学校で学習するときに個人的なパソコンがどの程度必要とされるかどうかについての質問ができる。もしくは，「今，先生はどのようなパソコンを使用されていますか？」という質問の場合は，パソコンを使っている目的やこの時に大変便利なことをいってあげることができる。

この事例は，パソコンについて知りたいという学習意識からの情報収集している。パソコンの機能について知りたいということと，パソコンを活用するためにパソコンについて知りたいという2通りがある。このときに聞きたい情報は，パソコンを使う状況でありこのときに活用するのに必要なパソコンのことである。このような質問のときに，どのようなパソコンの性能であるスペックを説明しても役立つ情報とはならない。しかし，その学生がパソコンを購入し，活用しより高性能なパソコンを希望しているときには，スペックの説明を情報共有する必要が出てくるであろう。

第4節　経営戦略と情報

(1)　データと情報

マクドノウは，経営の立場から「情報は現在の問題の諸要素とデータの適切な要素とを適合させる過程から得られる純価値の尺度である」[5]。として，情報・データを区別している。人が何らかの問題に直面したとき，その問題の解決に役立つデータがマクドノウの情報である。マクドノウは，データとは評価されていないメッセージであり，情報とは特定の状況と関連付けられて評価されたデータであるという。

データは，状況を観察した事象や客観的事実や材料のことであり，多くの場合数量化できるものである。データは，一定の約束事に従って数字や記号・図表・文字などで表された情報のもとになる資料のことである。ある事実や材料は，それぞれが関係づけられていない場合をデータと呼んでいる。企業経営では，商品の種類や売上高や数量・時期などの記録そのものである。このデータだけでは，経営状況を把握することはできない。なぜその商品が，この時期に，いくらで売れたのかを知ることはできない。そのために各企業は，部門データベースとしてデータを管理している。

データには量的データと質的データの2種類がある。量的データは，定量的な数値で与えられているものである。たとえば，長さや重さ，人数，個数などである。しかし，質的データは数値としては観測できないもので，色とか性別，学歴，趣味などである。ただし，質的データをダミー変数，あるいは標識をつけることにより数量化できる。たとえば，工場で作った製品を検査して，合格

□図表1－2□　情報行動プロセスの数量化

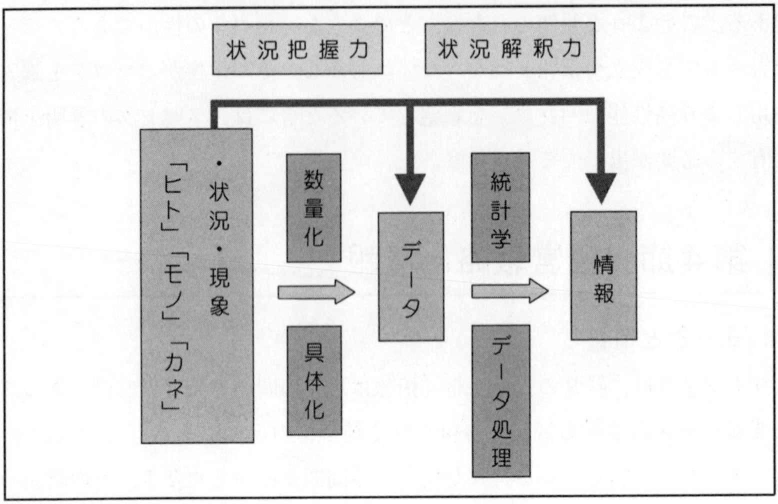

品には1，不合格品には0とつける，あるいは，男子には1，女子には0を割り当てることで，量的データとして捉えることができる。

経営判断するためには，自社のデータを処理し，他の企業や業界全体の売上状況などのデータと比較・分析するなどして関連させることによって情報として役立つようになる。データを収集し，データに含まれる意味を解釈し，情報を作りだす一連の処理を情報処理という。データ化された情報は，客観的事実を表現しているように思われているが，アンケート調査などはいろいろな主観の集まりである。しかし，これらの主観を多く集めて分析すると少しは客観的になるということを表しているのが，多変量解析である。

多変量データとは，1つのモノやヒトについて，3つ以上の測定および観察結果が得られるデータの集まりのことである。たとえば，ヒトのデータに対して体重と身長とウエストという3つの変数についての測定結果が得られているのが多変数データである。これらの多変数データを解析するための手法が多変量解析法である。多変量解析法には，予測型手法や分類型手法がある。重回帰分析などは，予測型手法に分類される。

(2) 具体的と抽象的（個別論＆一般論）

定性情報は，文章で書かれデータ化されていないものもあり，ある状況を説明して情報化するときがある。このときの情報に対しては，情報の種類を分類することができる。現場で起こっている状況は，具体的な事象である。この事象を，抽象化して報告すると現状はあまり理解できないということになる。特に，いろいろな問題が発生したときには，抽象論や一般論にしないことである。具体的に起こっていることを数値化することも具体化の１つである。

たとえば，ある文章を読み学習するときの情報収集は，その内容が具体的なのか抽象的なのかにより吟味することができる。大学などで，学習するときには，経営学などは，一般論で教えられるが，そのときにこの一般論はどのような個別論があるのかを考えながら聞いていることが，学習なのである。一般論を記録し覚えているだけでは，試験には役立つが，利用・活用できない情報となる。たとえば，「経営学部の学生であれば新聞ぐらいは読んでおくべきだ」という表現は，抽象的な言い方になる。新聞というのは，抽象的である。具体的なものは，朝日新聞であるとか日本経済新聞ということになる。

□図表１－３□　情報行動プロセス具体化

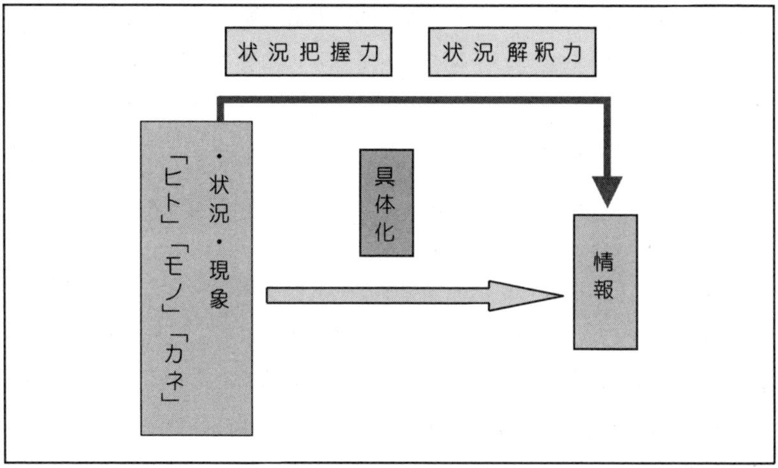

「抽象的」「一般化」などの諸概念は，具体的なものから具体性を取り去ることで到達する概念であり，情報を通して知らされるものごとの整理に役立つ概念操作を表している。具体的なものの中に帰納法により一般的な法則や原則を見つけ出すことにより，抽象化でき一般原則を作り出すのである。帰納法とは，個々の特殊な事柄や個々の具体的事実から一般的原則や法則を導き出すことなどである。ビジネス社会の全体的現象や条件の中から問題意識や関心をもつことにより，ある1つの法則性や共通性を導き出すことができる。

□図表1－4□　学習プロセス

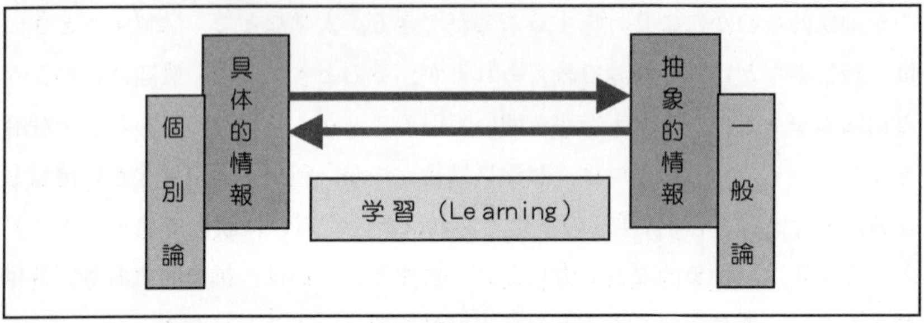

この一般的原則から個々の具体的情報を見つけ出すことを演繹法という。演繹法とは，数学の証明のようなもので，ある意義を推し拡げて説明することである。一般的原理から論理の手続を踏んで個々の事実や命題を推論する。命題とは，論理学で1つの判断の内容を「AはBだ」のような形で表したものである。数学では，その理論において真か偽か，原理的に定まっているものである。広義では，変数を含み変数の値が定まるごとに真か偽か定まるものを指す。課せられた（自らに課した）問題のことである。

学習方法としては，最初に法則性を学び，それを暗記することに主眼を置く方法もある。そして，その法則性を応用できるようにし，一般式などによる計算を学ぶ。この学習方法は，演繹法による学習方法である。この演繹法的学習方法の成果は，複雑な計算技術を使って法則性や方程式は解けるようになるが，その法則は一体何を意味し，何を語っているのかを思索し探求することを忘れてしまいがちになる。

ビジネス社会では，状況やいろいろな現象の中で，何が原因で何が条件なのかを把握し物事にあたらなくては，大きな意思決定を間違えてしまう。ビジネス社会における具体的な事実から一般的な法則や原理を探し出し，仕事を作りながら進めていくのである。このときの手法が帰納法的方法である。「帰納とは，推理および思考の手続きのことで，個々の具体的事実から一般的な命題や法則を導き出すことをいう。帰納法は，帰納を用いる科学的研究方法である。特に，ソクラテスが発見しアリストテレスが方法的に整えた還元法に始まり，スコラ哲学，Ｆ.ベーコンを介してＪ．Ｓミルが大成した」と広辞苑には記されている。

□図表１－５□　帰納法と演繹法

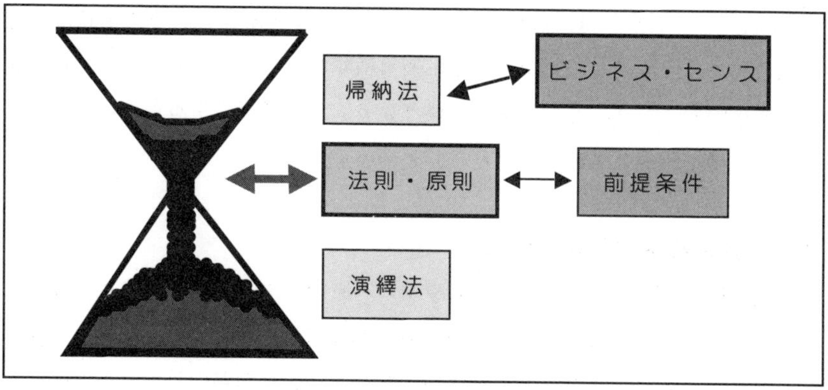

⑶　立場の点検（部分情報から全体情報へ）

ある情報を入手したときは，受信した人の立場と情報を発信している人の立場を区分して情報収集する必要がある。この区分がないと嘘の情報を真実と信じたり，一部の情報を全面的な情報と思い違いしたりする。この区別がないと情報判断を間違えてしまう。

このような情報収集の時に重要なことは，状況や現象や事物については，多面的にデータを集めることである。１つの事物といっても，いろいろな顔を持っている。コップを上から見れば丸いが，真横から平面的に見れば四角である。1枚の紙も表と裏がある。ある状況を知りたいときには，いろいろな情報収集を行うが，その1つ1つの情報がどの立場から見た情報なのか，もしくはどの立場から発信された情報なのかを捉え直す必要がある。情報はどの立場からの情報かを確かめることである。情報収集力は，事物の把握力にも影響があるといわれる理由は，多面的情報を集めることができるセンスがあるかどうかである。

立場情報が判明すれば，問題の衝突点が判る。立場情報をつかまず双方の情報の表面に出ている言葉だけを見ていると矛盾している点が見えてこない。効率性やコスト削減の観点から「結論」と「要点」だけを伝えると，「大切なこと」がつたわっていないことが多い。

「結論」と「要点」は，部分情報となっていることが多い。その情報が部分情報となっていることに気づくには，ある情報がどのような立場から発信された情報なのかということの吟味が必要となる。全面情報にするためには，それぞれの立場からの「文脈」や「背景」を探ることである。

(4) 原因の探求（条件と原因）

立場が明確になると原因は探求しやすい。原因は，立場を明確にすれば容易につかめるものであるが，この原因と条件を混同し，原因であるものを条件として逆にし，また条件を原因に勘違いすることにより問題の解決を不可能にすることもある。問題の原因や意味をつかめば，その問題は解決できる。

たとえば，販売部門において値引きの問題などがある。売上が低迷しているので値引きをして売上アップを狙うというのは，販売における条件と売上低迷の原因とを混同している典型的な事例である。たとえ，売上低迷の原因が価格設定にあったとした場合は，値引きではなく定価を変更するべきである。定価を変更するとなると，コストの見直しを行いコスト高の問題解決に入る。

情報は，簡単にいうと「もの」や「こと」の知らせなのである。人間にとってある情報に意味があるということは，その情報を受け取ることでその人が何らかの行動を示すことだとしてよいであろう。その過程にその人の判断があり，

□図表1－6□　情報行動プロセスのフィードバック

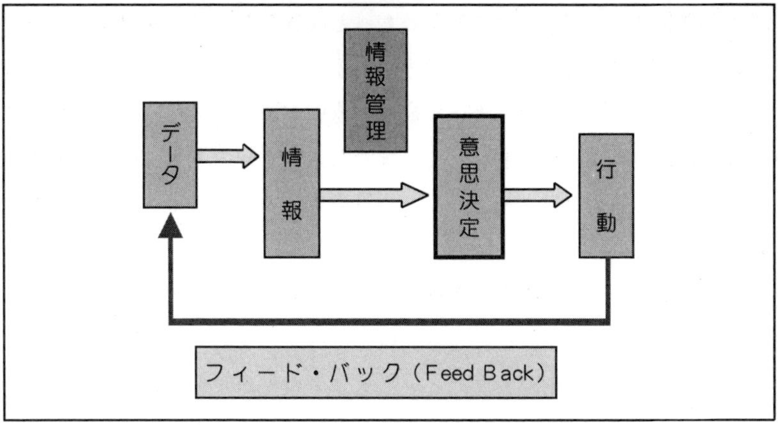

意思決定がある。

チャンドラー（A. D. Chandler. Jr.）は，戦略的決定（Strategic Decision）とは，既存の経営資源を長期的に割り振ったり，企業の健全性持続と将来の成長のために不可欠な経営資源を開発したりすることに関する決定であるといっている。すなわち，経営戦略とは，1つの企業体の基本的な長期目標を決定し，これらの諸目標を遂行するために必要な行動様式を採択し，資源を割り当てることである。

そして，戦術的決定（Tactical Decision）として割り当てられた資源に基づいて，業務を円滑に，かつ能率的に遂行していくために必要な日常的活動に関する決定を行うことである。このような戦術的決定を行うことが意思決定である。この意思決定が行動を司る。しかし，この行動が長期目標を達成するために必要となるものがフィードバック（Feed Back）機能である。

フィードバックは情報出力の一部が再入力に戻り，その結果として出力が増大もしくは減少する現象である。ここでは，行動や働きかけなどにより起きた結果が元に戻り影響を与えることとして使っている。

すなわち，フィードバックとは，ユーザが使っているものからの行動に対する道具や機器からの返答のことを指すこともある。たとえば，キーボードをタイプすると画面に文字が出るのも，電話機のプッシュボタンを押すとピポパと音が鳴るのもフィードバックである。もっと高度な例では，画面にメッセージが表示され，音声で聞こえてくる場合もある。

ユーザはフィードバックによって自分の意図が道具や機器に伝わったかどうか確認ができる。ユーザが安心して，また間違いを起こさずに道具を使えるようにするには，適切なフィードバックを返すインターフェイスをデザインするとよい。

ユーザは必ずしもデザイナーが意図したところからのみフィードバックを受け取っているわけではない。いつもの操作に付随して起こる現象であれば，それが正常を示すフィードバックだというメンタルモデルを生成する。

(5) 目的と手段（戦略と戦術）

戦略（Strategy）という言葉は，軍事用語であり，対をなす用語は戦術である。広辞苑によれば，戦略とは「戦術より広範な作戦計画。各種の戦闘を総合し，戦争を全局的運用する方法」とある。戦略は戦場での選択行為であり，戦術は戦場における戦闘方法の選択行為であるといえる。戦場を，企業活動に置き換えると市場である。経営戦略とは，企業にとっての市場の選択であり，現存する市場の現状打破を図るのか，現状維持を行うかの意思決定でもあるといえる。すなわち，経営戦略は現状打破戦略と現状維持戦略に分けることができる。ただし，経営戦略にとっては，この現状打破や現状維持が大切なのではなく，意思決定をし，行動することが大切なのである。

情報管理は，意思決定を支援するという機能を持っている。東京に行くことが目的で，戦略であるときには，戦術として新幹線で行くか自動車で行くかが手段となる。情報を行動に結びつけるためには，目的意識もしくは戦略が必要となるが，このときの意思決定を誤らせるのは，戦術である手段でもめて戦略を忘れてしまうことにある。そして，この意思決定を狂わすものは，嫉妬・疑惑・自己防衛なのである。

フィード・フォワード（Feed Forward）とは，現象を予知して対応策を立て

□図表１－７□ 情報行動プロセスのフィード・フォワード

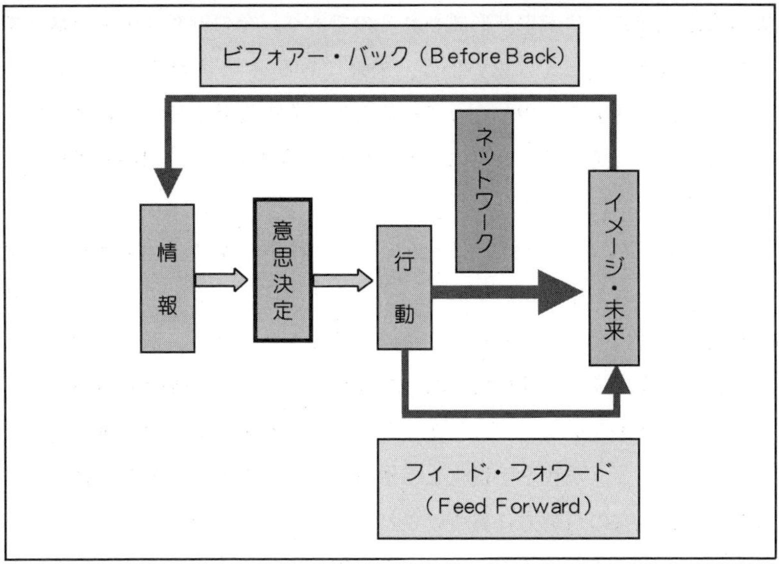

るが，結果の影響については考慮しないことである。コンピュータの制御方式や未来予測などで使用されるが，綿密な現象予知分析と対策のプログラムが必要とされる。

現在の行動が，未来を創っているのである。今を集中して生きることにより，未来を生成するのである。成るものに成っていくことである。サボって生きていると，サボった将来ができあがると考える。しかし，サボっていてもネットワークにより新しい出会いが，今までとは違う将来を創ることもある。未来は，向こうの方にあるのではなく，時間の経過によって流されていても未来ができあがっているのではない。このときのフィード・フォワードは，思い込みの夢であるとか，勝手な想像した内容ではない。データに裏づけられ情報処理され，情報による意思決定によって行動化された現象に対して予知することであり，その後のネットワークによる経済の影響やヒトとの関係などを考慮に入れて予知することである。

今をいかに生きているかという問いの中で，意思決定を積み重ねることにより未来を創っているのである。一刻，一刻の意思決定が，未来を形成している。過去の意思決定により未来が形成されるのであり，今の行動が未来を誘っているのである。このことを「思い出は，未来にある。」と表現できることなのである。思い出が過去のものとなっているのは，今の行動が日常に流されているだけの行動を含んでいる。意思決定しない人の話には，思い出話が多い。意思決定できる人には，思い入れの話が多くなる。

ビフォアー・バック（Before Back）とは，将来のイメージを創りその実現のために情報を収集することである。未来を予測するときに，予測して現れた結果を元の計画に戻して計画をより正確にすることである。未来目標に対して手段を選ぶという目標手段連鎖は，ビフォアー・バック機能である。フィード・フォワード機能をなくしてしまったイメージや未来を，経営戦略として目標にしてしまうと，現在を手段化して生きることになる。この未来は，自己認識を持って，現在の行動力に裏づけされたものでなくてはならない。今を精一杯に生きるということは，生きることが目的であり，未来のための手段としての生き方ではない。目標や夢を持つことがいけないことではなく，目標や夢が今を生きている活動に手段化されることに対する危機意識なのである。今だけを生きているとか，未来だけを考え夢に慕っているという連鎖のない生き方のことである。連鎖がないのに，現在と未来だけに関係性を持ち，ビフォアー・バック機能のみで現在を手段化する危険性についてである。全体性との関連でビフォアー・バック機能を使用することである。

〔注〕

1） 浅野理森『はじめての通信プロトコル』技術評論社，1998年，p.19

2） 日本経済新聞「競技場や文化施設に企業名」2006年6月5日付

3） 中日新聞「名古屋市命名権売ります」2006年9月14日付

4） McDonough, A. M, *Information Economics and Management System,* McGraw－Hill, 1963

A. M. マクドノウ（松田武彦・横山　保監修，長坂精三郎訳）『情報の経済学と経営システム』好学社，1966年

5） マクドノウ，上掲書 p.76

第2章 コンピュータの歴史

第1節　コンピュータの発明

コンピュータ（Computer）は，元々計算する人という意味であるが，いつの間にか機械を表す意味に変化していった。コンピュータ（電子計算機）の起源は，哲学者であり数学者でもあったフランスのパスカル（B. Pascal）によって1642年に発明された歯車式計算機である。しかし，この計算機は，構造的にコンピュータの考え方の基本になりえたという意味での起源である。もう少し複雑で機械としての完成を狙ったものは，19世紀初頭のイギリスの数学者チャールズ・バベッジ（Charles Babbage：1791－1871）が，機械式計算機を作れることを考えた。

そして，20世紀に入ってからバベッジの設計図に基づいて階差機関（ディファレンシャル・エンジン）が再現された。それは，4,000個からの部品で構成され，重さは3トンもあった。それは，31桁までの四則演算や方程式まで解ける内容である。この機械は，歯車を組み合わせただけで計算するというものであった。しかし，これらはコンピュータの祖先ではあるが，あくまでも機械式計算機であった。その後，1941年には，ドイツのコンラート・ツーゼ（Konrad Zuse）は，Ｚ３で全機能をプログラムで制御する電機式計数型計算機を動かしている。これらも，一部物理的に動く機械を使っているために電子式とはいえなかった。

「アメリカは，1941年12月８日に日本軍が行った真珠湾攻撃がもとで第２次大戦に参加するわけですが，武器の開発に関してアメリカは他の国に比べて出遅れていました。……長距離を飛ぶ砲弾を狙いどおりにあてるために」[1)]大砲の命中率を上げるために弾道計算を機械にさせることに力を注いだ。そして，研究が実ったのは，戦争の終わった1946年であった。弾道計算用の真空管式計算機のＥＮＩＡＣ（エニアック）が完成した。実用的な電子回路式（エレクトロニクス）コンピュータであり，全長25m，重さ60ｔという超巨大な計算機は，18,000本もの真空管を使用して電気の力で計算するというものであった。１秒間に1,200回の計算を行い，人間が２週間かかる計算を数時間で行うことができたといわれている。しかし，まだまだ問題を抱えていた。それは，計算の内容が変わるために，6,000あるスイッチと配線を手作業で変えなくてはならなかった。このＥＮＩＡＣは，現在使われているパソコンなどの仕組みとは違った構造であり，ソフトウェアという考えがなかったときの電子計算機であった。分かりやすくいえば，電卓の大きいものだといえる。このＥＮＩＡＣが，世界で最初に動いた電子計算機なのである。

このコンピュータを作ったのが，ジョン・フォン・ノイマン（John von Neumann）と，ジョン・エッカート（John Presper Eckert）とジョン・モークリー（John William Mauchly）の３人であった。しかし，1945年にプログラム内蔵型のコンピュータのことを書いた“First Draft of a Report on the EDVAC”という論文が発表され，現代のコンピュータに継承される画期的な理論がジョン・フォン・ノイマンによってできあがった。それは，ＥＮＩＡＣのようにスイッチや配線を切り替えなくても計算ができるように電子で計算の仕方を記憶させておくという考え方であるプログラム内蔵型というものである。これが現在のメモリーの原型である。1951年に５年の歳月を積み重ねて研究してきたコンピュータが遂に完成する。これは，ＩＡＳ（Institute of Advanced Studies）と名づけられた。ＥＮＩＡＣの10分の１という大きさの中に計算のやり方と結果を記録するメモリーが装備されていた。これによると，足し算を例に取るとＥＮＩＡＣの倍，早くなったのである。現在，我々が使っているコンピュータは，総じてノイマン型コンピュータといわれている。それは，ノイマンが半世紀前に作ったＩＡＳの理論が基盤になっているからである。このことにより，ジョン・フォン・ノイマンが「コンピュータの父」といわれるようになった。大型の汎用機（メイン・フレイム）からパソコンまで現在使われているコンピュータは，この「ノイマン型コンピュータ」である。この特徴は，２進数を使ったデータ処理を行い，プログラムが内臓方式であり，逐次制御方式である。

第2節　ハードウェア（Hard ware）

コンピュータといえば，ハードウェアとソフトウェアとに分類できる。ハードウェアは，昔は「金物」と呼んでいた。すなわち，ハードウェアは，コンピュータという機械そのものである。ハードウェアは，ＣＰＵ，メモリー，マザーボード，ディスプレイ・カード，キーボード，マウス，ハードディスク，CD−ROM，ネットワーク・カードなどのコンピュータを構成するすべての部品のことである。これらの部品の性能が，パソコンの性能を決めているのである。特に，ＣＰＵとメモリーによって性能が決まる。そして，よく，机に例えられる。メモリーが机ならば，ハードディスクはファイルキャビネットである。メモリーを表す単位は，メガバイト（ＭＢ）やギガバイト（ＧＢ）という。32メガバイト（ＭＢ）とか，64メガバイト（ＭＢ）という単位で表示される。

ハードウェアは，個人が扱いやすいパソコンに進化していった。1958年に，アメリカ空軍が開発したＳＡＧＥ（セージ）というコンピュータには，世界初のディスプレイがついた。それまでは，結果は紙に打ち出されていたが，リアルタイムに表示されるようになった。そして，まるで恐竜のような巨大な身体から始まったコンピュータの進化は，1960年代には小型化，軽量化の時代に入った。ウィリアム・ショックレー（William Bradford Shockley）が1948年に「トランジスタ」を発表して，1957年に，真空管に代わってトランジスターを使ったコンピュータが登場した。それは，小型化と同時に計算速度の飛躍的向上をもたらした。人間との情報のやり取りが瞬時にできるようになると娯楽としても楽しめるようになった。世界で最初のコンピュータ・ゲーム・スペース・ウォーや，チェスなどの論理的作業を行わせる作業も始まった。キーボードで入力が可能になったのもこの頃である。

1958年に，テキサスインスツルメント社のジャック・キルビー（Jack St. Clair Kilby）とフェアチャイルド・セミコンダクタ社のロバート・ノイス（Robert Norton Noyce）が複数のトランジスタを１枚のシリコン板の上に集めた集積回路（ＩＣ）を開発している。このＩＣを使った最初のコンピュータが，ＩＢＭのSystem／360で，このコンピュータの発表が1964年のことである。ＩＢＭのSystem／360は，第３世代機で一部にCOBOL言語を採用されていたが，メインのプログラミング言語はアセンブラであった。

このＩＣを可能にしたのが，半導体技術であるマイクロエレクトロニクスである。この技術がコンピュータの複雑な回路を１つの部品に集約させることを可能にした。そして，1971年にインテル4004（Intel 4004）が登場する。Intel 4004は，４ビットマイコンで，2,300素子，クロック0.1メガヘルツで動いた。このIntel 4004が，すべてのコンピュータがマイクロプロセッサを使う出発点でもあった。マイクロプロセッサの使用により，コンピュータが小型化低価格化できるようになり，ユビキタス・コンピューティングへとつながっていくことになる。

1968年12月９日に1,000人のコンピュータ科学者を前に90分のデモを行った。独立研究機関の米ＳＲＩにいたダグラス・エンゲルバート（Douglas Engelbart）により画期的なインターフェースであるマウスが登場する。マウスの第１号機が発表されると人間とコンピュータの距離は一挙に縮まった。最初のマウスポインターである黒い点は，ねずみのような動きと同じように動くためにマウスと呼ばれた。それまでは，複雑な命令文を打ち込まなければ動かなかったコンピュータの画面上でカーソルを動かし，文章の切り貼りなどが可能なことを実証した。1960年代の初期は，ライトペンを持って，画面上に指示をしていたためにキーボードから手が離れてしまい不便であった。そのために，その不便さを解消するためのデバイスとして，キーボードの近くにおいて操作しやすいマウスが考え出された。ディスプレイ，キーボード，マウスなど，これらの登場で，人間とコンピュータとをつなぐインターフェースは整った。

1960年代後半ユタ大学の博士過程でコンピュータ科学を専攻していたアラン・ケイ（Alan Key）は，あらゆる年齢層の人間１人ひとりが使いこなす個人向けコンピュータの理想的姿を“Dynabook”と名づけた。1973年に現在のコンピュータの原型といえるパーソナル・コンピュータ（ALTO）が誕生した。ALTOが画期的であったのは，ＧＵＩ（Graphical User Interface）という考え方を導入したことにある。現在使用しているマウスによりアイコンをクリックする入力方法の最初である。ALTOは，画面を見ながら，アイコンでの入力方法を世界で初めて取り入れたパーソナル・コンピュータであった。具体的には，大きさと形は，通常のノート程度。キーボードと平面型のディスプレイを備え，その解像度は最低限新聞印刷並み。音も通常のオーディオ装置のレベルをクリアし，ユーザが操作して反応が遅れて返ってきてはならないというリアルタイム性を実現するものであった。彼は，博士課程修了後，スタンフォード大学の人工知能研究所を経て，1970年ゼッロクスが新設したパロアルト研究所に移り，ここでミニコンを暫定版の“Dynabook”をハードウェアに見立て，その実現に努力し，この作業を通じマウスによる操作方式やアイコンと呼ばれる絵文字を用いた表示方式を開発した。この技術はその後，アップルコンピュータの創設者スティーブ・ジョブズ（Steven Paul Jobs）に引き継がれ，ＡＰＰＬＥ社が初めてＧＵＩを採用したリサ（LISA）に全面的に採用され，マッキントッシュによって広く普及された。

第３節　ＩＣ（Integrated Circuit：集積回路）

ＣＰＵやメモリーの実態は，多くのトランジスタから構成されるＩＣと呼ばれる電子部品から成り立っている。最初の半導体は，1948年に米国ベル研究所で発明されたトランジスタである。この発明は，ベル研究所のウィリアム・ショックレー，ジョン・バーディンとウォルター・ブラッテンの３人である。半導体の代表はトランジスタである。このトランジスタの集積度を高めたのがこのＩＣであり，トランジスタの誕生から10年経った1959年にジャック・キルビーとロバート・ノイスの２人が別々の研究室で同時期に同じものを作り上げていた。さらに集積度を高めたのがＬＳＩ（大規模集積回路）であり，VLSI（超大規模集積回路）である。

ＩＣ（Integrated Circuit：インテグレーテッド・サーキット）は，黒いボディーの両側に数本～数百本のピンが付いたムカデのような形状や，ボディーの裏にピンが並んだ剣山のような形状をしている。ＩＣは，集積回路という名の通り電子回路を１つの半導体の上に載せたものである。

□図表２－１□　ＩＣの構造

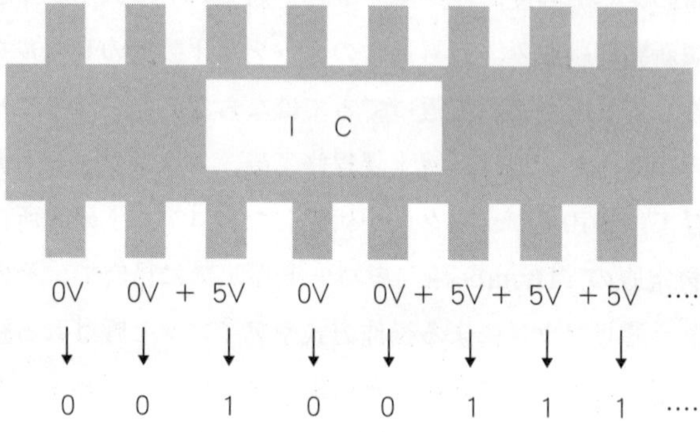

※　ＩＣの１本のピンが２進数の１桁を表している[2)]

ＩＣが持つすべてのピンは，直流電圧０Ｖか＋５Ｖのいずれかの状態になっている。つまり，ＩＣのピン１本では，２つの状態しか表せないので，ＩＣの特性が２進数なのである。このＩＣの特性から，コンピュータでは，必然的に情報を２進数で取り扱わねばならない。ただし，２進数は，ＩＣのために考案されたものではないが，ＩＣの特性に合っていたのである。コンピュータが取り扱う情報の最小単位である「ビット」とは，２進数の１桁に相当する。すなわち，１桁とは１本のピンで２つの状態しか表現できないために，0, 1, 10, 11, 100……とカウントする２進数になるのである。

２進数の桁数は，８本のピンでできているために８桁，16桁，32桁……のように８の倍数とするのが一般的になるのである。これは，コンピュータで取り扱う情報の単位が，８桁の２進数を基本としているから，８桁の２進数のことを「バイト（byte)」と呼び，情報の基本単位としている。では，なぜ１バイトが８ビットなのかというと，ＩＣが0と１をピン１本で組み合わせれば英数字をすべて表現できるからである。1970年代後半に，パソコンは８ビットＣＰＵから始まった。８ビットは，2^8＝256通りが表現できる。パソコンは，256通りにアルファベットを対応させている。つまり，英数字の半角文字が１バイトのデータ量となる。しかし，漢字は英字の倍の２バイトで表現される。

バイトは，1024ごとに１キロバイト（ＫＢ）１メガバイト（ＭＢ）１ギガバイト（ＧＢ）と単位は上がっていく。単純に１ＭＢのデータ容量があるフロッピーディスクには，約50万文字の漢字やひらがなを記憶させることができる。また，通信速度の単位として，bps（ビット・パー・セカンド）を使っているが，これは１秒間に転送できるデータの量である。

このＩＣは，1960年から生産されるようになり，当初は，数十素子を集積したものに過ぎなかったが，現在では1,500万個以上の能動素子を集積したものが生産されるようになった。このようなＩＣ（集積回路）は，集積度によって小規模集積回路（Small Scale Integration；SSI)，中規模集積回路（Medium Scale Integration；MSI)，大規模集積回路（Large Scale Integration；LSI)，超大規模集積回路（Very Large Scale Integration；VLSI)，超級大規模集積回路（Ultra Large Scale Integration；ULSI）などに分類される。

第４節　ＣＰＵ（Central Processing Unit：中央処理装置）

コンピュータ本体は，中央演算装置（CPU：Central Processing Unit）を中心としてできあがっている。コンピュータの機能は，情報を記憶する部分の記憶装置（Memory Unit：メモリー）と計算などを行う部分の演算装置（Arithmetic Unit）である。そして，全体を制御する人間の中枢神経に相当する制御装置（Control Unit）から成り立っている。一般的には，ＣＰＵは，演算装置と制御装置を指す。メモリーとＣＰＵとは分けて表現している。その他に，周辺装置としてキーボードなどの入力装置（Control Unit）やディスプレイやプリンターなどの出力装置（Output Unit）などがある。そして，ハードディスク装置やフロッピーディスク装置などの外部記録装置（External Memory Unit）などにより構成させている。

コンピュータ本体では，実行すべき命令を内部記憶装置から読み取り，解釈して，演算処理を行う。コンピュータへの命令は，あらかじめプログラムとして作成され，それが保存されている。それを，外部記憶装置から主記憶装置に読み出し，キーボードやマウスなどの入力装置によりデータや命令などを新たに入力し，すべて主記憶装置で記憶され，プログラムに沿って演算装置で処理される。その動作が繰り返されることにより，プログラムが実行されていく。

□図表２－２□　データ処理の基本構成

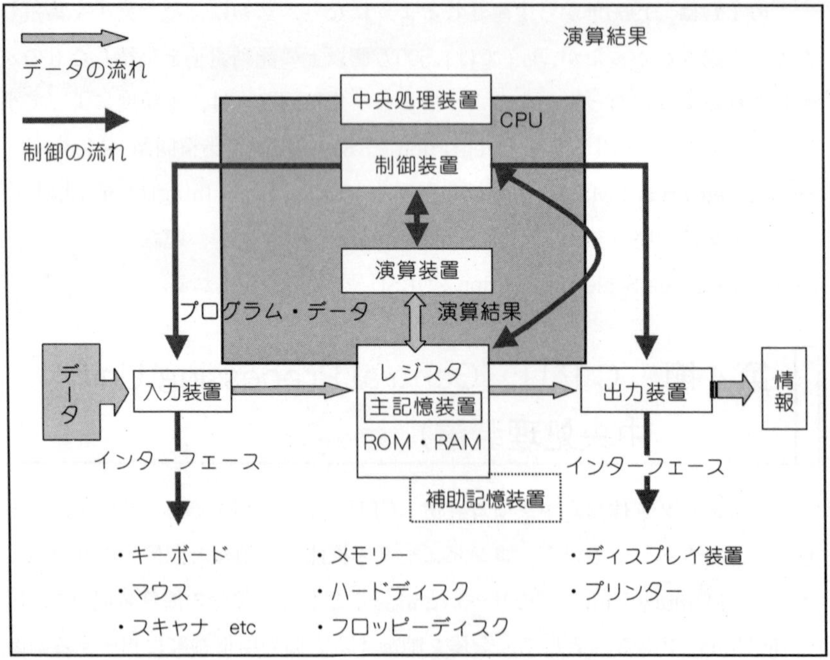

これらの入力，出力，記憶，制御，演算は「コンピュータの５大機能」と呼ばれている。また，コンピュータの中心を担う制御装置，演算装置をまとめて処理装置といい，パソコンの処理装置は，１個のＬＳＩ（大規模集積回路）からできており，これをマイクロプロセッサー（小型演算処理装置）と呼んでいる。

ＣＰＵは，このマイクロプロセッサーのことである。すなわち，コンピュータは，入力された情報をプログラムに従って情報処理し，出力する機械のことである。すなわち，マイクロプロセッサー（Microprocessor）に，入出力装置がつけば，コンピュータになるということである。

ＣＰＵの内部は，「レジスタ」，「制御装置」，「演算装置」，および「クロック」の４つから構成されている。これらの要素は電気でつながっている。レジスタ（Register）とは，ＣＰＵ内部にプログラム命令やデータを，計算する目的で一時的に保管する場所であり，一種のメモリーである。料理にたとえると，まな板に相当する。計算目的のため，非常に高速に動作するが，ＣＰＵの内部に装備しなければいけないため，多数装備することができないのが難点である。しかし，ＣＰＵの高機能化に伴い，レジスタの数は増えている。制御装置は，メモリー上の命令やデータをレジスタに読み出し，命令実行の結果に応じてコンピュータ全体を制御するのである。演算装置はメモリーからレジスタに読み出しデータを演算するのである。ＣＰＵが処理する最小単位である「レジスタ」のサイズが16ビットであるか32ビットであるかというところから，16ビットＣＰＵや32ビットＣＰＵという表現を行い，記憶容量と関係する。

すなわち，16ビットＣＰＵ……2^{16}＝65,536

32ビットＣＰＵ……2^{32}＝約42億

これらの数値までを扱うことができる。

クロックは，コンピュータが動作するタイミングをとるための周期的信号のことでクロック信号（Clock Pulse：クロックパルス）を意味している。クロックジェネレータ（Clock Generator）ともいい，一定時間間隔の周期的な信号を発生させる回路のことを指している。すなわち，プログラムが動き出すと，クロックパルスに合わせて，制御装置がメモリーから命令やデータを読み出す。制御装置が，命令を解釈，実行し，演算装置でデータが演算されるのである。クロックとは，制御装置が入出力を行うときのタイミングを取るための，１秒間の周波数でありクロック周波数という。その単位が，メガヘルツでMHzと表示する。たとえば，Pentium 500MHzなら，クロック周波数が500MHzであることを表している。

つまり，クロック周波数が大きいほどＣＰＵの動作が速くなる。MHz＝100万回／秒であり，１MHzは１秒間に100万回を表し，400MHzは，１秒間に４億回の動作をすることになる。100MHzなら１秒間に１億に分けた時間単位を基準にして動作することを意味している。1995年以前は，25MHz，33MHzが多かったが，1995年には，75MHzや90MHzになっていた。Pentium Ⅲは，800MHzとなっている。2004年ではPentium 4 プロセッサは，2.80GHzまでになっている。

コンピュータを車に例えるならば，ＣＰＵがエンジンに相当する。このときのクロック周波数は，馬力のようなもので動作スピードを表している。動作スピードが高いということがパソコンの性能が高いということになる。しかし，馬力だけあっても，タイヤやサスペンションの性能が低ければ早くは走れない。しかし，「エンジン」に例えると自分も忙しく働きながら全体をコントロールしている立場であるので，機械的な事例では不適当な場合がある。もう少し，人間での働き方の事例の方がＣＰＵに一致する。その事例としては，監督と主演スターを兼任して映画を作っているような人のイメージであろう。

次に内部記憶装置には，ＲＯＭ（Read Only Memory）とＲＡＭ（Random Access Memory）がある。ＲＯＭとは，書き換える必要のないデータを保存するために使われるものであり，読み出し専用の記憶素子であり，電源がなくても記録が保持される。半導体メモリーに属するＲＯＭやコンパクトディスクのＲＯＭ（CD−ROM）などの光ディスクＲＯＭそして磁気媒体によるＲＯＭなどがある。ＲＡＭとは，データの書き込みと読み出しが可能な半導体記憶素子であり，高速な読み書きやランダムアクセスが可能である。ＲＡＭは構造によって，絶えず再書き込み（リフレッシュ）を行わなければならないＤＲＡＭ

（ダイナミックＲＡＭ）と一度書き込めば電源が供給されている限り記憶保持されるＳＲＡＭ（スタティックＲＡＭ）とがある。その他にもメモリー（Memory）には，SDRAM，DDR-DRAM，ラムバスDRAMなどがある。パソコンの中のメモリーは，複数個搭載されるために生産するときには一品種大量生産となり，価格はどんどん安くなっている。最近のパソコンが安くなっているのは，メモリーのお陰でもある。メモリーが16メガビットで，新聞60ページ分ぐらいある。

これらを管理して統一されたシステムとして利用するにはＯＳが必要となる。さらに仕事に活用するにはアプリケーション・ソフトなどが必要となる。

第5節　オペレーティング・システム（OS：Operating System）

コンピュータの中を１つのオフィス街であるとすると，ハードディスク（Hard Disk）という建物の中には，ＯＳやアプリケーション・ソフトなどが待機している。仕事場となるのがメモリーという舞台である。この舞台が大きければ一度にいろいろなアプリケーションが働ける。メモリーで行われた仕事は，ＣＰＵで処理されてモニターに表示されていく。コンピュータにスイッチが入ると，キーボードに伝わる。現場監督であるＯＳは，所定の場所に移動して仕事の準備を整える。そうすると，モニターに映像が映し出される。パソコンが起動するとユーザーからはいろいろな指示が送られていく。たとえば，ワープロソフトを使うとすると，ワープロというアプリケーション・ソフトがハードディスクを飛び出して，ＯＳという車に乗って仕事場である舞台に立つ。そして，ユーザーのキー操作を画面に表現する。こうした伝達作業の繰り返しによってモニターを見ているユーザーは，コンピュータ内のアプリケーション・ソフトが利用できる。では，歯車の中身であるＣＰＵは，どうなっているのであろうか。ユーザーがキーボードをたたいたり，マウスをクリックしたりした指示は，伝票となってＣＰＵに送られる。ＣＰＵは，洪水のように流れる伝票を，ひたすら処理している場所なのである。伝票を見てその命令に従って，やることを順番に整理して伝票を次に回しているのである。もちろん，ＯＳやアプリケーションも自分たちの仕事を片付けるために，ＣＰＵに伝票を回してくる。ＣＰＵは，計算の速い伝票の処理係である。つまり，高性能のＣＰＵを持つコンピュータであれば，仕事は滞りなくスムーズに進む。しかし，いかに計算の速いＣＰＵがいても，オフィスのディスクが狭ければ伝票はたまる一方である。処理は滞りたまにはストライキもある。この状態がフリーズである。時たま，ストライキはあるが，いつも整然と仕事をしているのが，コンピュータの街である。このコンピュータの街は日々新しく生まれ変わり，進化を続けている。

たとえば，ある町で，現場監督に来たＯＳは，最近，Windows からの派遣が多くなってきている。このＯＳもソフトウェアの一種である。ＯＳの現場監督の目的は，パソコンのすべての動きを総合的に管理し，制御する仕事である。ＯＳは，コンピュータの基本ソフトウェアであり，データやファイルの管理から入出力装置などの周辺機器の管理，さらにネットワークの管理など，コンピュータが備える基本的な機能を実現する。Windows は，最も広範囲で使われている基本ソフトで，その他にも，Macintosh や高機能な UNIX，Linux など

□図表２－３□　ＯＳ周辺の関係性

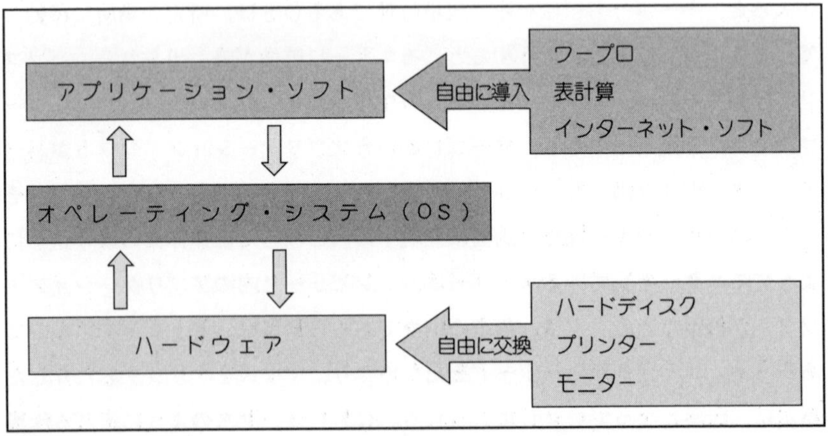

がある。

ＯＳは，パソコンを起動してから終了するまでの間，パソコンの動作を管理し続け，アプリケーション・ソフト（ユーザーが使用したいソフト）の呼び出しや実行などを行う。そして，補助プログラムも備えている。

たとえば，Windowsが動くハードウェアにはいろいろな種類があり，違った種類のハードウェアで同じソフトウェアが動かないと，ハードウェアごとに専用のプログラムを準備しなくてはならない。そこで，ハードウェアが多少違っていても，同一のプログラムを動かせるとＯＳがハードウェアの違いが吸収することができる。しかし，アプリケーション・ソフトには，「システムコール」というＯＳを呼び出す機能がついていない場合は，アプリケーション・ソフトがハードウェアを直接アクセスしてしまうとインターフェースがうまくいかなくなる。

1976年に登場したパソコンで，アップルコンピュータの「Apple Ⅱ」でＣＰＵは，８ビットであった。その後，1981年に，ＮＥＣが16ビットＣＰＵを搭載した16ビットパソコンが発売され，1982年にはＩＢＭが16ビットパソコンを発売し，これが世界の標準パソコンとなった。この16ビットパソコンのＯＳにはＭＳ-ＤＯＳが使われた。

マイクロソフトが1995年に発売したWindows 95は，32ビットパソコンになって大騒ぎとなったのである。その当時のパソコンの性能は，Pentium ＴＭ（90MHz）プロセッサー・ハードディスク＝635ＭＢ・メモリー＝８ＭＢであった。しかし，Windows 95の発売前のWindows 3.1も成功を収めており広く使用されていたために，16ビット版 Windows 3.1での機能を内包する仕組みをとり「アパー・コンパチブル」にしたために，かなりの不具合が見られた。完全に32ビット版Windowsとして発売されたのがビジネス用のWindows NTであった。2005年に発売されたWindows XP Professional x64エディションは，64ビット対応でPentium 4＝1.5GHz，ハードディスク＝40ＧＢ以上，メモリー＝256ＭＢであり，64ビットパソコン時代となった。

Windows XPは，ハードディスク＝20ＧＢ以上，メモリー＝256ＭＢと表示さ

□図表２－４□　Windows OS の歴史[3]

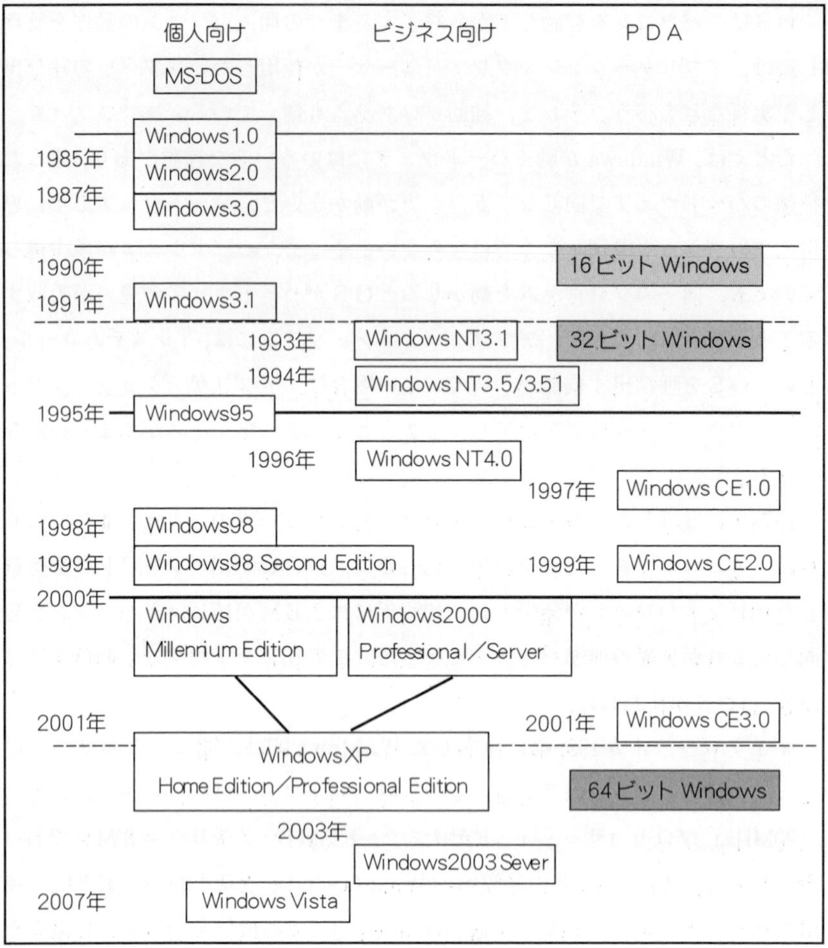

れている。たとえば，ワードやエクセルを使いたいのならば，２ギガバイト以上で充分である。デジタルカメラの画像をたくさん保存したいならば，４ＧＢや８ＧＢのハードディスクを選んでおくと安心だ。しかし，パソコンの使用目的などによっても変わってくるので一概にはいえないが，メモリーは処理速度にも影響するので多いに越したことはない。

スペック表（機能表）は，パソコンの持つ機能などをまとめた一覧表のことである。パソコンの中身は，それほど複雑なものではないが，簡単に大別するとCPU，メモリー，ハードディスク，ドライブに分けられる。

□図表2－5□ スペック表

スペック（機能）表			
CPU	1.5GHz	3.2GHz	パソコンを動かすときに必要な計算を行う装置。
メモリ(RAM)	256MB	512MB	パソコンの作業で使うデータやプログラムを一時的にためておく装置。作業するときの机の広さのようなものである。
ハードディスク（HDD）	80GB	120GB	パソコンで使ったファイルやソフトをためておく装置。引出しや棚のようなものである。

第6節 「IC（集積回路）タグ」（電子荷札）

ICTという用語は，元々は日本ではITといわれてきた。日本でのITという用語は，2001年（平成14年）に施行された「IT基本法」と呼ばれる「高度情報通信ネットワーク社会形成基本法」により，日本では定着した。IT基本法では，「e－Japan構想」[4)] において，日本の通信ネットワーク社会のイメージを作り上げる基本としてIT（情報技術：Information Technology）という用語を使用した。そして，2004年（平成16年）8月27日総務省は「平成17年度ICT政策大綱」を発表した。このときの題目が，「ユビキタスネット社会の実現に向けて」というものであった。この発表が契機で，従来のITという用語から「情報通信技術（ICT）」(Information＆Communication Technology)という用語へと変った。もともと，ITという用語は，「米国の情報産業で使われた言葉で，通信産業が力を持つ欧州ではICTと呼ぶのが一般的」[5)]であった。この「ICT政策大綱」では「u－Japan 構想」となっている。この頭文字のｕは「ユビキタスネット社会」を表現している。このユビキタスネット社会とは，身の回りのあらゆるモノにコンピュータが入り，それがネットワークでつながっている，いつでも，どこでも情報が入手できる社会のことである。

このユビキタスネット社会は，企業に大きなインパクトを与え，新たな市場やビジネスモデルに影響を与え，仕事のやり方まで変えるであろう。ユビキタスネット社会の到来は，今までの「e－Japan 構想」の社会の変化と共に，その上に「u－Japan 構想」の社会が出現してきている構造を持っている。このu－Japan 構想は，「いつでも，どこでも，何でも，誰でも」ネットワークに簡単につながる社会の実現を目標としている。2010年を目標年次とする次世代のネットワーク戦略を策定し，ＩＣタグやIPv６などの普及に向け，電波の有効活用を打ち出し，経済原則に基づく周波数の開放を盛り込んでいる。このような社会は，第２期のＩＴ革命を推進し，第３期のＩＣＴ革命であるユビキタスネット社会を目指している。

ユビキタスネット社会では，パソコンの存在価値が薄まるであろう。パソコンが必要でなくなるということではなく，パソコンへキーボードから入力するという仕組みが変化するということである。このことは，コンピュータによるネットワークやシステムが重要になる。コンピュータへの入力方法が変化し，便利になってきていることに注目すると，企業経営を変える存在としてのユビキタスネット社会のインパクトは大きい。そこで，企業の経営資源という側面から情報の位置づけを確認しながら，企業統合システムや企業のオープンネットワークを見直し，ユビキタスコンピュータの中心的技術としてのＩＣタグによりもたらされる企業経営への影響に触れてみたい。

特に，ユビキタスネット社会では，「ＩＣ（集積回路）タグ」（電子荷札）の出現により，「ヒト」「モノ」「カネ」の経営資源に小さなタグをつけ，さまざまな情報を記憶させ短時間の電波のやり取りで情報交換が可能になっている状況などは，「ヒト」「モノ」「カネ」の経営資源と情報が共にあることを典型的に表現されている。「ヒト」「モノ」「カネ」の経営資源そのものの処理を正確にするための情報として活用されている。そのことにより，経営資源の情報管理がより効率的に合理的にできるようにもなった。

しかし，現在のユビキタスネット社会は，この経営資源の情報が，「ヒト」「モノ」「カネ」と共にあるだけではなく，経営資源に先行した情報として取り扱われやすくなった特徴を示している。そして，情報の確たる証拠として「ヒト」「モノ」「カネ」という経営資源を捉えられるようになってきた。ユビキタスネット社会は，これらの情報が，コンピュータ上だけでなくＩＣチップとデータ送信のための薄型アンテナを組み合わせただけのＩＣタグの中でやり取りされるようになってきたことへの変化と受け取ることができる。

ゆえに，経営資源に情報が，共にあるものとしての事例として「ＩＣ（集積回路）タグ」（電子荷札）が注目できる。ＩＣタグは，ＩＣチップを内蔵した札である。荷物の識別などを入力し，受信機との間で電波を送受信して情報をやり取りする。ＩＣタグは，バーコードとは異なり，多くの情報を一度に読み取れる。

2006年に流通している電子マネーの「エディ」や「スイカ」にも同じ仕組みが使われている。特に，ユビキタスネット社会において，「ヒト」「モノ」「カネ」の経営資源にＩＣタグを取りつけることにより，さまざまな情報を記憶させ短時間の電波のやり取りで情報交換が可能になった状況を作り出している。そして，「ヒト」「モノ」「カネ」の経営資源そのものの処理を正確にするための情報として活用されている。そのことにより，経営資源の情報管理がより効率的に合理的にできるようになっただけではなく，情報の相互作用が可能となりビジネスモデルさえも変える可能性がある。

しかし，現在のユビキタスネット社会は，これらの情報がコンピュータ上だけでなくＩＣチップとデータ送信のための薄型アンテナを組み合わせただけのＩＣタグの中でやり取りされるようになってきたことへの変化と受け取ることができる。

情報化とは，「モノ」の生産や流通，およびそれに伴う「ヒト」と「カネ」に関する定量的な情報を流すことであった。しかし，情報社会は，情報そのものに価値が見出されるようになり，「モノ」情報を先行させて販売し，具体的な「モノ」を運搬している社会である。言い換えれば，情報を売ってそれに「モノ」が付いてきているように錯覚している。ＩＣタグの出現は，このような思いを増幅させている。なぜならば，ＩＣタグには，「モノ」情報に定量的なデータだけではなく，定性的なデータまでが表示されるようになるからである。たとえば，野菜などの生鮮食料品の情報を店頭の端末機にかざすと，生産者の顔までが表示される。消費者が生産から小売りまでの履歴情報が瞬時に表示される。しかし，この履歴情報であるコンテンツ情報が食の安全情報というコンテンツに結びついていないと意味のない情報となってしまう。そして,「モノ」そのものよりも,「モノ」情報に重きが置かれているようであるが，この「モノ」と「モノ情報」が共にあって成り立っていることを意識することにより，情報氾濫時代の中でも情報に翻弄されないように情報センスを磨く秘訣にもなる。しかし,「モノ」と「モノ情報」が共にあるということをより意識させてくれるのは，このＩＣタグであろう。では，このＩＣタグとは何かについてみてみたい。

このＩＣタグとは，超小型のＩＣ（集積回路）チップと無線通信用のアンテナを組み合わせた小型装置である。アンテナである「リーダ／ライター」と呼ばれる無線通信装置を使って，ＩＣチップにデータを書き込み，そのデータを読み取ることができる。「リーダ／ライター」と無線で通信することからRFIDタグと呼ぶこともある。極小のチップへの電源供給を電波で行う技術がRFID技術である。RFIDとは，ラジオ・フリークエンシー・アイデンティフィケーション（Radio Frequency Identification）の略で，飛行機がレーダーの電波を受けた時に，味方のレーダー波であれば反射波に乗せて所属の情報を伝え，同士討ちを避けるという敵味方識別装置として開発された技術が基礎となっている。

無線通信に使用する周波数は，13.56 MHz と2.45 GHz の２種類ある。13.56 MHz は，短波帯の周波数で，電磁誘導方式で通信を行い，スイカなど電子マネーに利用されている。2.45 GHz は,無線LANや Bluetooth などで使用されている周波数帯である。電子レンジもこの周波数帯を使用している。他には,125

kHz～135 kHz や900 MHz で通信する製品もある。ＩＣタグには電源を持つものと，持たないものとがある。各企業が注目しているのは，電源を持たないタイプである。データを読み書きするときにはリーダ／ライターの電波を電流に変えるのである。「13.56 MHz を使うＩＣタグは，電磁誘導を使用し，リーダ／ライターの電波を受信するとＩＣタグ周辺に磁界ができる。すると磁界内にあるＩＣタグのアンテナの両端に電位差が生じて，電流が発生する仕組みになっている。2.45 GHz の場合は，電磁誘導ではなく電波そのものが持つエネルギーを利用する。13.56 MHz の電波よりもエネルギーが強いからである」[6)]。ＩＣタグの通信距離は，13.56 MHz を使う場合で最大70～80センチ程度であり，2.45 GHz だと最大で数メートルになる。ただし，ＩＣタグのアンテナの長さを短くし，リーダ／ライターが発信する電波を弱くすると通信距離は短くなる。

□図表２－６□ 各周波数の特徴

各周波数の特徴[7)]	
強み	弱み
13.56ＭＨｚ帯	
水分で通信距離が落ちにくい。 読み取り幅が広い。	通信距離が数十センチ。
ＵＨＦ（800～900ＭＨｚ）帯	
距離が数メートル。 読み取り幅が広い。	アンテナが大きい。 水分で距離が落ちる。
2.45ＧＨｚ帯	
アンテナが小さい。 距離が１メートル前後。	水分で距離が極端に落ちる。 読み取りにく幅が狭い。

このようなＩＣタグに固有のＩＤ情報を記録して商品１つ１つに取りつけることにより，単品管理が可能となる。単品管理が可能であるということは，損失の防止や利益の向上に役立つとして，2002年から急速に企業の注目を集めるようになった。

しかし，実用化までにはいろいろな問題をまだ抱えている。たとえば，「米ウォルマート・ストアーズなど欧米の大手流通やメーカは箱単位での実用化を優先，ＵＨＦ帯でほぼ一本化した。日本だけ独自の周波数を使うと輸出品のタグだけが海外で読めない，輸入品が国内で読めないなどの問題を招きかねない」[8]という問題点も起こっている。その他にも，「現在，情報の記憶容量が小さく書き換えできない簡素なタグでも一個数十円。ユーザーの要望との隔たりは大きい」[9]として価格の問題も残っている。いろいろな問題を解決しなくてはならないが，経営の状況把握を行うためには，インターネットに次ぐ有効なモノが出現したことになるであろう。

状況把握のために，サプライチェーン・マネジメント（ＳＣＭ）にＩＣタグを利用することにより，「ヒト」「モノ」の状況を常時監視することも可能となる。もちろん，「ヒト」の監視についてはプライバシーの問題に対する配慮も忘れてはならない。「米国でのＲＦＩＤの一般分野への推進は，ＳＣＭからスタートしている。……もともとはモノの管理，監視から入ってきているため，こうした消費者団体が出てくることは当然と言えば当然である」[10]と坂村氏はプライバシーの問題に触れながらも，トレーサビリティを使って，安全や安心を実現する技術として評価している。

情報管理の基本は，この「ヒト」「モノ」「カネ」の状態を記録し，実際の「ヒト」「モノ」「カネ」の状況がその記録と一致していることを照合することから始まる。情報管理として捉える方法は，情報を「ヒト」「モノ」「カネ」の経営資源の後からついているとの考え方から出発している。「ヒト」「モノ」「カネ」の具体的なものが先行して後から情報が間違いなくついているように設計しているがどうかということが情報管理システムとしての情報であった。そのために，情報管理のコンピュータへの組み込みは，記録をデータとして残すことにあったと述べた。

この情報管理システムという元々の手法を使い，トレーサビリティーを確立することができる。このトレーサビリティーを確立することにより新しいビジネスも登場している。2003年には，牛肉トレーサビリティー法（牛の個体識別のための情報の管理及び伝達に関する特別措置法）」が制定されて，国内で発生したＢＳＥへの対策ができあがり国産牛の出生時に識別番号をつけ，育成状況を記録し消費者が購入したときに安心できる情報を確認できるようになった。このように，食料品には生産者の氏名や顔写真を商品のパッケージに印刷した製品が登場している。農薬を多用した食品や遺伝子組み換えをした食品に対しても，消費者が産地や加工所，移動経路なども知ることができ，消費者に安心感を与えることができる。

総務省は，100m以上離れていてもデータを読み書きできるＩＣタグの利用を2006年内に国内で認める方針を出した。現在普及しているＩＣタグは数十cm程度の範囲でしか電波が届かない。遠距離型は主にコンテナの輸出入管理に使い，遠くから出入荷を確認できるようになる。利用解禁する方針のＩＣタグは電池を内蔵した「アクティブタグ」と呼ばれるもので，電波の周波数は433MHzで，総務省が省令などを改正して実施する予定である。この周波数帯は，日本ではアマチュア無線が利用しているために改正が必要となった。港湾や空港などで利用し，貨物の識別番号を記憶したＩＣタグを読み取ることで，コンピュータに入力済みの荷物の情報が確認できる。このタグ付のコンテナを載せたトレーラーが読み取り機付近を通過すれば，出入荷を自動管理するシステムである。ＩＣタグは，船で運んでいる間にコンテナが開かれていたかどうかを記憶し，中身が不正に入れ替えられるという犯罪は防げる。2006年のＩＣタグがやり取りできる距離は，段ボールや商品などにしか使えず，コンテナなどクレーンで運ぶ大きな貨物での使用は難しい。

総務省による制度整備が済めば，経済産業省も2007年にはＩＣタグの実験を開始し，利用促進の環境作りを進める。しかし，「この普及の最大の課題はＩＣタグの値段が，総務省によると遠距離型のものは１個１万円以上もするという」[11]。

〔注〕

１） 坂村　健『痛快！コンピュータ学』集英社，1999年，ｐ.55

２） 矢沢久雄『プログラムはなぜ動くのか』日経ＰＢ出版センター，2001年，ｐ.32

参照。

3）　天野　司『Windows はなぜ動くのか』日経ＢＰ出版センター，2001年，ｐ.62参照（一部追加・削除）。

4）　日本が５年以内（～2005）に世界最先端のＩＴ国家となることを目指した政府の基本的構想。重点政策分野として，超高速ネットワークインフラ整備および競争政策，電子商取引，電子政府の実現，人材育成の強化が挙げられた。その直後策定されたe－Japan 重点計画（アクションプラン）では⑴e－Japan 戦略を具体化，⑵平成12年11月29日に成立した高度情報通信ネットワーク社会形成基本法（ＩＴ基本法）第35条に基づき，政府が迅速かつ重点的に実施すべき施策の全容を明示，という基本方針の下，以下の５つの政策実行と４つの横断的課題対応が続いている。

5）　関口和一「景気指標」『日本経済新聞』2004年８月30日付

6）　栗原　雅「ＩＣタグの真実」『日経コンピュータ』第580号，2003年８月

7）「秒読みＩＣタグ元年②」『日本流通新聞』2004年10月11日付

8）「秒読みＩＣタグ元年②」『日本流通新聞』2004年10月11日付

9）「秒読みＩＣタグ元年④」『日本流通新聞』2004年10月25日付

10）　坂村　健『ユビキタス，ＴＲＯＮ に出会う』ＮＴＴ出版，2004年，ｐ.91

11）「ＩＣタグ　遠距離型を解禁　総務省方針」『日本経済新聞』平成18年９月３日付

第3章

情報と経営判断

人が情報を伝達しようとするときには，言葉や身振りで表現し，計算する場合は10進数や12進数を使っている。コンピュータが，情報を伝達しようとするときには，n進数のうち最も単純な2進数を利用している。1937年にクロード・シャノン（Claude Elwood Shannon）は，「二進数に基づく電子式加算機の原理」の発表を行った。1948年に「通信の数学理論」を出版し，その中で基本的にどのような情報でもコード化により2進数として取り扱えるということを理論的に提示した。この2進数を利用することで情報処理に画期的な進化をもたらしたのである。あらゆる情報を2進数に置き換えるという発想が，「コード化」である。

□図表3－1□　10進数と2進数

0	0000	5	0101
1	0001	6	0110
2	0010	7	0111
3	0011	8	1000
4	0100	9	1001

このコード化のヒントになったのが，19世紀に発明したサミュエル・モールス（Samuel Morse）のモールス信号であった。このモールス信号を手本に，10の数字を最小単位のビット，すなわち0と1に置き換えてコンピュータに処理をさせた。これにより，計算速度を飛躍的に上げることに成功した。そして，あらゆる情報を0と1だけで表そうと考えたのである。数字に文字を対応させ

ることによってコンピュータが文字を扱うという応用が生まれた。たとえば，Aは，01000001というようになり，文字を全て0と1に置き換えた。その後，音や画像，動画などのデータもすべて2進数の数字に置き換え，計算式として処理を行うことによりどのような情報も扱える機械となるきっかけを作った。文字をコード化しデジタル処理させることにより，あらゆる情報を扱えるようにしたシャノンこそが情報処理の父といえよう。

第1節 情報量

コンピュータのメモリーなどは，ビット単位で表示される。最も小さな情報の量を1ビット（bit）と決めている。1ビットとは，0か1かの2進数のいずれかで表現している。bit は binary（＝dual）という意味であり，digit（＝finger：0～9のうちの1つ）の略である。英語の少量を表す bit ではない。

アルファベット（大文字，小文字），数字および記号などの1文字を表すのには，欧米では ASCII コードで示される文字は7ビットによって表現できる。日本では，その他の記号が必要であるために8ビット（JIS X0201など）が使われている。コンピュータは8ビットごとに区切り，これを1バイト（byte）と呼んでいる。漢字を表現するには，数千種以上あるので1バイトでは足らないので通常は2バイトを用いて表現している。このビットやバイトは，情報量を表現するときに使用する。

この情報量とは，たとえば，道に迷って1回正しい道を教えられれば1ビットの情報が得られる。そうすると2回迷って2回教えられれば2ビットの情報が得られたことになる。ただし，3本の分かれ道から1本選ぶとなれば情報量は，半分の1.5ビットとはならない。3本の分かれ道のビットは，1と2の間になる。そのビット数を“n”とすると次の式になる。

$2^n = 3$　　（$2^1 = 2$　$2^2 = 4$）

$n = \log_2 3$　……………①

この①の読み方としては，「2を底とする3の対数はnである。」という。対数nを求めるには，対数表を使うが，２を底とする対数表がない。そこで10を底とした常用対数表（p.82付録参照）を使用する。そのために，２を底とする式から10を底とする式に変えねばならない。

$$\log_n a = \frac{\log_{10} a}{\log_{10} n} \quad \cdots\cdots\cdots\cdots\text{②}$$

①式に②式を当てはめると，

$$n = \log_2 3 = \frac{\log_{10} 3}{\log_{10} 2}$$

10を底とする対数は，常用対数表から算出することができる。この常用対数表から，$\log_{10} 3 = 0.4771$，$\log_{10} 2 = 0.3010$となる。したがって，

$$n = \log_2 3 = \frac{0.4771}{0.3010} = 1.585$$

３つの未知事象から１つを知りたいときの情報量は１と２のとの間の値，つまり1.585ビットになる。

たとえば，確率（Probability）$= \frac{1}{6}$ の場合の情報量は

$$I = \log_2 6 = \frac{\log_{10} 6}{\log_{10} 2} = \frac{0.7782}{0.3010} = 2.585\cdots(\text{ビット})$$

一般的にいうと，確率がPである事象が起こったときに得られる情報量Iビットは，

$$I = \log_2 \frac{1}{P}$$

たとえば，確率が1/5とすれば，$P = \frac{1}{5}$ となる。

$$I = \log_2 \frac{1}{\frac{1}{5}}$$

と表すことができる。この分数は次のように整数に置き換わる。

$$\frac{1}{\frac{1}{5}} = 1 \div \frac{1}{5} = 1 \times 5 = 5$$

すなわち，確率が $\frac{1}{5}$ であるということは，５の対数として計算すればよい。

$$\log_2 5 = \frac{\log_{10} 5}{\log_{10} 2} = \frac{0.6990}{0.3010} = 2.3222\text{ビット}$$

結果，$\frac{1}{5}$の確率は2.3222ビットである。

情報論では，$I = -\log_2 P$と表現する。これは上の式と同じ意味を表している。すなわち，Pという確率をそのままで計算するとマイナス(−)がつくという意味である。ここで，Excelのlogの関数から当てはめてみると次のようになる。

□図表3－2□　ＬＯＧの意味

log(1／5，2)＝	−2.32193	log(5，2)＝	2.321928

すなわち，確率$\frac{1}{5}$をそのままPとして当てはめて計算すると答えがマイナスになって出てくるので$-\log_2 P$と表現するのである。

トランプで表の出る確率は，$\frac{1}{2}$であり，情報量は1.000ビットである。すなわち，半分の確率で起こる事象の情報量は1ビットである。そして，さいころの1の出る確率は$\frac{1}{6}$であり，情報量は2.585ビットである。このことから，情報量が大きいということは，起こる確率は少ないということであり，情報量が小さいと起こる確率は多いということができる。もし，ほとんど1に近い確率の事象が起こったとしても得られる情報は小さい。確実に起こる場合，情報量は0である。すなわち，情報量の規定は，その情報の基となる事象の出現の確率で表現される。あるメッセージを受け取る確率の低い事象が起こった時の情報量は大きく，またその事からもたらされる驚きもまた大きいといえる。

すなわち，情報量とは，メッセージの受信者が感じる「驚きの程度」もしくは「意外性の度合い」ということができる。情報量があるということは，「曖昧性」の度合いであるということもできる。あまり起こらない事象とは，出現の確率が小さいことであり，情報量は大きいことを意味している。

普通に生活していて頻繁に起こる事象は，出現の確率が大きく，情報量は小さいことになるという関係が成り立っている。マスコミが流す情報は，事実よりも印象によって語られることが多いとよくいわれるが，印象的で，目立つ事件というのは珍しいことであり，驚きや意外性があるということである。すなわち，情報量が大きいということになる。現実の社会や実体経済は，目立つニュースよりも平均値，あるいは多数値で動いている。この平均値や多数値が今後どのような方向に動いていくのかというトリガーポイントになることはあっても，大数観察と長期的視野の中で情報量を考えて，世の中の流れを見なくてはならないことが分かる。

第２節　情報エントロピー

アメリカの数学者シャノン（Claude E. Shannon：1916－2000）が，1948年に情報エントロピー（Information entropy）という用語を，情報を提供してくれる源泉の不確（ふたし）かさ・あいまいさを表す量として使い始めた。情報は不確かさを減らしてくれる。すなわち，情報量の１ビットは不確かさを半減する情報量であるといえる。

たとえば，就職活動を行っているときは，期待がある反面将来がはっきりしないで不安でもある。そのときにある企業から内定の電話があり，入社手続きの書類が送られてくると将来に対して持っていた不確かさやあいまいさが消え，入社手続きをするかどうかの意思決定を迫られる。内定という情報はあいまいな事柄をはっきりさせて，不確かな度合いを減少させる。

テニスの試合が始まる前に，選手がラケットを回して（Which）[1] サーブ権かコート選択かを決める。Whichの瞬間は選手もまた観衆もラケットがもたらす情報は分からない。このラケットを情報源（Information Source）といい，この情報源は常に“不確かさ”をもっている。すなわち，ラケットが回っている間の不確かさを情報エントロピーという。情報を提供してくれないものは，情報エントロピーが０で，ラケットについていえばラケットが地面に倒れてラケットのマークがどちらか向くまではエントロピーが，ある値を持っている。地面に倒れてラケットのマークが表（スムース：アップ）を向いているか裏（ラフ：ダウン）を向いているかがわかってしまえばそのラケットは１ビットの情報を提供し，不確かさは消えてエントロピーは0になる。

情報エントロピーとは，情報量の比較を可能にした情報伝達に関する情報理論で取り扱われる。情報理論は確率論的科学の１つで，情報が情報源から受信者に伝わるまでの諸々の問題を扱う。

いまある情報源があって①という事象がP_1の確率で起こり，②がP_2で起こり………とするとその情報源の持つエントロピーH（ビット）は，

$$H = P_1\log_2\frac{1}{P_1} + P_2\log_2\frac{1}{P_2} + P_3\log_2\frac{1}{P_3}\cdots\cdots$$

$$= -P_1\log_2 P_1 - P_2\log_2 P_2 - P_3\log_2 P_3\cdots\cdots$$

$$= \sum_{i=1}^{n}(-P_i\log_2 P_i) = \sum_{i=1}^{n} P_i\log_2\frac{1}{P}$$ [2)]

ラケットの場合のエントロピーを計算すると，スムースの出る確率は$\frac{1}{2}$，ラフの出る確率も$\frac{1}{2}$であるから，

$$H = -\frac{1}{2}\log_2\frac{1}{2} - \frac{1}{2}\log_2\frac{1}{2}$$

$$= \frac{1}{2}\log_2 2 + \frac{1}{2}\log_2 2$$

$$= 1\ (\text{ビット})$$

ラケットが示すエントロピーは１ビットである。

たとえば，それぞれの確率から導き出された情報量によって構成要素を個別の情報量として扱うのではなく，それらを総合することによりエントロピーを算定して意思決定に役立つ情報としての取扱いについてみてみる。

たとえば，分子が１でない場合の確率について常用対数表により計算するには，確率$\frac{4}{9}$の情報量を計算するとつぎのようになる。

$$\text{情報量} = \log_2\frac{4}{9} = \frac{\log_{10}4 - \log_{10}9}{\log_{10}2}$$

$$\frac{0.6021 - 0.9542}{0.3010} = \frac{-0.3521}{0.3010} = -1.1697 = -1.170$$

という計算を行うことを参考にして，次のような問題を考えてみることにする。

今９枚のコインがあるとする。その中の１枚が「にせコイン」でわずかに重さが軽いとする。それで左の図のようなある秤２回だけ使ってその「にせコイン」見つけ出すとする[3)]。

この場合に，秤の皿にコインを載せる方法は，４通りある。そこで，９枚あるコインの内４枚ずつ皿に載せると左の皿が上がる確率は $\frac{4}{9}$ で，右の皿の上がる確率も同じく $\frac{4}{9}$ である。そして，釣り合うか確率は $\frac{1}{9}$ となる。それぞれの確率から情報量を Excel で log の関数を使って計算してみると次のようになる。

□図表３－３□ 情報量の計算

EXCEL	情報量の計算		
log(９／４，２)＝	1, 170	log(９，２)＝	3, 170
log(９／３，２)＝	1, 585		
log(９／２，２)＝	2, 170	log(９／５，２)＝	0. 848
		log(９／７，２)＝	0. 363

この情報量を個別で計算したものをエントロピーHの公式に当てはめて計算すると，次のようなエントロピーが算出できる[4)]。

□図表3－4□　情報エントロピーの計算表

コインの載せ方	左の皿が上がる		右の皿が上がる		釣り合う		エントロピー（H）
	確　率	情報量	確　率	情報量	確　率	情報量	
4・4・1	4／9	1. 170	4／9	1. 170	1／9	3. 170	
エントロピー計算	−4／9log(4／9, 2)＝		−4／9log(4／9, 2)＝		−1／9log(1／9, 2)＝		1. 390
	0. 52		0. 52		0. 352		
	確　率	情報量	確　率	情報量	確　率	情報量	
3・3・3	3／9	1. 585	3／9	1. 585	3／9	1. 585	
エントロピー計算	−3／9log(3／9, 2)＝		−3／9log(3／9, 2)＝		−3／9log(3／9, 2)＝		1. 585
	0. 528		0. 528		0. 528		
	確　率	情報量	確率	情報量	確　率	情報量	
2・2・5	2／9	2. 170	2／9	2. 170	5／9	0. 848	
エントロピー計算	−2／9log(2／9, 2)＝		−2／9log(2／9, 2)＝		−5／9log(5／9, 2)＝		1. 436
	0. 482		0. 482		0. 471		
	確　率	情報量	確　率	情報量	確　率	情報量	
1・1・7	1／9	3. 170	1／9	3. 170	7／9	0. 363	
エントロピー計算	−1／9log(1／9, 2)＝		−1／9log(1／9, 2)＝		−7／9log(7／9, 2)＝		0. 986
	0. 352		0. 352		0. 282		

情報エントロピーの減少量から判断すると，最大ビット1.585ビットを与えてくれる（３・３・３）の方法がベストであることが分かる。

この（３・３・３）の２回の操作のビット数は，1.585（１回目）＋1.585（２回目）＝3.17（ビット）となる。

９枚のコインの中から１枚のにせコインを探し出すだから，そのビット数を計算すると次のようになり上の数値と一致する。

$$I = -\log_2 \frac{1}{9} = \log_2 9 = 3.17$$

このことは，９枚のコインの中からにせコイン１枚を探し出す操作は，どのようなやり方を選んだとしても，最終的には3.17ビットのエントロピーの減少を伴うものであることを示している。

エントロピーから判断すると最大ビット1.585ビットを与えたのは，３枚ずつ載せた方法であった。この（３・３・３）の方法が間違いなく一番良い効率で２回だけ秤を使ってにせコインを見つけ出すことができるという意思決定が可能となる。情報エントロピーとは，平均情報量のことであるということは，この計算方法から理解できる。この平均情報量は，期待情報量ともいう。

情報エントロピーとは，平均情報量・期待情報量のことであり情報源の不確かさの尺度でもある。ある情報源からの情報が平均として何ビットの情報をもたらすかを与え，情報源全体としての曖昧さの程度を与えている。ゆえに，平均情報量・期待情報量により情報の方向性や情報予想が可能になるということである。

この不確かなことは，情報量が大きいという関係も成り立っている。情報源からある結果として情報が得られるときには，その情報源の有する情報エントロピーは減少するということになる。すなわち，情報エントロピーと情報とは相互に関連しており情報エントロピーが，増加するにつれて情報量は減少する。いい方を変えると，情報とは情報エントロピーを減少させるものであり，情報収集活動とは，収集目的としている情報のエントロピーを０に近づける活動であると言える。すなわち，情報エントロピーとは情報源についての考え方であり，結果として得られる事象についていわれるものではない。結果として得られる事象は情報量である。すなわち，社会に起こるニュース（情報）が多いということは，情報エントロピーが減少して意外性のあるニュース（情報）が多く発生していることになる。情報エントロピーは，情報を取り込むことによって対象の持つ不確かさが減少するので，負のエントロピーという意味で，ネゲントロピー（Negentropy）ともいわれる。すなわち，情報収集は，ネゲントロピーという情報源を持つことなのである。

第3節　論理演算

コンピュータが，情報処理するということは，外部からいろいろな問題が与えられその時に答えを得ること，すなわち判断を得る操作であるといえる。コンピュータは計算するだけではなく，正しい判断を与えてくれる。コンピュータの正しい判断とは，２進数でデータ化された情報を論理回路の中で導かれているのである。

意思決定するという判断は，すでにある考え方の判断から別の新しい判断を引き出すことをいう。すなわち，いくつかある判断の間の関係を求めることであり，この関係を式で表したものが論理演算（logical operation）という。演算には，算術演算と論理演算がある。算術演算とは加減乗除の四則演算のことであり，論理演算は“0”と“1”を個別に取り扱う演算のことをいう。

ここでいう判断とは，たとえば「りんごは果物である」という判断は正しい判断であるが，「鯛は果物である」という判断は間違いであるというように使う。また，「今日は天気がよい」という判断と，「散歩に行く」という判断とを組み合わせて，「今日は天気がよいから散歩に行く」という新しい判断ができるというように使う。このような判断を，符号を使って表したものが命題（Preposition）という。

コンピュータは，情報を２進数の０と１の信号で表し論理回路で構成している。19世紀イギリスの数学者ジョージ・ブール（George Boole）が，論理学を

2進数で表した記号論理代数学を完成させた。ブール代数（Boolean Algebra）とは，クラスや命題などを論じ，数学を論理演算に応用しようとしたものである。電子回路の設計は，ブール代数がなければ実現しなかったかもしれないし，電子計算機の実現は何十年も遅れていたかもしれない。シャノンが，これをスイッチング回路に応用したので，それからコンピュータとの関連が注目されるようになった。

この論理回路には，真理値表があり，ベン図で表すと分かりやすくビジュアルで見ることができる。真理値表とは，2つの集合AとBが共に0(偽)と1(真)の値しかとらないとき，その組み合わせによってできあがっている。ベン図は，集合について四角で表し，部分集合は円で表す。2つの集合の関係は，交差したどの部分が論理演算結果となる。

≪NOT演算≫

NOT（ノット）演算とは，命題の否定である。「これは果物です」という命題の否定は，「これは果物ではない」である。この否定もまた命題である。ある命題が真であれば，その否定命題は偽となる。NOT演算は，スイッチを押すと，豆電球が点灯するという論理とスイッチを離すと豆電球が消灯するという論理である。

□図表3－5□ 否定（NOT）回路図

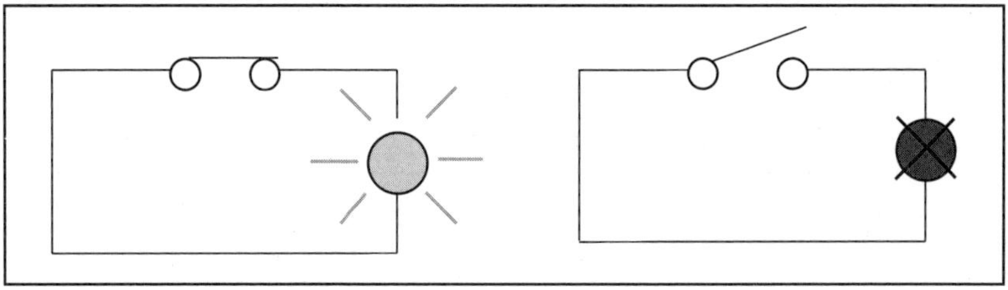

この時に，真の命題を“True，Tまたは1”で表し，偽の命題（否定命題）は，“False，Fまたは0”で表す。これを論理回路で表現したものが真理値表（Truth table）である。すなわち，「これは果物ではない。」という表現を使うのではなく，1という情報がそこを通ることで0という形で否定されるという

意味である。

□図表３－６□　ＮＯＴの真理値表とベン図

真理値表

●否定（ＮＯＴ）

Ａ	ＮＯＴ　Ａ
０	１
１	０

ベン図

ＮＯＴ　Ａ

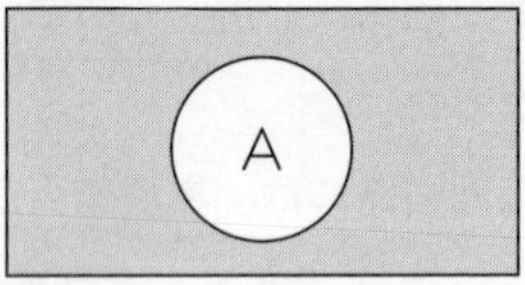

このコンピュータの情報処理の論理演算を利用して，企業の問題解決に役立たせるには，情報を目的情報と目的でない情報に分けることができる。目的でない情報とは，手段情報であることが多い。たとえば，今，名古屋から東京に行くという目的があったとしよう。この目的については，大阪や富山に行くことではない。その方向性については，東京でしかない。しかし，この時に新幹線で行くのか，バスで行くのか，飛行機で行くのかについては手段の問題であって目的の問題ではない。しかし，われわれはよく目的の問題と手段の問題とを混同して判断ができなくなっていることが多い。

≪ＡＮＤ演算≫

ＡＮＤ（アンド）演算とは，両方のスイッチを押すと，豆電球が点灯するという論理である。

□図表３－７□　論理積（ＡＮＤ）回路図

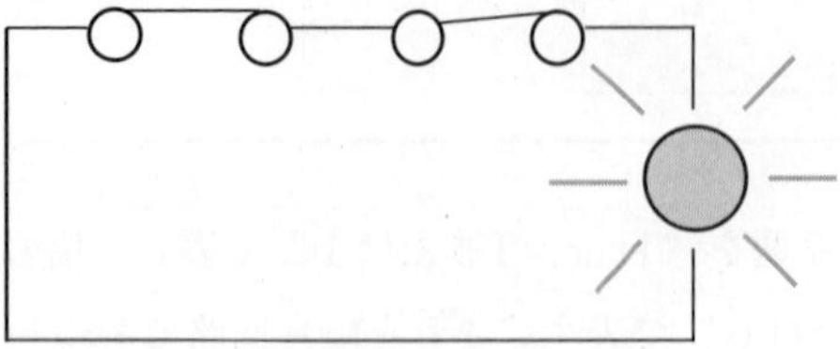

たとえば，英語と数学の試験で70点以上と取ったら海外旅行に連れて行って

やるという約束のようなものである。この約束の命題を分けると,

A, 英語の試験が70点以上である。(70点以上…1, 未満…0)

B, 数学の試験が70点以上である。(70点以上…1, 未満…0)

X, 海外旅行に行ける。　　　　　(行く…1, 行けない…0)

この場合, 命題Xが真実である(海外旅行に行く)ためには命題A, Bともに真実であることが条件となる。このような関係を論理積(AND)という。

□図表3－8□　ANDの真理値表とベン図

真理値表

●論理積(AND)

A	B	A　AND　B
0	0	0
0	1	0
1	0	0
1	1	1

ベン図

A　AND　B

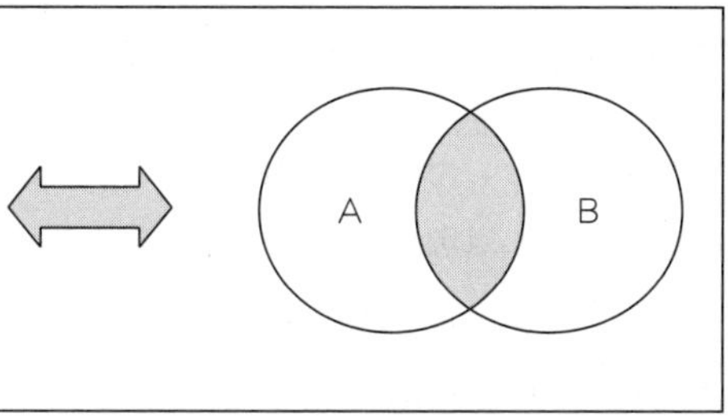

≪OR演算≫

OR(オア)演算とは, どちらかまたは両方のスイッチを押すと, 豆電球が点灯する論理である。

□図表3－9□　論理和(OR)回路図

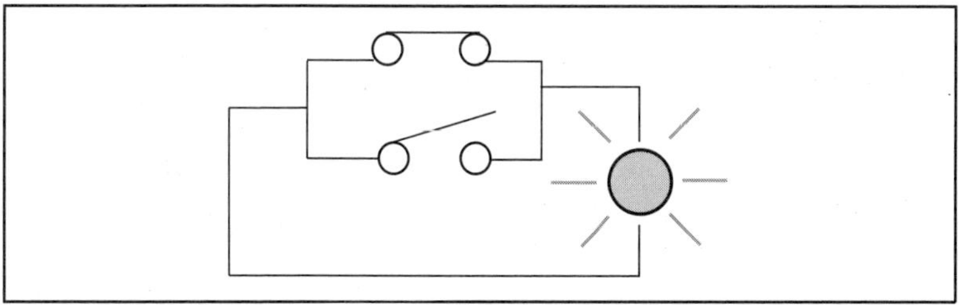

たとえば, 英語と数学の試験でどちらか1つ70点以上取ったら海外旅行へ連れて行ってやるという約束のようなものである。この場合の命題である海外旅

行に行けるためにはA，Bどちらかの命題がクリアすれば海外旅行は行けるということになる。このような関係を論理和（OR）という。

□図表３－10□　ORの真理値表とベン図

真理値表

●論理和（OR）

A	B	A　AND　B
0	0	0
0	1	1
1	0	1
1	1	1

ベン図

A　OR　B

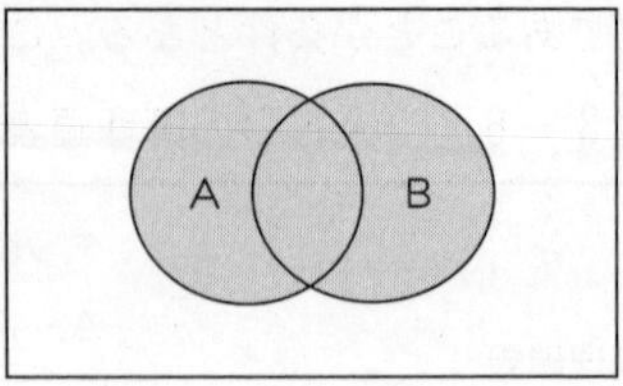

情報がもたらした結果を判断するときには，原因がはっきりすれば判断基準は明確になる。原因は，立場をはっきりさせれば，容易につかめる。これを難しくするものが条件と原因を混同することである。

≪ＥＯＲ・ＸＯＲ演算≫

ＥＯＲ・ＸＯＲ（eXclusive ＯＲ：エックスクルーシブオア）演算の略で，排他的論理和と呼ばれ，２つの入力の論理が一致していなければ“1”を出力する回路である。

□図表３－11□　ＥＯＲ・ＸＯＲの真理値表とベン図

真理値表

●排他的論理和（ＥＯＲまたはＸＯＲ）

A	B	A　AND　B
0	0	0
0	1	1
1	0	1
1	1	0

ベン図

A　EOR　B

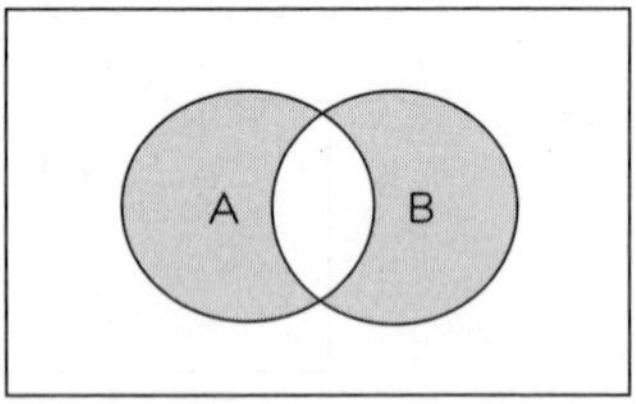

≪ド・モルガンの法則≫

ド・モルガンの法則は，否定論理積（NAND：ナンド演算）と否定論理和（ＮＯＲ：ノア演算）の論理演算のことをいう。NAND演算は，“NOT AND”という意味で，ＡＮＤ演算の結果を反対にした出力となる回路のことである。同様に，ＮＯＲ演算は，“NOT OR”という意味で，ＯＲ演算の結果を反対にした出力となる。

□図表３－12□ ＮＡＮＤ回路とＮＯＲ回路

A	B	AND	NAND
0	0	0	1
0	1	0	1
1	0	0	1
1	1	1	0

A	B	OR	NOR
0	0	0	1
0	1	1	0
1	0	1	0
1	1	1	0

第４節 情報論と情報判断

情報エントロピーと熱力学のエントロピーとは，違ったものであるが，熱力学のエントロピーという用語は，1865年理論物理学者であるクラウジュウスによって，熱エネルギーが移っていくたびに，質が悪くなり劣化する程度を量として表すのにエントロピーというものを考え出した。そして，1887年にボルツマンが，システム内の１つ１つの分子の運動をミクロに捉える中で，熱エントロピーも確率に関係する量であることを示した。すなわち，熱エントロピーは，ミクロに見た分子の散りばりの程度，配置の不確定度を表す量として表した。

社会のエントロピーは，社会の不確さ度，不自由度，無秩序である乱雑度として示すことができる。現代社会においては，エントロピーの考え方は環境問題や地球資源問題などの社会現象や問題解決に適用されるようになってきている。エントロピーの概念とは，熱力学や情報理論で定義されたコンセプトが適用されている。しかし，今までの科学は，変化に対して変わらないものに主眼を置いた理論を作ってきた。たとえば，エネルギー保存の法則や質量保存の法則などはその典型である。エネルギー保存の法則とは，エネルギーが熱から仕事にその形を変えても総量は増えも減りもしないという法則である。そして，質量保存の法則とは，反応の前後で物質が変わっても質量は一定に保たれるという法則である。また，経済収支も変化に対して変わらないようにバランスをとるための方法であった。しかし，収支をとることも重要であるが，社会変化によって新たに生まれたり，失われたりすることに問題があるように思われる。変化の多くはエントロピーの概念のように，有用性や価値の低下をもたらすからである。

熱力学でいうエントロピーは，物体の持っている熱エネルギーを，その物体の絶対温度で割った量のことであり，熱は温度差があれば，必ず高い方から低い方へ一方的に流れる。このことを熱力学第２法則という。第１法則であるエネルギー保存の法則は，流れる際エネルギーの総量は変わらないとするものである。そして，熱は利用しているうちに，温度差は接近して平衡状態に向かう。熱エネルギーは，我々が生活している環境温度である17℃ の常温に近づき利用価値が減っていく。このことを熱の劣化と呼んだ。

すなわち，エントロピーの概念とは，自然に任せておくと物事は価値の低くなる方向性に進むということを示しているのであり，放っておくと平衡状態になりエントロピーは最大になるという法則がある。物事は，自然に任せておくと，熱湯はさめて常温になっていくし（高温から低温），部屋は整理整頓しないと散らかったままになっている（秩序から乱れ）。身体は風呂に入らないと不潔になってくるし（清潔から不潔），勉強していても２時間経つと集中力は切れてくる（集中から拡散）。情報エントロピーも確定から不確定になるし，確実から不確実になる。これらのエントロピーを逆方向に進めるには，努力や仕事そしてお金が必要となってくる。

人間は，この熱力学の第２法則に反して熱力学でいう常温（17℃）から離れて体温（約36℃）で存在している。もちろん死んでしまえば熱的平衡状態に向かう。シュレーディンガーは，「人間は，環境とエントロピーのやりとりをしている。」という。そして，「人間（生物）が熱的に非平衡の状態で定常的に存在していられる」[5]。そのやりとりは，人間が食べたり飲んだり呼吸したりする際に一緒に入ってくる。エントロピーは，排泄したり呼吸したり発汗して外部に捨てるエントロピーより低いからである。すなわち捨てる高いエントロピーより低いエントロピーを取り入れている。つまりその差だけ「負のエントロピーを食べている」ということになる。

地球の大気圏も熱的平衡から離れた状態に保たれている。地球は太陽光というエントロピーの低いエネルギーの恵みを受けている。太陽光というエントロピーの小さな物を取り入れてエントロピーの大きい赤外線を捨てている。つまり，負のエントロピーを食べているシステムになっているのである。

社会のエントロピーは低い方が好ましい。景気が極端に乱高下する不確定なものは困るし，いろいろな規制のあるのも経済の発展を阻害する。社会が無秩序であると犯罪の温床にもなる。教育は情報のエントロピーを低く保つ上で大切であり，都市が整然としていると都市のエントロピーは低く保たれ，住みやすい気持ちのよいものになる。

一般的には，平家物語の「諸行無常」や般若心経の「色即是空」で説かれるように，形あるものはすべてむなしいという意味とも通じる。

〔注〕

1） 公式戦になるとレフリーもいるのでコイン・トスで決める。
2） Σは，シグマと読む。Σとは各項目の合計を意味する。
3） 青柳忠克『情報とは』産業図書，1992年，ｐ.50を加筆修正。
4） 青柳忠克，上掲書ｐ.51加筆修正。
5） 大村朔平『一般システムの現象学』技報堂出版，2005年，ｐ.171

付録　常用対数表（4 桁用）

	対				数					
数	0	1	2	3	4	5	6	7	8	9
1.0	0000	0043	0086	0128	0170	0212	0253	0294	0334	0374
1.1	0414	0453	0492	0531	0569	0607	0645	0682	0719	0755
1.2	0792	0828	0864	0899	0934	0969	1004	1038	1072	1106
1.3	1139	1173	1206	1239	1271	1303	1335	1367	1399	1430
1.4	1461	1492	1523	1553	1584	1614	1644	1673	1703	1732
1.5	1761	1790	1818	1847	1875	1903	1931	1959	1987	2014
1.6	2041	2068	2095	2122	2148	2175	2201	2227	2253	2279
1.7	2304	2330	2355	2380	2405	2430	2455	2480	2504	2529
1.8	2553	2577	2601	2625	2648	2672	2695	2718	2742	2765
1.9	2788	2810	2833	2856	2878	2900	2923	2945	2967	2989
2.0	3010	3032	3054	3075	3096	3118	3139	3160	3181	3201
2.1	3222	3243	3263	3284	3304	3324	3345	3365	3385	3404
2.2	3424	3444	3464	3483	3502	3522	3541	3560	3579	3598
2.3	3617	3636	3655	3674	3692	3711	3729	3747	3766	3784
2.4	3802	3820	3838	3856	3874	3892	3909	3927	3945	3962
2.5	3979	3997	4014	4031	4048	4065	4082	4099	4116	4133
2.6	4150	4166	4183	4200	4216	4232	4249	4265	4281	4298
2.7	4314	4330	4346	4362	4378	4393	4409	4425	4440	4456
2.8	4472	4487	4502	4518	4533	4548	4564	4579	4594	4609
2.9	4624	4639	4654	4669	4683	4698	4713	4728	4742	4757
3.0	4771	4786	4800	4814	4829	4843	4857	4871	4886	4900
3.1	4914	4928	4942	4955	4969	4983	4997	5011	5024	5038
3.2	5051	5065	5079	5092	5105	5119	5132	5145	5159	5172
3.3	5185	5198	5211	5224	5237	5250	5263	5276	5289	5302
3.4	5315	5328	5340	5353	5366	5378	5391	5403	5416	5428
3.5	5441	5453	5465	5478	5490	5502	5514	5527	5539	5551
3.6	5563	5575	5587	5599	5611	5623	5635	5647	5658	5670
3.7	5982	5694	5705	5717	5729	5740	5752	5763	5775	5786
3.8	5798	5809	5821	5832	5843	5855	5866	5877	5888	5899
3.9	5911	5922	5933	5944	5955	5966	5977	5988	5999	6010
4.0	6021	6031	6042	6053	6064	6075	6085	6096	6107	6117
4.1	6128	6138	6149	6160	6170	6180	6191	6201	6212	6222
4.2	6232	6243	6253	6263	6274	6284	6294	6304	6314	6325
4.3	6335	6345	6355	6365	6375	6385	6395	6405	6415	6425
4.4	6435	6444	6454	6464	6474	6484	6493	6503	6513	6522
4.5	6532	6542	6551	6561	6571	6580	6590	6599	6609	6618
4.6	6628	6637	6646	6656	6665	6675	6684	6693	6702	6712
4.7	6721	6730	6739	6749	6758	6767	6776	6785	6794	6803
4.8	6812	6821	6830	6839	6848	6857	6866	6875	6884	6893
4.9	6902	6911	6920	6928	6937	6946	6955	6964	6972	6981
5.0	6990	6998	7007	7016	7024	7033	7042	7050	7059	7067
5.1	7076	7084	7093	7101	7110	7118	7126	7135	7143	7152
5.2	7160	7168	7177	7185	7193	7202	7210	7218	7226	7235
5.3	7243	7251	7259	7267	7275	7284	7292	7300	7308	7316
5.4	7324	7332	7340	7348	7356	7364	7372	7380	7388	7396

				対		数				
数	0	1	2	3	4	5	6	7	8	9
5.5	7404	7412	7419	7427	7435	7443	7451	7459	7466	7474
5.6	7482	7490	7497	7505	7513	7520	7528	7536	7543	7551
5.7	7559	7566	7574	7582	7589	7597	7604	7612	7619	7627
5.8	7634	7642	7649	7657	7664	7672	7679	7686	7694	7701
5.9	7709	7716	7723	7731	7738	7745	7752	7760	7767	7774
6.0	7782	7789	7796	7803	7810	7818	7825	7832	7839	7846
6.1	7853	7860	7868	7875	7882	7889	7896	7903	7910	7917
6.2	7924	7931	7938	7945	7952	7959	7966	7973	7980	7987
6.3	7993	8000	8007	8014	8021	8028	8035	8041	8048	8055
6.4	8062	8069	8075	8082	8089	8096	8102	8109	8116	8122
6.5	8129	8136	8142	8149	8156	8162	8169	8176	8182	8189
6.6	8195	8202	8209	8215	8222	8228	8235	8241	8248	8254
6.7	8261	8267	8274	8280	8287	8293	8299	8306	8312	8319
6.8	8325	8331	8338	8344	8351	8357	8363	8370	8376	8382
6.9	8388	8395	8401	8407	8414	8420	8426	8432	8439	8445
7.0	8451	8457	8463	8470	8476	8482	8488	8494	8500	8506
7.1	8513	8519	8525	8531	8537	8543	8549	8555	8561	8567
7.2	8573	8579	8585	8591	8597	8603	8609	8615	8621	8627
7.3	8633	8639	8645	8651	8657	8663	8669	8675	8681	8686
7.4	8692	8698	8704	8710	8716	8722	8727	8733	8739	8745
7.5	8751	8756	8762	8768	8774	8779	8785	8791	8797	8802
7.6	8808	8814	8820	8825	8831	8837	8842	8848	8854	8859
7.7	8865	8871	8876	8882	8887	8893	8899	8904	8910	8915
7.8	8921	8927	8932	8938	8943	8949	8954	8960	8965	8971
7.9	8976	8982	8987	8993	8998	9004	9009	9015	9020	9025
8.0	9031	9036	9042	9047	9053	9058	9063	9069	9074	9079
8.1	9085	9090	9096	9101	9106	9112	9117	9122	9128	9133
8.2	9138	9143	9149	9154	9159	9165	9170	9175	9180	9186
8.3	9191	9196	9201	9206	9212	9217	9222	9227	9232	9238
8.4	9243	9248	9253	9258	9263	9269	9274	9279	9284	9289
8.5	9294	9299	9304	9309	9315	9320	9325	9330	9335	9340
8.6	9345	9350	9355	9360	9365	9370	9375	9380	9385	9390
8.7	9395	9400	9405	9410	9415	9420	9425	9430	9435	9440
8.8	9445	9450	9455	9460	9465	9469	9474	9479	9484	9489
8.9	9494	9499	9504	9509	9513	9518	9523	9528	9533	9538
9.0	9542	9547	9552	9557	9562	9566	9571	9576	9581	9586
9.1	9590	9595	9600	9605	9609	9614	9619	9624	9628	9633
9.2	9638	9643	9647	9652	9657	9661	9666	9671	9675	9680
9.3	9685	9689	9694	9699	9703	9708	9713	9717	9722	9727
9.4	9731	9736	9741	9745	9750	9754	9759	9763	9768	9773
9.5	9777	9782	9786	9791	9795	9800	9805	9809	9814	9818
9.6	9823	9827	9832	9836	9841	9845	9850	9854	9859	9863
9.7	9868	9872	9877	9881	9886	9890	9894	9899	9903	9908
9.8	9912	9917	9921	9926	9930	9934	9939	9943	9948	9952
9.9	9956	9961	9965	9969	9974	9978	9983	9987	9991	9996

第4章

経営情報システムの変遷

経営情報システムは，情報技術の発達に伴いいくつかの段階を経て発展してきた。それらの段階は，⑴事務管理機械化の時代，⑵ＭＩＳの時代，⑶ＯＡの時代，⑷ＳＩＳの時代に分けられる。日本では，1967年－1970年のＭＩＳブーム,1980年－1982年のＯＡブーム，1988年－1990年のＳＩＳブームが起こった。これらの経営情報システムの変遷は，その後に起こるインターネットによるネットワーク革命とは質の違うものとして受け入れるべきであろう。しかし，ネットワーク革命によるパラダイム・シフトは，これらのブームがいろいろな意味でパラダイム・シフトのきっかけになっていると解釈できる。

⑴ 事務管理機械化の時代…EDPS

コンピュータが導入される以前は，経営機械化の歴史がある。1920年代のアメリカで，フレデリック・テーラー（Frederick W. Taylor）の「科学的管理法」が脚光を浴び，工場からオフィスへと科学的管理法が浸透し，集計業務の機械化，事務処理の機械化，そして事務管理などのマネジメント方法に影響を与えていた。

日本においては，1923年に内閣統計局が国勢調査の必要性からパワース式のパンチカードシステムの機械を輸入したことが，経営の機械化の始まりである。1925年７月には，ホレリス式のパンチカードシステムが名古屋の日本陶器(株)（現：ノリタケカンパニーリミテッド）に導入されている。1926年に三菱長崎造船所および呉海軍工廠総務部には，ホレリス式に加え，分類機および会計機も導入され原価計算などの管理業務に利用されていた。日本においては，会計機の普及の前提として，カナ文字の普及，右横書きの推進，帳簿のルーズリーフ化，カード化などの事務改善があったことにより普及したのである。この事務合理化の努力こそが，日本の経営機械化の基盤をなした。「大戦の混乱を経て，戦後の1950年に日本ワトソン統計会計機械株式会社は日本ＩＢＭ株式会社として新たに発足して，業務を再開した」[1]。

この時のコンピュータは，メインフレーム中心のシステムで，基幹ベースの大量データ処理システムであった。このシステムは，重装備システムで数値データ処理を中心に置いていた。このときの数値データは，経営資源（ヒト・モノ・カネ）の活用後に産み出されたデータで情報処理されていたものが，伝統的な事務処理であり，事務管理といっていた。

経営の場に初めてコンピュータが用いられようになるのだが，理工学分野においては大量の計算にコンピュータは使われていたように，計算機としてのコンピュータであった。経営分野においては，業務の自動化を情報システムとして成功させた。この概念を自動データ処理（ＡＤＰ：Automatic Data Processing），統合データ処理（ＩＤＰ：Integrated Data Processing）と呼ばれていた。ＡＤＰは，データを紙カードにパンチして分類し計算するパンチカードシステム（ＰＣＳ：Punched Card System）で行っていた。このＰＣＳは，アメリカの人口統計局にいたハーマン・ホレリス（Herman Hollerith）が，1890年に国勢調査用に開発した統計機械である。このホレリスが，1896年に Tabulating machine Co. を設立し，この会社がＩＢＭ社（International Business Machine）となった。

1950年代に，ヒックスが事務管理を「書記・分類・計算・通信の４つの作業によって作られる情報により，経営組織体内の管理統制の基礎を形成すること」と定義し，事務管理は情報処理（Information Handling）であるという課題を提供した。この情報処理の目的は，省力化，能率化であり，コスト削減の効果はあった。技術的には一定期間に一定量のデータをまとめて処理するバッチ処理であったため，ＡＤＰは，各業務別に取引処理を行う情報処理型システムである。

企業にコンピュータが導入された最初は経理部門であった。企業組織でのコンピュータ利用は，受注処理や給与計算などの業務の１つを取り上げ，手作業の仕事をコンピュータで処理しているという状況であった。このようなデータ処理をトランザクション処理という。トランザクションとは，１つの意味のある処理単位のことである。この時のコンピュータを用いる情報システム開発は，ＡＤＰとＩＤＰであり専門家による事務処理の電子化とでも呼ぶべきデータ処理の総称としての電子化システム（EDPS：Electronic Data Processing）であった。このときのEDPSの開発は，EDPS部あるいは電算室と呼ばれる部門に所属する専門家集団が行った。

この時代のプログラミング言語は，COBOLやFORTRANなどであった。実務担当者は，ＳＥやＰＥが作ったシステムの利用者であり，情報システムの計画性などはまったくなかった。この時代は，企業に１台のコンピュータがあるという時代である。

(2) ＭＩＳの時代

1964年以降にはＩＣを組み込んだ第三世代コンピュータ技術を活用したＭＩＳ（経営情報システム：Management Information Systems）の概念が生まれた。この時代は，現場の事務作業をコンピュータ化するだけでなく，コンピュータをマネジメントに利用し，管理情報の提供手段として使用するのである。その意味では，今までの事務処理も情報処理の一種ではあるが，ＭＩＳの登場で情報管理と呼ばれるようになった。情報管理は，事務管理に替わり登場してくる。

情報管理は，情報利用者の情報ニーズに注目している。伝統的な情報管理の特徴は，「ヒト」「モノ」「カネ」という経営資源の変動や移動を事後的に整理・記録することが主な内容である。情報システムは，生産管理システムや購買管理システム，会計管理システムなどの管理システムが登場してくる。業務データを単に集計するだけではなく，二次加工し管理資料を作ったのである。会計管理システムは，財務会計の情報だけではなく，管理のために商品別や地域別，顧客別などの情報を基に管理会計情報を経営の意思決定のために情報システム化されてくる。

ただし，この時の管理システムは，バラバラに開発されていく。たとえば，受注管理システムと売上管理システムでは，同じ顧客や同じ販売商品と数量をそれぞれのシステムに２度入力が必要であった。このような事態に対応すべく登場するのが，データベース技術である。これまでのシステムは，プログラム中心で，データは付随するものでしかなかったが，データベース技術は，部門間にデータベースを構築し個々の業務からデータを独立させて，業務プログラムを構築するのである。

1964年４月にＩＢＭ社は，それまでの専用機であった大型コンピュータから，小型機や大型機まで互換性を持ち，あらゆる業務への適用可能性を求めたＩＢＭ−360シリーズ６機種を発表する。360という数字が示すごとく全方位対応型の汎用機としての広範型コンピュータであった。このような管理業務のコンピュータ化の理念は，トータル・システム化として管理業務の統一的適応に動き出していた。企業を１つのシステムとして「モデル化」し，企業モデルの中に各部門の管理システムをサブシステムとして結びつけるものを考えていた。

マルチタスクやオンラインシステムが可能なマシンは，ユーザーに対して経営情報システムの夢を抱かせ，メーカーもこの可能性を売り物としていた。しかし，ＭＩＳは，メーカの思惑とは異なり，ホストコンピュータの能力がいかに素晴らしいものであっても，それらの機能を使用する端末機の能力や通信能力では夢としてのＭＩＳを実現するには無理があった。そのために，ＭＩＳは一時的なブームでしかなかった。

このような試みが，一時のブームに終わった理由は，企業モデルとしてコンピュータ・システムが描いたものが単純すぎたことにある。各企業活動は，それほど単純ではなくもう少し複雑であった。もう１つには，技術レベルが大規模集中処理方式であったことがあげられる。これは，人的な問題からいえば，情報システムの開発が専門家集団に任されていたことに尽きる。これは，管理業務が定型化しにくいものであり，これを専門家集団がそれぞれを理解することが不可能でもあったが，システム開発を主導しようとしたことに問題があった。これは，情報システムが大規模集中処理方式であったことと無関係ではない。ただし，銀行の勘定系のオンラインシステムや鉄道・飛行機の座席予約システムなどの作業的システムでは大きな成果を上げることができた。

ＭＩＳは，管理活動と情報処理活動に分離して捉えられていた。管理活動における決定や判断を所与のものとして，その活動に貢献する情報処理活動の効率化を追求するという発想であった。

(3)　ＯＡの時代

1980年代に入ると集積回路の超ＬＳＩが登場し，ＯＡブームが起こる。ＯＡ（Office Automation）といっても，事務を機械化していたときとは違って，ユーザー部門の人たちが自部門の仕事や自分の仕事を自らの力でコンピュータ化することに中心が移ることを意味している。ユーザー部門の人たちのパーソナルな仕事はあまりにも多く，また変化が激しいために，これまでコンピュータ化されないままになっていた。情報システムは，パーソナル・コンピュータが出現し，現場の管理者をエンドユーザとしていろいろな要望に対応することを迫られ，情報技術の面でもこれらに対応できるような大きな飛躍があった。

「時代は，これまでの情報技術専門家が主導する集中処理方式からユーザー主導の分散型処理方式へと移ってきた。画一化され効率性重視のシステム開発から，柔軟性を重視するシステム開発が強調されるようになった」[2)]。ソフトウェアも，メインフレーム・コンピュータのデータに外部からアクセスでき，数値データだけでなく，漢字や画像処理できるようになってきた。ＯＡシステムは，エンドユーザ（現場利用者）がワープロやパソコンを中心に文字情報などの非数値の定性情報処理を中心に置いた。この現場部門中心の個人用のエンドユーザが機器を直接操作して必要な情報を取り出すことをエンドユーザコンピューティング（ＥＵＣ：End User Computing）とも呼ばれている。

それぞれの企業部門の個人ユーザーが，独自でコンピュータを活用し情報システムを構築するようになってくる。この分散機は，組織全体から見ると部門ごとにバラバラな情報システムが構築されていることを意味している。このような動きは，汎用機時代の管理システム部門がバラバラであったときよりも，より個人担当者レベルでもバラバラな動きであった。そのために，データベース技術が個々の担当者の中での理解が深まり，もう一度データベース中心に関連した適用業務の整理が始まる。この時には，情報システム化の対象が広がって，ハードウェア，ソフトウェア，そして人材だけでなく，データそのものも情報資源として取り扱うべきであるとする考えが生まれてくるが，この時代はまだ企業活動の部分において役立つというレベルであった。

(4) ＳＩＳの時代

1980年代後半になると，ＳＩＳ（Strategic Information System）の時代になる。情報システムが企業組織の全体を統合するというレベルとなり，経営の戦略的な位置づけを獲得する。統合性の要請は戦略の必要性から出てくる。生産の現場はＦＡ（Factory Automation：工場の自動化）からCAD/CAM（Computer Assisted Design/Computer Assister Manufacturing）へ，さらにＣＩＭ（Computer Integrated Manufacturing）へと統合性を高めるにつれ，戦略性を高めていく。

ＦＡは，生産技術と情報技術を利用した生産の自動化を意味している。製造作業を行う自動製造システム，製品の開発・設計技術を提供する技術システム，生産活動の計画・統制を行う生産管理システムと統合して，設計から出荷までの生産の諸活動の自動化を目指すものであったが，実際には限定的な自動化にとどまった。この時の統合システムは，組織全体に個々バラバラに存在するコンピュータ化された業務の関連性を重視するようになるだけである。業務間の関連性が重視されると，情報システムも無用となるシステムや新しく作らなくてはならない業務も出てくるために，組織の業務構造改革が叫ばれるようになった。

1980年代後半には，ＦＡに代わりＣＩＭシステムが登場し，研究開発から設計，製造，販売，経理などの業務だけでなく，その関連性をシステム化し，自動製造システム，技術システム，生産管理システム，販売計画システムの統合化を実現することで企業の競争力の確保を目指す，統合的経営情報システムであった。ＣＩＭは，営業でつかんだ市場の変化をいち早く開発，製造部門に伝え，新しいニーズに対応した製品を迅速に市場に送り出すことができた。情報システムが，経営戦略にスピードを与えるのである。このようにＣＩＭが，環境変化に対応して業務改善を行い，それによって変革を目指し，組織の再構築を行う武器としたために，製造業におけるＳＩＳとして注目を浴びた。

しかし，1993年には，情報技術の投資から競争優位を得ていると感じている企業などはなくなったとの評価を受けた。それは，企業の製造部門のほとんどがＣＩＭを導入することによって起こる飽和状態という見方もできるが，一時的な競争優位性はあっても，持続的な優位性にはならなかった。

⑸ ＢＰＲの時代

その後は，経営情報システムとして取り扱うべきシステム・コンセプトは現れないが，情報技術を駆使するビジネス・イノベーションのコンセプトが受け入れられる。情報技術を活用して組織内および組織間のワークフローやビジネス・プロセスの分析と再設計によって，業務コストや時間，品質の改善を目指すビジネス・プロセス・リエンジニアリング（ＢＰＲ：Business Process Re-engineering）が1990年の初めに登場してくる。ＢＰＲは，M.ハマーとＪ.チャンピーが提唱した経営改革手法である。

コンピュータは，単なる道具として利用するだけでなく，もう少し知識を広げることによって，経営情報として活用する方法が広がる。経営情報は，「ヒト」「モノ」「カネ」の移動状況をデータ化し，そのデータを情報処理し情報化していくプロセスにより生成される。情報の機能とは，「ヒト」「モノ」「カネ」の状況を把握することであり，プロセスを駆動させるものである。このプロセスを駆動させるものが，ＢＰＲである。ＢＰＲは，顧客満足度を実現するために経営や仕事のやり方を変えることに重点を置いた経営手法であり，ＢＰＲ実施においては，ＩＴ（Information Technology）の活用が効果的であり，必須条件でもある。このＢＰＲは，リストラとは違い顧客を起点として業務プロセスを見直しスピードとコスト，品質を根本的に革新するという体質改善策である。リストラは，事業の統廃合によって経営資源である「ヒト」「モノ」「カネ」「情報」を強いと思われる事業に再配分することであるといえる。そして，この情報機能が，ビジネス・プロセスを見直し部分最適ではなく全体最適を目指すために意思決定に結びつけるためにあるのがＢＰＲの情報管理である。

第１節　協働システム(Cooperative System)

バーナード（C.I.Barnard）は，経営学の中にシステム観を入れた人物である。システム論としては，「体系（システム）とは，各部分がそこに含まれる他のすべての部分と，ある重要な方法で関連をもつがゆえに全体として取り扱われるものである」[3)]。このある重要な方法とは，その構成単位が相互依存的な変数であるということである。この相互依存関係は，相手がいなければ意味がないことで，相手の存在が前提となって存在することである。「したがって，ある部分と他の一つあるいはすべての部分との関係にある変化が起こる場合には，その体系にも変化が起こり，一つの新しい体系となるか，または同じ体系の状態となる。」というシステムの構成要素を関係性として説明している。

バーナードは，このようなシステムの概念を，①各構成単位が独自の機能を有しており，②それらが相互依存関係を保ち，③全体として独自の別個の目的，機能，行動を展開する。④有機体とは，Open System（開システム）であり，統合体とは，Closed System（閉システム）であるという。

そのシステムを協働システムとして捉え，この「協働体系とは，少なくとも一つの明確な目的のために二人以上の人々が協働することによって，特殊の体系的関係にある物的，生物的，個人的，社会的構成要素の複合体である」[4)]として，物的システム，人的システム，社会的システム，組織システムからなる４つのサブシステムに支持された統合体である。

この組織システムは，人的システム・物的システム・社会的システムを結合するもので，協働システムの中軸システムであり，それぞれのシステムの差異

□図表4－1□ 協働システムのサブシステム

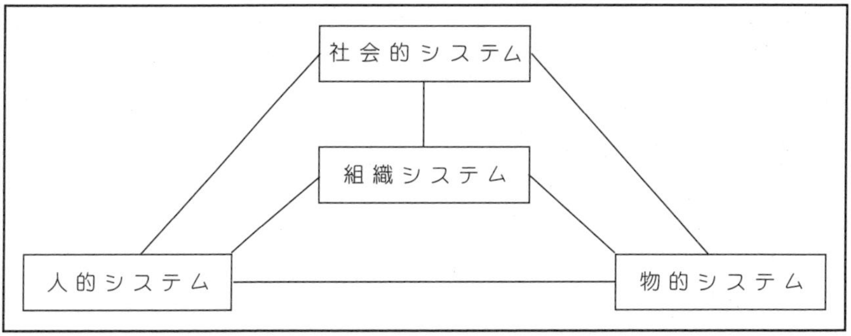

を捨象もしくは純化して形成するものであるという。バーナードは，「組織とは，意識的に調整された人々の活動や諸力の体系（システム）である」[5)] といい，意思とエネルギーの相互作用があり，異なるエネルギーや行動の交差する「場」であるといっている。そして，組織の要素には，コミュニケーションが必要であり，個人の貢献意欲と組織の目的を挙げている。

このサブシステムの発想は，体系というシステムを生体システムとしてみているので生体システムを機能で分けてみると，消化器系システム・循環器動脈系システム・循環器静脈系システム・呼吸器系システムというサブシステムから成り立っているところから考えられたのであろうと推察する。また，日本の会計システムを考える場合も，社会システムとの関連で，制度会計を，商法会計システム・証券取引法会計システム・税務会計システムとしてトライアングルとなっているシステムを利益算定システムとして捉え直すと会計の協働システムが見えてくるであろう。

第2節　経営情報と意思決定

(1)　アンソニーの意思決定の分類

アンソニー（R.N.Anthony）は，経営意思決定活動の目的から意思決定を分類し，管理会計の体系論を展開した。R.N.アンソニーは，このような観点から経営上の意思決定を作業的意思決定（Operation Control），管理的意思決定（Managerial Control），戦略的意思決定（Strategic Planning）の3つに分類した[6)]。

① 作業的意思決定…日々の生産量決定のように明確な方針の下での特定の作業に関するものである。たとえば，外食産業でいえば，日々の接客，調理，配膳差立てなどに関する決定であり，店長などロア・マネジメント業務の主要部分である。

② 管理的意思決定…人事・財務の年間計画と予算実績対比による評価など，与えられた経営資源の有効活用に関する決定である。管理決定は，市場，製品，設備，および要員など企業がこれまでに獲得してきた歴史的なものに規定され，その中で利用可能な資源や能力の有効活用を図るための決定である。外食産業でいえば，本部で立てる年間販売計画，それに基づく原料選定計画，セントラル・キッチン操業計画などであり，主としてミドル・マネジメントがこれに当たる。

③ 戦略的意思決定…新製品の開発や工場立地の決定などがこれに入る。戦略的決定は市場，製品，設備，要員などを所与とせず，これらも代替し得る手段と考えるのである。外食産業でいえば，今まで取り扱っていなかっ

□図表4－2□　アンソニーの経営上の意思決定

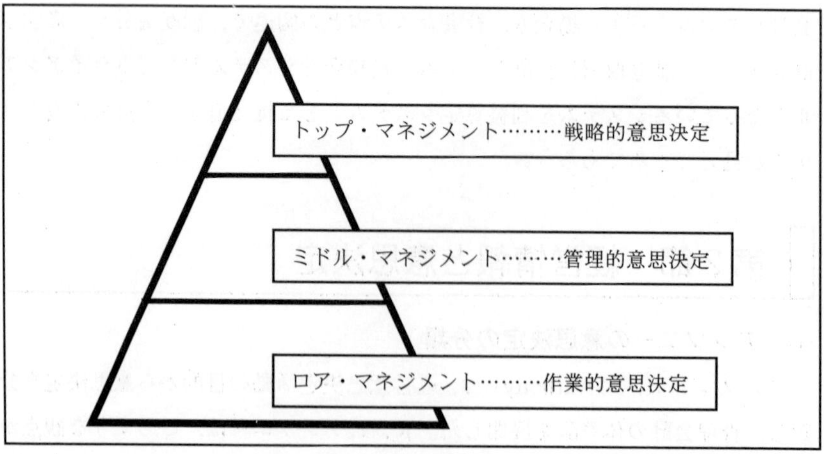

た商品を各種取り揃えようといった決定で，トップ・マネジメントの責務である。

アンソニーは，ロア・マネジメントとミドル・マネジメントの意思決定をコントロール（Control）と呼んでおり，「どのようなやり方を取るのか」ということが中心となる。しかし，トップ・マネジメントにおける戦略的意思決定をプランニング（Planning）と呼び，「何をなすべきか」「それは何のためか」ということが中心になる。

また，アンソニーは，管理会計情報には全部原価会計，差額原価会計，責任会計があるとしている。そして，このような「会計情報が企業内部で使用される重要なプロセスが，マネジメント・コントロールである」[7] としている。

下記の図表の2の差額原価会計は，プログラミング段階で使用される会計データの主要なタイプであると述べ，これらのデータは経営者が何に資本投資するかを，自製ないし購入政策はどうあるべきか，などを意思決定する際に役立つとしている。

□図表4－3□　会計情報のタイプとその利用[8]

原価，収益ないし資産構造	利用	
	歴史的データ	将来の見積もり
1．全部原価会計	外部財務報告 （特に棚卸品および売上原価） 経済業績の分析 原価タイプの契約	プログラミング 正常価格決定
2．差額原価会計	―	代替的選択意思決定 （貢献価格設定を含む）
3．責任原価会計	管理者の業績分析 管理者の動機付け	予算編成

(2)　サイモンの意思決定の分類

1978年にノーベル経済学賞を受賞したハーバート・サイモン（Herbert A. Simon）の研究が，50年の歳月を経て再評価されている。サイモンの著書で，

1943年に発行された“Administrative Behavior”（邦訳『経営行動』ダイヤモンド社，1965年）の初めに「限定的合理性（Bounded Rationality）」について定式化している点に注目されている。これは，伝統的経済学が，想定している経済人は「完全合理性（Perfect Rationality）」を有している点である。サイモンは，「今日の社会科学は，合理性の取り扱いにおいて，極度の分裂症状を呈している。一方の極には，経済学者がおり，彼らは経済人が途方もない全能の合理性を持っていると考える」[9] と述べている。このことは，現在の行動経済学の初めにも，「経済人というのは，超合理的に行動し，他人を顧みず自らの利益だけを追求し，そのためには自分を完全にコントロールして，短期的だけではなく長期的にも自分の不利益になるようなことは決してしない人々である。…この神のような人物が，標準的経済学が前提としている経済人の姿なのである」[10] という。

新古典派経済学が想定している「合理的経済人」すなわち，膨大な情報を瞬時に処理して最適な行動を選択するような完全な個人というものは存在しない。実際の人間は，完全な合理的な人間ではなく，現実の経済は，情報は数限りなく存在し，相互作用する要素も多く，複雑性に満ちている。このような状況では，人間は必ずしも最適な解答を出そうとして行動しないし，またできない。結局，人間の思考や行動は部分的であり，不完全であり，限定的であるという「限定的合理性」ということが出てくるとサイモンがいい出した。

サイモンは，人間をアルゴリズミック（Algorithmic/段階順序的）ではなく，ヒューリスティック（Heuristic/発見的）な存在として問題解決するシステムである考えている。そして，経済は，構成要素である企業や人間も無秩序に動いているのではなく，何らかの規範ルール，プロトコルに従って生きている。しかし，合理性だけを追求しているのではなく，部分的に限界的に合理的な行動を取っているのである。このような完全ではない人間の限界，すなわち認知限界こそが組織を作る原動力であるといい続けた。1人1人の持つ情報が不足しているからこそ，人間は組織に加わり，それによって情報不足を補い，行動の最適化を目指すのだとサイモンは訴えている。

サイモンは，この限定合理的な人間の行動をモデル化して，意思決定のプロセスがどの程度構造化されているかに着目している。構造化の程度というのは，決定プロセスがどの程度手順化されているか，物事の因果関係がどの程度分かっているのか，不確実性はどの程度か，決定基準は明確か，などを指している。この観点から決定問題をプログラム化された決定（Programmed Decision）とプログラム化されない決定（Non programmed Decision）に分けている[11]。

プログラム化された決定は，繰り返し的日常的であり，決定手順が明確である。伝統的に確立された習慣や業務手順によって遂行可能であり，オペレーション・リサーチ（ＯＲ）技法などによって正しく解決策に到達可能な決定問題である。プログラム化されない決定は，先例のない意思決定であり，決定プロセスの初期段階であり，問題の定義や目標設定，代替手段の作成などに多くの時間を費やす。判断とか直観に頼らざるを得ないことが多い。すなわち，限定合理性を前提にした最適解を求めるアプローチである。

社会科学があいまいにされていた「目的」という概念を，「プログラム」もしくは「プロトコル」というコンセプトへと具体的に展開したことにある。このことは，複雑性は分析や要素還元にできないことであり，上位の階層が下位の階層のプログラムやプロトコルに規定されないということを主張したのである[12]。上位の階層の機能とは，いくつかの下位の階層の集合以上の何かを持っていると考えている。上位の階層というものを一要素としてみていないのであって，下位の階層があって初めて上位の階層であると考えている。生命システムからいうと，細胞は人体という上位システムがあって成立するというシステム論からの発想である。

従来の組織論では，従業員の役割は経営者が与える組織の目的を満たすものであると定義されていたのであるが，サイモンは従業員の役割は，組織の階層におけるプログラムだと定義したのである。すなわち，従業員の活動とは上位階層である経営者の設定する目的を具体化した「役割プログラム」を遂行する自律的主体が役割を実現する活動であると定義し直したのである。

そして，人間の限定合理性をエンジンとする組織形成によって，利他主義的な行動が促されるとの議論も展開した。社会が複雑になるほど各個人は他人からの情報をさらに必要とし，その結果，利他的な行動を一層取りたくなると指摘している。

第3節　意思決定支援システム（DSS）

経営環境から情報をタイムリーに把握し情報に従って合理的な判断を行うためには，情報システムの保有は必須課題として経営に課せられていった。この情報システムの中核に置かれたものが経営データベースであり，これらを前提としてＤＳＳ(Decision Support System)やＳＩＳ(Strategic Information System)，ＡＩ（Artificial Intelligence）などが存在する。

ＤＳＳは，経営意思決定にコンピュータを利用しようとする点ではＭＩＳと同様である。しかし，狭義のＭＩＳがコンピュータによる意思決定の自動化を標榜したのに対し，ＤＳＳは，コンピュータを意思決定の支援のためにのみ利用しようとする点に違いがある。

ＭＩＳが定型的な業務処理や管理上の決定や判断レベルにしか貢献しなかったという反省から，非定型的な管理上の決定・判断に直接的に貢献する経営情報システムが，ＤＳＳという概念のもとに模索されることになる。意思決定論的展望の基礎概念として，プロセスとタイプと階層に分けて見てみる。

1980年代に入ると意思決定支援システム（ＤＳＳ:Decision Support System）が話題を集めた。ＤＳＳは，G.A.ゴーリーとM.S.Ｓモートンが1971年代に公表している。このＤＳＳは，H.Aサイモンが提示したプログラムされた(Programmed：定型的）意思決定とプログラムされない（Non-programmed：非定型的）意思決定の２類型化と，アンソニーが主張した経営管理システムにおける３つのプロセス，戦略的計画，経営統制，業務統制とを結びつけたものである。ＤＳＳ は，サイモンの定形的および非定形的という用語を構造的(Structured）および非構造的（Unstructured）という用語に代えて表現している。そして，ＭＩＳは構造的―オペレーショナルな領域を扱っており，ＤＳＳ

は，経営者や管理者は非構造的な領域での意思決定に関心があるとしている。

そして，構造的と非構造的との間に位置する部分を半構造的（Semi-Structured）といっている。この半構造的意思決定が中心で，現実の意思決定の大半はこの半構造的である。すなわち，定型的な局面をＤＳＳが支援し，非定型的な局面を意思決定者が判断するという人間とコンピュータが支援しあい，対話する形式で意思決定を合理的に展開しようとする試みである。

□図表４－４□　ゴーリーとスコットモートンによるＤＳＳのパラダイム[13] ―

	管理タイプ			
	分類	作業的コントロール	管理的コントロール	戦略的計画
意思決定タイプ	構造的	会計，売掛金・買掛金処理，受注処理	部門予算管理，短期予測，人事報告	財務，投資，倉庫立地，流通システム
意思決定タイプ	半構造的	生産スケジュール，在庫管理，日程管理	予算編成，差異分析，プロジェクトスケジューリング	Ｍ＆Ａ（吸収・合併），新製品計画，ＯＡ計画
意思決定タイプ	非構造的	資金管理，ソフトウェア購入，プロジェクト管理，貸付承認	予算編成，交渉，ハードウェアー購入，人事管理	Ｒ＆Ｄ計画，新製品の導入，新技術開発

このＤＳＳの情報の有用性が定着し始めたときに，情報社会における企業の経営資源は，「ヒト」（人的資源）「モノ」（物的資源）「カネ」（資金的資源）の他に「情報」（Information）が重要な要素となった。そして，情報が第四の経営資源と呼ばれるようになった。

〔注〕

1）宮下幸一『情報管理の基礎』（第３版）同文舘出版，1992年，ｐ.58

2）藤田恒夫『経営情報基礎論』酒井書店，1997年，ｐ.111

3）C.I. Barnard, *The Function of The Executive,* Harvard University Press, 1968.
　C・I・バーナード（山本安次郎・田杉　競・飯野春樹訳）『新訳　経営者の役割』ダイヤモンド社，1968年，ｐ.80

4）バーナード，上掲書ｐ.67

5）バーナード，上掲書ｐ.75

6) Anthony, R, *Planning and Control Systems: A Framework for Analysis,* Harvard University Press, 1965
R.N.アンソニー（高橋吉之助訳）『経営管理システムの基礎』ダイヤモンド社，1968年
7) R.N.アンソニー（佐藤精一訳）『プログラム学習による管理会計入門』学習研究社，1980年，p.13
8) Robert N. Anthony & James S. Reece, *Accounting: Text and Cases,* 1989, p.524
9) Herbert A. Simon, *Administrative Behavior-A Study of Decision-Making Process in Administrative Organization,* by the macmillan company, 1945.
H.A.サイモン（松田武彦・高柳　暁・二村敏子訳）『経営行動』ダイヤモンド社，1965年，p.20
10) 友野典男『行動経済学』光文社，2006年，p.10
11) Simon, Herbert A., *The New Science of Management Decision, rev. ed,* Prentice-Hall, 1977.
ハーバードA.サイモン（稲葉元吉・倉井武夫訳）『意思決定の科学』産業能率大学出版部，1979年。
12) J.G.マーチ・H.A.サイモン（土屋守章訳）『オーガニゼーションズ』ダイヤモンド社，1977年
13) Gorry, G. Anthony & Michael S. Scott Morton "A Framework for Management Information Systems." *Sloan Management Review,* 1971, p.62，加筆・修正あり。

第5章

システムの思想

経営情報の主要なテーマの1つは，システムである。システムという用語は，さまざまなところで使われている。企業経営の場合も経営情報システム，生産管理システム，マーケティングシステム，会計システムというようによく使われる用語でもある。日常生活でも，システム・キッチン，銀行などのオンラインシステムや新幹線の座席予約システムなどいろいろ使われている。

C.I.バーナードは，『経営者の役割』という著書の中で，「体系（システム）とは，各部分がそこに含まれる他のすべての部分とある重要な方法で関連をもつがゆえに全体として取り扱われるべきものである」[1)]と述べている。R.エイコフは，「システムとは，相互に関連する要素の集合である。したがって，システムは少なくとも二つの要素と，要素間の関係からなる実体である」と定義している。システムとは，相互に関連するに2つ以上の要素が矛盾なく存在することである。たとえば，学生生活をより充実したものにするには，よく学びよく遊ぶことである。学生時代に遊んでばかりいると卒業してからは後悔するかもしれないし，勉強ばかりしていると学生生活の4年間がもう少し楽しいものであったはずであろうとの思いもでて，大切なものをどこかにやったような気になるかもしれない。4年間を充実した生活を送るためには，4年間の生活の中にシステムがなくてはならない。そのためには，一見矛盾するような「遊び」と「勉強」を矛盾なく生活の流れの中につくっていくことがシステムである。

問題を，人で解決するのではなく，システムで解決できるようにすることをソルーションという。ソリューションは，パラドクシカル（Paradoxical）な状況をもたらしている。パラドックス（Pradox）とは，一見矛盾しているように見えるが実は正論のことである。このことを逆説という。パラドシカルな状況としてのソリューションは，シンクロナイゼーション（同期化）をもたらす。このことを，システムというのである。シンクロナイゼーションとは，ソリューションなのである。

このような定義で重要なことは，何かの要素で何をもって相互に関連しあっているということが，観察者の認識に依存するという立場をとっている。この立場を，システム認識論と呼ぶ。これに対してシステムは，われわれの認識とは独立に存在するものであるという立場もあり，コンピュータのシステムは具体的にあるという立場はシステム実在論という。しかし，システムの認識論からすれば，システムとは観察者の認識から離れて独立に実在するものではないとする考えである。すなわち，システム認識論の立場からは，そこに何を見るかではなく，見ているものをどのように捉えるかが重要なのである。

□図表5－1□　多義図形[2)]

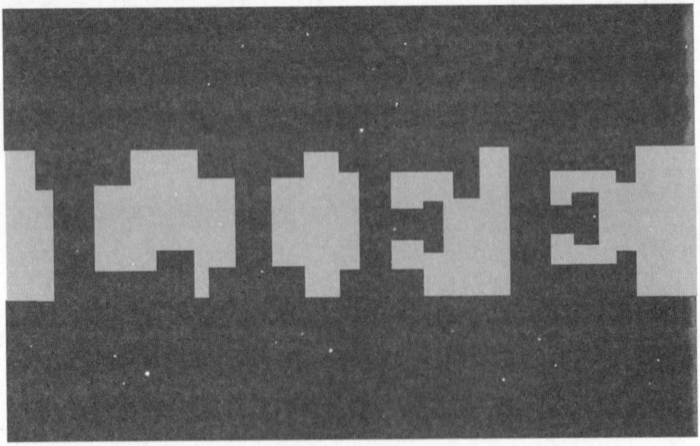

情報は，意味を持つものであって，情報を読み解く人によって上にあるような多義性のある図形は，白い色に注目していると，インベーダーゲームのような白いブロックが見える。しかし，黒い色に注目すると“LIFE”という文字

が浮かび上がってくる。これは，図形の関連づけにより，ものの見方が変わってくる。同じ図形を見ても，見方のパラダイム（枠組み）が違っていると違ったシステムとして見えてしまうのである。システムの目的は，システムの属性にあるのではなく，それぞれの関係性によってはじめて認識されるのである。

第1節　一般システム理論

「一般システム理論」でいうシステムとは，生物体はそれぞれの1つのシステムであるということである。システムとは，互いに作用しあう諸要素の複合体を指している。組織，ヒエラルキー秩序，自己保存，分化，漸進的進化といった生物システムの一般的性質は，生命の組織の各部分と部分共同した関係において成立している。この関係をベルタランフィは，「システム」と呼んだ。

このシステム論が登場するのは，生命現象を機械に還元して説明できないということから生まれている。要素還元論を否定することであった。要素還元論に対抗する論理が，有機構成（Organization）の概念である。有機構成とは，物質的要素が複合的であり，要素の特定の配置が維持されるような同一性を保つ構成比の水準を示していることである。それは，物質現象には見られなかった新たな現象が生じ，生命の特性を有していたのである。生命，社会，歴史，精神のさまざまな現象について，それぞれの要素の総和に還元できない秩序性を有機構成として，固有に取り扱うことが必要であるとしている。要素還元論の否定は，この「部分の総和は全体にならない」というテーゼに表現される。

一般システム論は，自然科学を基本にして有機構成に関する法則性を見出すものである。ベルタランフィは，「科学は本質的に法則定立的な営為であって，自然界の事象は繰りかえし可能であり何度でも起こるということの基礎の上に，法則をうち立てようとする」[3]といい，有機構成の現象については，科学要求として法則定立的で繰り返し可能であり，何度でも起こるとしてシステムの恒常性維持は，システムの作動の結果であるとしている。このような考え方は，新カント派のカテゴリー分類に従っており，歴史は繰り返さないという，歴史はただ一度しか起こらないという個別記載法はとっていない。

ベルタランフィのシステム論は，開放性の物質代謝を行う自己調整的な自己維持システムである。システムが恒常性維持を通じて動的平衡を確保すると，動的平衡状態にあるシステムには安定した層が生じる。

ベルタランフィらが分野を超えて統一原理を論理的に説明しようとしたシステム論は，あらゆる分野にシステム論的アプローチを広めた。ウォルター・キャノンは，「ホメオスタシス」という恒常性の維持機能の概念を提唱した。

生物は暑ければ汗をかき，寒ければ鳥肌をたてるようにしているのがホメオスタシスである。有機体は，ホメオスタシスという恒常性を維持する機能を持っているために，動的平衡を確保し，そのシステムには安定した層のようなものが生じて，階層区分ができてくることによりオーガニズムが機能しているとみなした。そして，クロードベルナールが，血液の循環を観察して「内的環境」という概念を発展させた。自律的生命システムは，内的環境としてホメオスタシスが機能することにより，外部環境と自己の境界を決定することができるようになる。有機体がホメオスタシスを通じて動的平衡を確保すると安定したシステムが層のようなものができる。

第2節　サイバネティックス(Cybernetics)

サイバネティックスは，ギリシャ語の「舵取り人」を語源とする言葉で，船を操舵（そうだ）することが国や人間を管理・統治することと類似性があるところから派生したといわれている。生物が，変化する環境の中で生き残っていくためには，自らの状態を何とか一定に保とうとする自己調節機能がある。この機能は，ホメオスタシスといい，サイバネティックスはこの機能の考え方で，生物から機械そして社会にまで広げた統一的な総合科学としてのシステム論として登場した。サイバネティックスは，厳密に定義づけられた学問分野ではなく，生物または機械系における情報のフィードバックによる制御に関する問題を統一的に取り扱うシステム論である。システムは，自己安定化に向かうというゴールがあって，何らかの基準からズレたときには，フィードバックによって自動調整できる原理があると説明する。

サイバネティックスの提唱者は，ノーバート・ウィーナー（Norbert Wiener：1894－1964）である。サイバネティックスは，生物でも機械でも，その正常な活動を維持するためには，物質的なもの（肉体やメカニズム（mechanism））とエネルギー（energy）ともう１つ情報が重要な役目をしているとして，情報の意味を「情報とは，われわれが外界に対して自己を調節し，かつその調節行動によって外界との間で交換されるものの内容を指す意味である。情報を受け取り利用してゆくことによってこそ，われわれは環境の予知しえぬ変換に対して自己を調節してゆき，そういう環境のなかで効果的に生きてゆくものである」[4] と述べている。

このフィードバックという用語は，サイバネティックスでは次のように解説している。「われわれが与えられたひとつの型通りに或るものに運動の原型と，実際に行われた運動との差を，また新たな入力として使い，このような制御によってその運動を原型にさらに近づけるということである」[5] といい，たとえば，フィードバック系は，操舵装置の動作を負荷にあまり影響されないものとしている。

□図表5－2□　サイバネティックスと帰らざる点

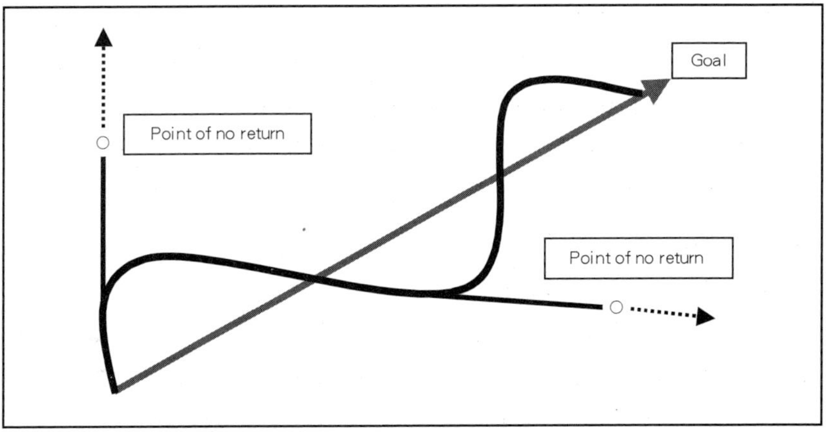

サイバネティックスは，対象をある目的を達成するために構成されたシステムと捉え，それがどんな物質で構成され，どんなエネルギーを利用しているかではなく，情報をどのように伝送し，処理し，その結果を用いてどのように制御しているかに注目した。

フィードバックとは，機械の出力の一部分が「情報」として入力に戻されて入力を調節し，その結果機械の働きを安定させたり方向づけたりすることをいう。これでシステムは自己制御作用を持つことになる。自己制御といっても，いくつかの変数を一定に保つという意味もあるし，望む目標に向けて舵をとっていく場合もある。

このようなサイバネティックスは，コンピュータ工学，情報理論，自動制御機械などから生まれたものである。ウィーナーは，サイバネティックスやフィードバック，情報の概念を工学の分野から超えて，生物学や社会学の領域にまで一般化している。経営学ではコンテンジェンシー理論として受け入れられた。しかし，現在では，サイバネティックスは，人間をモデルにしたロボットの開発へと展開しており，未だ，還元主義的なものから脱していないのが現状であろう。

第3節　ホロン革命（原題：ヤヌス）

有機体システムは，ホメオスタシスを通して動的平衡を確保する層ができるようになるが，その各階層間の関係が説明できなかった。その時に，アーサー・ケストラーによる「ホロン」という概念の創出が注目された。このホロンの概念は，各階層の間には，一方には自律的な関係と他方における従属的な関係とが同時に働いていると主張した。それによって「部分」と「全体」という二元論的思考法に取って代わろうとしたものである。

ケストラーの科学的思想の要約であり，総決算でもある『ホロン革命』の原題であるヤヌス（Janus）は，この概念を一言で表している。ヤヌスは，古代ローマの神であり，ローマ最古の銅貨に前後に顔を持つ双面神として描かれて

画像：janus－Vatican. JPG
出典：フリー百科事典『ウィキペディア（Wikipedia)』

いる。「ここで強調すべき点は，このヒエラルキーの構成メンバーの1つ1つがどのレベルにおいても亜全体，すなわち<ホロン>であることだ。……つまり細胞も筋肉も神経も，ヒエラルキーの上位センターに対し「部分」として従属しているが，同時に準自律的な「全体」としても機能する。まさに双面神ヤヌスである。上位のレベルに向けた顔は隷属的な「部分の顔」，下位の構成要素に向けた顔は極めて独立心に富んだ「全体」の顔だ」[6）]と表現している。

ヤヌスは，ローマ神話の中に出てくる神であり，出入り口の扉の神である。前後2つの顔を持つのが特徴で，表現上，顔の左右に別々の顔を持つように描く場合もある。1年の終わりと始まりの境界に位置し，1月を司る神である。

入り口の神でもあるため，物事の始まりの神でもあった。1月の守護神であるのは，1月が入り口であり，年の始まりでもあったために，過去と未来の間に立つという説明もある。

ホロン革命では，部分とは，それだけでは自律的存在とはいえない断片的で不完全なものという定義をしている。一方，全体は，それ自体で完全なものである。しかし，現実には，絶対的意味での部分や全体など存在しない。たとえば，生物の体をみると，消化器系や循環器系を部分としてみるのではなく亜全体として構成されているとみるのである。また。全体である1人の人間も，実は環境や家庭，企業や社会など，さらに大きい「全体」における「亜全体」にすぎない。生物は，亜全体の層をなすヒエラルキーを作っているのであるとしている。ヒエラルキーの上部に対しては，「部分」として「従属的」「協調的」「自己超越的」面を表に出し，同時に下部に対しては「全体」としての顔と「支配的」「競争的」「自己主張的」側面を持っている。その姿はまさに双面神「ヤヌス」である。

この考え方は，コンピュータサイエンスの領域では，「オブジェクト指向」という考え方に引き継がれている。マネジメントのテーマは，この「オブジェクト指向」を組織の情報を理解するときに，活動主体が内部に何らかのモデルを持ち，それらを相互作用することによって自律性に重きを置いたアプローチが始まっている。

そして，ホロン概念と一般システム論は，1980年代にフリッチョフ・カプラの「ターニング・ポイント」によって，「有機システム理論」という形をとり統合をみた。

第４節　複雑系の科学

従来の科学のパラダイムは，自然現象を理解するためには，部分に分解して個々を分析するという方法である要素還元法が活用された。近代科学である要素還元論とは，複雑なものに出会ったときには必ず単純なものへと分割し，そのものの本質を知ろうとした。そして，分割したものをそれぞれ詳しく調べて分析し，その分析結果を集め総合にしてきたのである。しかし，この方法では，自然現象の部分の解釈はできても全体の解釈はできない。

「機械論的パラダイム」から「生命論的パラダイム」への知の転換が必要で，このパラダイムを言い換えれば，単純な法則性のある機械論から複雑な法則性を探る複雑な世界へと扉を開かねばならない。ましてや，社会や経済，生命，歴史などを理解するためには，理系や文系を融合した「複雑系の科学」が必要である。

日本では1990年代の中頃に複雑系ブームがあり，ビジネスマン向けの雑誌が登場した。「複雑系の科学」というパラダイムが話題となったのは，米国のサンタフェ研究所からである。複雑系の科学における複雑系とは，Complex System：コンプレックス・システムといい「複雑なシステム」のことである。日本でこの複雑系の科学が，一般雑誌にまで記事になり有名になったきっかけは，M.ミッチェル・ワールドロップの「複雑系」であったが，その原題は“Complexity”（複雑性）[7] である。「複雑性」は，複雑になるに従って新しい性質を獲得することであり，コンプレックス（Complex）という表現は「もの」に重点を置いているのに対して，“Complexity” は，「こと」の強調になっている。複雑系の研究は，「複雑な」（Complicated）事象ではなく，「複雑性を持った」（Complex）事象の「複雑性」（Complexity）を解明することである。

複雑系は，この「複雑性」と「創発性」（emergence）「自己組織性」（self organity）「進化」（evolution）などの性質を持った「生きたシステム」のことである。「創発性」とは，個の自発性が全体の秩序や構造を生み出すことであり，「自己組織性」は，おのずと秩序や構造を形成することである。「進化」は，突如不連続な存在へと飛躍することをいう。例えば，イリア・プリゴジンは「複雑系について語るよりも，複雑なふるまいについて語る方がより自然であり，少なくとも曖昧さがより少ない」と述べている。

複雑系の科学は，いろいろな要素（エージェント）が絡み合っている複雑な現象を作り出しているものを解き明かそうとする科学である。「全体は部分の総和以上である」というフレーズが良く使用されるのが複雑系である。ただし，生物学や経済学において，複雑な振る舞いをする部分が全体に及ぼす関係には古くからいろいろな学説はあるが，ここでは，複雑系を説明するためにこのフレーズを使っているのであり，複雑系の科学で言われだしたのではない。ここでは，生物や経済に見られるシステムの問題として解釈するためにこのフレーズを活用している。複雑系は，分析方法でなくモデル化によるシミュレーションで現象を把握し問題解決するというアプローチをとる。このときの構成要素を「エージェント」といい，自律性を持った個体性としてモデル化し，複雑な「エージェント」の振る舞いを解釈する。

部分となるエージェントが相互間の行動を決め，その簡単なルールが思いがけない結果を生む。このことをエマージェントビヘイビアー（創発的行動）という。創発（Emergence）とは，部分の単純な挙動が全体の高度な秩序を生み出すというプロセスであり，個の自発性が全体の秩序を生み出すということを意味している。この創発性は，複雑系の科学の基本的な構造である。

近代科学である経済学者アダム・スミスの『国富論』の中で述べられている「神の見えざる手」は，この創発的な市場観のようにも思われる。しかし，アダム・スミスの思想の中には必ず市場は均衡状態に達するという前提に立っている。複雑系の科学は，オープンな未来を想定しているので，市場の均衡ではなく市場の進化を見ている。すなわち，社会を機械のように見るのではなく，生命体と見ているという特徴を備えている。ここに，パラダイム転換がある。複雑系の科学は，経済変動や気象，生体リズムのような複雑な現象は，初期値のわずかな違いが増幅されて不規則な予測不能な動きをするというカオス理論を含んでいる。

ピラミッド型の組織形態から，ネットワークにおける場へと企業も転換期を迎えている。ピラミッド組織は終焉し，ネットワークにおける場が始まろうとしているが，そう簡単には移行できない。この移行期には，混沌とした状況を乗り越えねばならない。これが，カオス状態である。この時に組織の中の個人に課せられるのは，自分の中で慣れ親しんだもの，去りつつあるものを自分の中で認めることである。組織が転換期であるときには，何かが終わり，何かが始まろうとしているときである。ただ，その中では，「終わり」の見えない「始まり」に苦しむ人もあれば，「始まり」の見えない「終わり」に苦しむ人もいる。このときに，複雑さの科学が教えてくれる理論がある。

この複雑さの科学が，我々に教えてくれることは，カオス理論でよく話題にされる「パイこね変換」である。パイこねとは，小麦粉と黒砂糖をまんべんなく混ざり合わせるために，引き伸ばしたり共に折りたたみながら灰色の混合物を作り上げる。これは，カオス理論を説明するときに利用する。すなわち，引き伸ばしたり，共に折りたたんだりしたことを逆にして，引き伸ばした分を「縮める」たり，共に折りたたんだものを「共に広げる」という操作を繰り返せば，原理的には元に戻せるという決定論的操作が可逆であるというが，実際は無理である。数学的には「引き伸ばし」操作は線形変換に対応し，「共に折りたたむ」操作は非線形変換に対応している。複雑さの根底には，この非線形の不可逆性を意味している。この不可逆性が起こるのは，現実には人間が関与しているからである。このように決定論的操作から一見ランダムな確率論的現象が生成される機構がカオスである。

人間が関与することにより，不可逆性が起こるカオス現象の事例として，京都の老舗八つ橋屋の社長がいっていた話がある。八つ橋の団子を作るときに，手作りの八つ橋と機械であるミキサーで作った八つ橋では，食べたときの歯ざわりと味が大変違っているといっていた。手作りの方が美味しいといわれるのは，団子のこね方が違っている。ミキサーで作る団子は，「引き伸ばす」ことと「縮める」ことを繰り返すだけである。これでは，歯ごたえのよい美味しい団子はできない。美味しい団子は，団子の素材である米粉を手の拳でパンチを入れるようにして「折りたたむ」ことを繰り返すことが秘訣であるらしい。「引き伸ばし」操作と「共に折りたたむ」操作の違いは，実際にも利用されている。

また「共に折りたたむ」という操作の重要さは，下村湖人全集の「刀打つ法」という項目の中に表現されている。「先ず，長方形の地鉄を焼いて，鎚で打ち，一応それを刀の形に打ちあげる。つぎに，それを真申で折り返して，二重になし，再び火床に入れて焼き，鎚で打ち，また刀の形に打ちあげる。このような「打ち返し」と「打ち上げ」とを，九度ほど繰り返していって，ひとまず真すぐな刀に仕上げ，磨ぎまでかける。……最後に反りのある刀に仕上げる……」と刀の打ち方を説明しているのだが，その最後の処で「……万一，九度の「折りかえし」を，八度でやめたりすると，「打ち」の数もそれだけ少くなり，できた刀は鈍刀で，武士の魂にならないのは，いうまでもないことである。」そして「……「折りかえし」の回数と鉄の重なりの枚数との関係を示すと，まず第一回で二枚，第二回で四枚，第三回で八枚になる。こうして，回を重ねるごとに倍加して行って，第八回目で二百五十六枚になり，最後の第九回目の「折り返し」では，実に五百十二枚というおびただしい数に上がるのである。……そして最後の打ちかえしをただ一回だけごまかすことは，ただの九分の一のごまかしではなくて，全体の鉄の重なりの半数，すなわち二百五十六枚のごまかしであり，しかも，最後の五百十二枚に打ちこむべき大事な「打ち」を全部省くことになるのである。……このように，まじめに打たれた刀は三分内外の厚さに五百十二枚の鉄が重なっており，その一枚一枚には，刀は刀，地は地と，それぞれの「打ち」の呼吸によって，魂の文字が込められているわけである」[8] という。このことは，複雑さを生成する機構の本質がどこにあるかが示されている。

この複雑さの科学をネットワークにおける場への移行期の観点で応用するならば，計画性と目標管理の中に問題があることに気づく。経営計画や目標管理などを行うときに，過去を引き伸ばした状態で次年度以降を計画する。そして，その計画と目標は達成されない。計画で大切なことは，共に折りたたむことである。過去の延長線上で計画・目標を設定しないことである。共に折りたたむということは，過去の何が終わろうとしているのか，そして何が始まろうとしているのかをきちんと認識することから始まる。これが，折りたたむということである。

第5節　散逸構造論

散逸構造（dissipative structure）を説明するには，エントロピーについて解説しておかなくては，この構造が分かりにくい。エントロピーの法則とは，「熱力学の法則」の中の「第二の法則」といわれている。まずは，第1の法則は「エネルギー保存の法則」であり，「宇宙における物質とエネルギーの総和は一定で，決して創成し，消滅するようなことはない。また物質の変化するのは，その形態だけで本質は変わることはない」という法則である。そして，このエントロピーの法則は，「物質とエネルギーは一つの方向のみに，すなわち使用可能なものから使用不可能なものへ，あるいは利用可能なものから利用不可能なものへ，あるいはまた秩序されたものから，無秩序化されたものへと変化する。」というものである。要するに，エントロピーの法則は，宇宙はすべてのシステムと価値から始まっているが，絶えず混沌と荒廃に向かっているということを示唆している。このエントロピーは一種の測定法であり利用可能なエネルギーから利用不可能な形態に変換する度合いを測ることができる物理学である。地球が宇宙との関連において，「閉ざされた系」であるからこそ，この地球上では物質的エントロピーは増大し続けるのである。この法則は，現代の科学とテクノロジーが，より秩序だった世界を創成すものだと思い込んでいた「現代の神話」を打ち砕くものである。

そのために，第１章で述べたボールディングは，偉大な転換期には，エントロピーの落とし穴がある，そのために，エントロピーを隔離しなくてはならないということを警告していたのである。そうでなくては，世界は秩序から混沌に方向性を増すばかりである。

そこに，イリア・プリゴジンは，このエントロピー増大の法則の『逆の現象』があると考え「散逸構造論」としてまとめたのである。

生命論的パラダイムにおける生命は，外部からエネルギーを取り入れて，体の中でエントロピーを消費し，それを外部に代謝していくことによって，秩序を形成していくシステムといえる。人間の身体の細胞は，脳を除き数年で全部交換されるという開放系であるために１人の人間の身体として秩序が維持していられる。すなわち，人間は，自分の周りの環境からエネルギーを摂取することにより生きていくことができる。つまり，周囲の秩序を破壊しながら，それを自分の身体に吸収し続けていなければ生きていけない存在なのである。このときに，自分の周りからエネルギーを摂取することを「負のエントロピー」という。すなわち，生物にとっては，負のエントロピーがなくては，肉体は死を向かえ風化して空気や土に還元する状態となる。このときの死という状態を平衡状態という。よって，混沌から秩序の方向性を促す働きは，開放系であり平衡状態でないときに起こっているといえる。このような構造が，散逸構造といわれる。

この散逸構造は，非平衡開放系ともいい，このときの定常的な構造を定常開放系ともいう。定常的な構造とは，常にエントロピーの入力と出力の格差の部分に発生するのであり，静的状態が保たれるのでなく，動的なプロセスが保たれているときなのである。そのために，内部でエネルギーを消費（散逸）させるため，散逸構造論と呼ばれる。

このエントロピー増大に逆らって，局所的に小さな秩序を作る可能性のことを「ゆらぎ」と呼ぶ。つまり，「ゆらぎ」という偶然により，小さな秩序が生まれ，ほんの少しだけ全体を動かすエネルギーとなり，全体もまた小さな秩序を強化するように働く。このように，条件が合えば，その影響された全体が，中心にある小さな秩序を強化するように働くということがある。これを「ポジティブ・フィードバックによる自己組織化」という。この，「部分が全体に影響し，全体が部分に影響する」という相互作用は，今までの科学の概念になかったものである。「ゆらぎ」によって生まれた小さな秩序でも，全体に大きな影響を与え，次々と連鎖的に影響が伝わっていくととてつもなく大きな新しい秩序を生み出すことがある。

表現方法を変えると，このエントロピー増大に逆行し秩序を形成するシステムの可能性が「ゆらぎ」である。エネルギーの流れが複雑になるという条件が整うと，ある時点で「ゆらぎ」が生じ自己のシステムが破壊されるほどの変化を経過し，やがて，新たなシステムを再構築する。つまり生物は成長するにつれどんどん新しい構造が変化していくのである。すなわち，これは進化である。また，「ゆらぎ」が外部からもたらされる。無秩序と混沌の中に常にある「ゆらぎ」が「ポジティブ・フィードバック」を引き起こしたとき，「自己組織化」の過程を通して，混沌から秩序ある構造が自発的に生じてくるのである。すなわち，非平衡状態にあるほど，「ゆらぎ」による「自己組織化」の可能性が高い。自己組織化とは，自然に自発的に秩序形成することであり，生命に限らず社会構造にもこの「散逸構造」が見られる。

第6節　オートポイエーシス（複雑多主体システム）理論

このように見てきた生命システム論は，3つの生命システム論に分類できる[9]。生命システム論は，まずは第1世代生命システムから始まっている。第1世代生命システムは，動的平衡システムである。システムが動的平衡状態にあり，物質やエネルギーの出入りがある。すなわち，生物が変化する環境の中で，ある安定した状態を保つことに注目したものである。平衡状態とは，安定した状態のことをいう。一般的には，いくつかの物質からなるシステムの間で，物質・電荷・エネルギーなどの授受が起こらない状態をいう。水という流体は，温度差がない状態では，一見何の変化も起こっていないようである。この状態のことを平衡状態と呼ぶ。動的平衡システムは，入力と出力の流れの中で「ゆらぎ」を解消しながら自己維持システムを作用している。サイバネティックスは，第１世代であるといわれており，生命的なコンセプトを持っているが，本質的には機械システムとして捉えられている。「第１世代システムの基本的視座は「関係」である。有機構成も，そもそも構成要素間，部分間の「関係」として取り出されていた。部分—全体関係に替えて，項と関数の関係が前面に登場するのである。……現象の根拠として普遍的な関係を規則構成的に取り出すのであるから，取り出された「関係」はそれじたい「構造」となる。こうして「構造主義生物学」が第１世代システムの末尾に登場する」[10]という。第１世代システムは，部分は全体に関係していることによってのみに機能し，すべての部分は相互の原因であり，結果であるという関係でつながっているシステムである。

第２世代の生命モデルは，1970年代後半から出てきたが，動的非平衡開放システムであり，自己組織系とも呼ばれ，複雑系である。非平衡開放系とは，物質やエネルギーの出入り口があり，システムが平衡状態ではないものをいう。われわれの体は，一定の体のパターンは保持しているが，細胞である物質は入れ替わっている。

たとえば，人間の爪の物質は入れ替わっているがいつも同じ形を保持している。先ほどの水の状態を平衡状態といったが，実際は，常に流動しており，水の中の粒子は一時たりとも同じ状態ではない。このような平衡状態のときに外的に変化させると安定した状態が崩れてくる。水が加熱されるとより激しい分子活動が始まる。ある一定の温度を加えると通常の分子活動だけでは収まらなくなって，別の活動として対流が起こってくる。この対流が，動的な平衡状態が生成されたということである。これを自己組織化という。

すなわち，自己組織化とは，ある平衡状態から別の平衡状態に移り変わることなのである。これは，水の中で対流が起こっていることを指しているのであって，水が，氷となり水蒸気になる三態は，静的な平衡状態のまま変化が起こるので，これを相転移といい動的な自己組織化とは区別されている。

このように，秩序を自動形成するのが第２世代の生命システムである。開放系システムは，常にエネルギーが流れエントロピーが増大していることを示している。開放系システムでは，システム内の「ゆらぎ」を動因として，エントロピーに反する秩序形成を起こすことをシュレディンガーは，生物は，「負のエントロピーを食べて」生きると表現している。

そして，第３世代の生命システムは，オートポイエーシスという。1973年にチリの生物学者であるウンベルト・マトゥラーナとフランシスコ・ヴァレラによって提唱された理論が，オートポイエーシス理論である。オートポイエーシスという用語について，マトゥラーナは，「円環的な有機構成」が生命システムを単位体として特徴づける形式的な用語を探していたときに，彼の友人（ホセ・ブルネス）のエッセイに出てくるドンキホーテのジレンマ分析の中に，「武器の途（プラクシス，行為）と言葉の途（ポイエーシス，創造，生産）のいずれかをとるかという問題で，最終的にプラクシスの途を採るという選択は，ポイエーシスのあらゆる試みを延期してしまうというのである。このときはじめて私は「ポイエーシス」という語の威力を理解し，捜し求めていた言葉を作り出した。それがオートポイエーシスである。この語にはなんの前史もなく，生命システムに固有の自律性のダイナミクスにおいて生じている事柄を端的に指し示すことができる」[11)]と述べている。この理論は，第３世代の生命モデルと呼ばれ，トポロジカルな理論であり位相系閉鎖系のシステムであるという。閉鎖系であるが，物質およびエネルギーの出入り口があり，物質的に閉じているが内部も外部もなく入出力はないシステムである。

しかし，生命系のシステムは，非平衡ではあるが開放系であるといい続けてきたのに，このオートポイエーシスは閉鎖系であるというのである。この理論の提唱者であるマトゥラーナは，「認識の生物学」という神経系の研究者であり，神経系モデルであるニューロン・ネットワークについての研究を行っていた人なのである。オートポイエーシスは，神経細胞であるニューロン自身の作用を通じて，自己境界を決定しているとみなし，ニューロンの組み合わせで成立しているニューロン・ネットワークであると捉えた。このニューロン・ネットワークは，動きを受け入れる集積領域と動きを生み出せるシナプス領域に分け，この２つの領域で起こっている求心的な動きと遠心的な動きによって両者が有機的につながりながら，互いに自己決定するためのカップリング・システムになっていると考えるならば，オートポイエーシスは閉鎖的であり自律しているといえる。

すなわち，生物の体の全体システムは，内部システムである消化器系や循環器系は非平衡開放システムであるが，もう１つの内部システムである神経系システムは非平衡閉鎖システムである。そして，生物のこの閉鎖システムがなければ生物でないということができる。

生物はオートポイエーティック・システムであり，神経細胞の１つ１つは生きている。この神経細胞は，自分で盲目的に生きようとしているのであって，設計図で決められた入出力があるわけではなく，それぞれ勝手に生きようとしている。これらの生命現象を外側から見るのではなく内側から見て，ただ生きているという視点で生命的エネルギーを捉える方法なのである。オートポイエーティック・システムは，自律的であり，自己言及的で自己構成的なシステムであり，閉鎖的である。

ここで，もう１つ重要なことは，オートポイエーシスは，自己言及的であるということである。従来，システムに自己言及ループが生じたときには，そのシステムは設計ミスだとみなされた。自己言及性は，無限ループを現すもので，情報が自己再帰するばかりで何も産出しないものであった。しかし，社会学者であるニコラス・ルーマンは，このオートポイエーシスの閉鎖性に注目し，自己言及する個体こそが個体の独自性であるといい出した。すなわち，自律的システム理論は，生物の活動を支えている生命システムであり，物質システムや機械システムではない自己修正や自己調整する自律的なシステムを内部に持っているものであるということができる。

第1に，オートポイエーシスは産出するプロセスそのものであり，階層を作る必要がなく，プロセスのネットワーク性があるだけである。第2は，オートポイエーシスが自己言及しているということであり，パラドックスによりシステムを作動しているということである。つまり，自己が自己を生んでいるという自己創出システムなのである。すなわち，自己が作用主体ではなく，システム作動そのものを自己としているシステムなのである。第3は，オートポイエーシスは，空間や時間などの条件すらシステムの産出プロセスが自己決定してしまっている。

自己組織化は，システムがもつ「ゆらぎ」そのものが創発をもたらすと考えた。しかし，オートポエーシス理論は，「創発」そのものがシステムの本質なのであり，創発は，新たな発現なのではなく創発の構造をネットワークとするシステムが生じたと見なしたのである。これが自己創発システムであり，ネットワーク・システムなのである。

ネットワーク・システムは，機械的システムと異なり，構成員の意思や関わり方によってその目的や方向性を動的に変化させていくという特徴を持っている。このようなネットワーク・システム特有の振る舞いは，オートポイエーシスの概念と共通している。ネットワーク・システムは，外的環境とのやりとりの中で，自らの形態や目的を動的に変化させていく現象を指す。

〔注〕

1） C．I．バーナード（山本安次郎訳）『経営者の役割』ダイヤモンド社，1956年，p.80

2） NTTコミュニケーション科学基礎研究所 “Illusion Form” の許可の上に参照・掲載しているが，この絵のアイディアの基となった原画は，メッツガー．W（盛永四郎訳）『視覚の法則』岩波書店（原著1935年），p.11となっている。

3） フォン・ベルタランフィ（長野　敬・太田邦昌訳）『一般システム論』みすず書房，1973年，p.193

4）　ノーバート・ウィーナー（鎮目恭夫・池原止戈夫訳）『人間機械論（第２版）』みすず書房，1994年，ｐ.11
5）　Norbert Wiener, *CYBERNETICS,* Cambridge, Massachusetts, 1961
ノーバート・ウィーナー（池原止戈夫他訳）『サイバネティックス』岩波書店，1962年
6）　Arthur Koestler, *JANUS,* Hutchinson＆Co Ltd, London, 1978
アーサー・ケストラー（田中三彦・吉岡佳子訳）『ホロン革命』工作社，1983年ｐ.56
7）　M. Mitchell Walddrop, *Complexity,* The Emerging Sciece at the Edge of Order and Chaos, 1992
M.ミッチェル・ワールドロップ（田中三彦・遠山峻征訳）『複雑系』新潮社，1996年
8）　下村湖人『下村湖人全集第九巻真理に生きる』国土社，1937年，ｐ.31－32
9）　河本英夫『オートポイエーシス－第三世代システム－』青土社，1995年
10）　河本英夫，上掲書ｐ.47
11）　H. R. Maturana＆F. J. Varela, *AUTOPOIESIS AND COGNITION: THE REALIZATION OF THE LIVING,* Dorderecht, Holland, 1980
H.Ｒ.マトゥラーナ・Ｆ.Ｊ.ヴァレラ（河本英夫訳）『オートポイエーシス～生命システムとはなにか～』国文社，1991年，ｐ.24

第6章

情報と会計学

ドラッカーは，情報社会が新しい段階に入ったことを，1999年に『明日を支配するもの』という著書の中の第４章の冒頭で，「いよいよ新しい情報革命が始まった。企業で始まり，企業情報をめぐって始まった。これからは，あらゆる組織をまきこんでいく。それは，組織だけでなく，個々の人間にとっての情報の意味を変える。技術，機械，手法，ソフトウェア，あるいはスピードを争う革命ではない。情報のコンセプトにかかわる革命である。それは，情報技術（ＩＴ）や経営情報システム（ＭＩＳ）における革命ではない。最高情報責任者（ＣＩＯ）主導によるものでもない。これまで情報産業が，どちらかといえば重視してこなかった分野，会計の主導によるものである」[1)]といい，そして，この指摘は，これまでの50年間，ＩＴの中心はデータだった。データの収集，蓄積，送信が中心だった。ＩＴのＴ，すなわち技術を中心としていた。これからの情報革命は，ＩＴのＩすなわち情報に焦点を合わせたものとなるといっている。情報技術については，技術論の中心から情報論への移行を示唆している。そして，今後は経営の側から情報技術の情報について考えることが重要となり，その中でも会計が経営情報の中心になるという変化を経営の立場から述べている。

ドラッカーが，新しい段階に入った情報社会では会計主導で社会が変化することを指摘しているが，会計主導になるまでの準備段階が会計の中にもあり，伝統的会計学が，情報社会に対応すべく情報会計学という新しい分野を作り上げてきていた。情報会計学は，伝統的な会計学のパラダイムをシフトさせた。

しかし，日本では「情報会計」という研究領域は，1960年代末から1970年代初頭にかけて定着したのであるが，1980年代には，制度会計の議論が盛んとなり，情報会計の議論が衰退していった。また，情報会計という用語は，中村忠教授によれば「会計ジャーナリズムの造語であったと思う」[2)] といわれているように，時代の趨勢の中で生まれてきた用語なのである。それは，コンピュータや情報論などの会計学の周辺科学を受け入れ，伝統的な会計学の専門的パラダイムの中に押し込もうとした抵抗の中から生まれた用語として捉えられる。

情報会計は，制度会計と区別し非制度会計のことを情報会計と呼ぶようになった。制度会計は，商法（会社法）会計や証券取引法会計，税務会計など法律制度の枠組みの中で，貨幣金額的に計量化される数値を主な課題としているのに対して，情報会計はそれらの情報にかぎらず，環境情報も取り上げ利害関係者の情報要求に応えるような情報提供を会計課題としている。制度会計は，財務会計のうち会計基準や会計法規などに準拠して行われるものを総称したのである。したがって，制度会計と財務会計とはほとんど同一の内容のものと考えてよいわけであるが，財務会計は会計法規に準拠しないで行われる部分を若干含む可能性を持っている点で，制度会計よりは範囲が広いといえる。

財務会計において制度会計を超える部分の例としては，企業が会計基準や会計法規の要請によることなしに，自らの意思で企業の社会的貢献度を表す会計，つまり公害防止活動に伴って生ずる諸コストを扱う環境会計や企業の内部環境を改善するために費やした人的資源関係コスト扱った人的資源会計などが挙げられる。これらの会計報告は，企業が社会との関係を改善するために自ら進んで公開するものであることから，財務会計の分野に入るが，制度会計ではなく情報会計の分野に属している。そして，情報会計は，環境会計や人的資源会計のような非制度会計である財務会計分野と管理会計に関連する分野を含むことになる。このような分類の仕方は，情報会計の狭義の意味で制度会計と区分している。

□図表6－1□　狭義説と広義説の情報会計

<table>
<tr><td rowspan="5">会計学</td><td rowspan="4">財務会計</td><td>商法会計</td><td rowspan="3">制度会計</td><td rowspan="5">広義の情報会計</td><td rowspan="3">外部報告会計</td><td rowspan="5">会計情報学</td></tr>
<tr><td>証券取引法会計</td></tr>
<tr><td>税務会計</td></tr>
<tr><td>非制度財務会計</td><td rowspan="2">狭義の情報会計</td><td rowspan="2">内部報告会計</td></tr>
<tr><td colspan="2">管理会計</td></tr>
</table>

このような狭義の意味での情報会計については，会計の基礎理論ではなく情報論の基礎理論を提示しているに過ぎないという批判や会計の本質を語るものではないという意見もあった。このような批判は，情報会計学の一面については的確に捉えている指摘である。このような指摘こそが，パラダイム・シフトとしての情報会計を捉え直すことができるのである。すなわち，情報会計学を狭義に捉えるのではなく，広義に捉え会計学を情報提供システムという観点から制度会計と狭義の情報会計を統合して会計情報学とするのである。この会計情報学は，情報学や経営学の一分野であり，会計という立場から情報提供する分野であると解釈できる。そのためにも，周辺科学を受け入れ会計領域の拡大を図るということは，会計の本質に迫ることではなく，新しい学問としてのパラダイム・シフトを受け入れて情報提供のための会計学として会計学の領域が拡大を図っていると解釈できる。

□図表6－2□　会計情報学の分類法

<table>
<tr><th></th><th colspan="2">パラダイム・シフトにおける立場</th><th colspan="2">リベラルアーツにおける立場</th></tr>
<tr><td rowspan="2">会計情報学</td><td rowspan="2">意思決定会計</td><td>情報提供者会計</td><td>プロフェッション会計</td><td>専門会計</td></tr>
<tr><td>情報利用者会計</td><td>ジェネラリスト会計</td><td>教養会計</td></tr>
</table>

第1節　利害調整会計（Equity Accounting）

企業会計のパラダイム・シフトは，利益の果たす機能から分類して示されている。利益の機能には，利害調整機能と情報提供機能がある。会計の伝統的な役割の中での機能が，利害調整機能である。企業は株主や債権者，経営者などの利害関係者の集合体である。株主の利益と債権者の利益そして，経営者の利益は，時として利害が対立することがある。たとえば，株主が資本からタコ配当をしようとしたときとか，架空利益を計上して配当に回そうとしたり，資産を水増ししたり，費用を計上しなかったりしたときには株主は，一時的には良い結果が出るであろうが債権者にとっては貸し付けた資金の返済財源が不当に減少し，不利益となる。また，株主と経営者も多額の役員報酬を支払うことは，株主に対して株主価値を減少させることになる。このような利害の対立が起こる企業において，コンフリクトの解消という役割を利害調整機能として利害調整会計は果たしてきた。

そのために，利害調整会計は株主と債権者に利害の対立を防ぐために，商法は債権者保護の立場で計算書規則を制定し，証券取引法は株主の立場で財務諸表の作成を求めていた。商法の会計システムが期待している利益は，債権者保護のための配当可能利益であった。配当可能利益の算定方法は，純資産増加説による純利益計算である。

純資産増加説は，財産法と呼ばれる利益計算法により算出される方法である。

「期末資本－期首資本＝純利益」

つまり，財産法は，貸借対照表によって表される利益計算法である。純資産増加説によって求められた利益を全て配当や役員賞与にまわしたとしても１年前と同じ担保力は維持できる状態であるために，この利益を配当可能利益といっている。財産法は，資産負債観（Asset and Liability View）に対応している。資産負債観は，資産や負債の定義と測定が行われ，それに基づいて算出された資本の期中変動額をベースに利益を算出するものである。債権者保護の立場は，資産負債観による資産を清算的売却の対象物と見ている。

証券取引法の会計システムは，「株主保護の見地から，企業の経営成績を示す利益の算定が期待されている」[3]。すなわち，株主保護の立場で，損益法を中心に収益費用観で企業会計を支えてきた。損益法は，損益計算書によって表される利益計算法である。

「収益総額－費用総額＝純利益」

損益法は，利益の発生原因を明らかにする計算方法である。企業会計の論理は，収益費用観に立ってきた。企業は，株主，債権者，経営者などの利害関係者の集合である。株主は，経営者に対しての多額の役員報酬を株主価値を減少させる要因とするであろう。このような利害関係者のコンフリクト解消のために，利益計算し資産計算しているのである。利害調整会計は，そのために正しい利益計算することによって，「株主の利益も債権者の権利も侵害しないことから，これを利害が調整されたと見る」[4] のである。

商法改正

明治32年	商法成立
44年	商法改正
昭和23年７月21日施行	「株式全額払込制の強制」…分割払込制の廃止
25年７月１日施行	「授権資本制度の導入」
38年４月１日施行	「損益法の導入」…原価主義の採用，繰延資産の拡大
41年７月１日施行	「新株引受譲度」「転換社債の転換」
49年10月１日施行	「監査に関する商法特例法の制定」「転換社債」「中間配当」
57年10月１日施行	「株式制度の合理化」…株式単位を５万円に引上げ「監督制度の強化」…総会屋排除，株主への利益供与の禁止
平成３年４月１日施行	「債権者保護の規制」…最低資本金制度1,000万円の導入
平成５年10月１日施行	「監督機能の強化」「監査機能の強化」

もともと日本の商法は，資本制度が資本額に相当する資産を債権者のために維持するという制度になっていた。このことを債権者保護の精神という。しかし，商法改正については，債権者保護の精神を維持していたのは，平成３年の

改正ぐらいまでであった。会社法が，有限会社を廃止し，株式会社について1円以上の資本金による設立を認めたことなどは，債権者保護の精神をなくしたといってもよいであろう。もちろん，債権者保護の精神は，剰余金分配規制において，純資産が300万円未満の場合には剰余金分配を禁止する（会社法458条）ものとして，債権者保護の精神を守っている部分もあるが，資本充実の原則は，「このような配当規制による債権者保護は，むしろ将来の株主に対する表示（資本金）の真実性を担保するところに意義を有しているのではなかろうか」[5]という意見さえもある。

会社法は，国際会計基準のグローバル・スタンダードの影響を受けすぎている。現代の制度会計における頻繁に起こっている改正は，株主への情報提供としての会計への変貌を余儀なくされ，情報会計は制度会計の変化の中に隠されてきている。現代の制度会計のグローバル・スタンダードへの適応は，会計情報の要求に応えるための会計ビッグバンであるということができる。会計ビッグバンは，リース会計や金融商品会計，ストック・オプションなど伝統的な収益費用観では認識されない取引が企業の経営成績や財政状態に影響を与えた。このため，これらの取引を財務諸表上で認識できる資産負債観に基づき会計基準が設定されている。

第2節　情報提供会計

情報提供とは，投資その他の意思決定に当たって，役に立つ情報を提供するということである。したがって，利害調整会計のように利益算定のための財産計算というよりも，企業全体像を鏡に映し出すように，企業の成長性や収益性という面に期待されている。会計情報が投資家の意思決定に役立つには，企業の収益性や安定性，生産性および成長性の財務分析手法を活用できる。収益性である資本利益率や流動比率からは，同業他社との比較や債務の返済能力を知ることはできる。このような会計の情報提供機能を強調するのが会計情報学である。

日本においても利益の情報提供機能としては，セグメント情報や金融商品の時価情報などの情報開示が求められてきている。情報提供会計は当期純利益に代わり，包括利益（Comprehensive Income）の表示を求めている。包括利益は，当期純利益にその他の包括利益を加えて算出される。その他の包括利益には，外貨換算調整勘定やデリバティブの評価差額，売買可能有価証券の評価差額および最小年金負債調整などの市場動向の影響により生じた未実現項目も含まれる。包括利益は，当期純利益だけではなく未実現項目も含むその他の包括利益などで表示される。

1999年から始まった会計ビッグバンは，証券取引法の改正に始まり2006年5月1日からの「会社法」施行により加速度的に変化を続けている。1997年（平成9年）には，合併法制の改正があり，1999年（平成11年）には，株式交換・株式移転を創設する法改正が行われ，平成12年には会社分割法制が創設された。これらは法改正は，コーポレート・ガバナンスを行われやすくするために完全親子会社を作りやすくしている。

日本の会計制度の改正：商法から会社法へ

1994年（平成6年）10月1日施行	「自己株式の所得規制の緩和」
1997年（平成9年）10月1日施行	「ストック・オプション制度」の創設
	「合併法制」（合併手続きの簡素化）の改正
1998年（平成10年）7月1日施行	「資本準備金による株式消却」
1999年（平成11年）8月13日公布	「株式交換・株式移転」の創設
2001年（平成13年）4月1日施行	「会社分割法制」の創設
2005年（平成17年）6月9日	「会社法」成立
7月26日	「会社法」公布
11月29日	「役員賞与に関する会計基準」公表
12月9日	「貸借対照表の純資産の部の表示に関する会計基準」および「適用指針」公表
12月27日	「自己株式および準備金の額の減少等に関する会計基準」および「適用指針」改正

	「株主資本等変動計算書に関する会計基準」および「適用指針」公表
	「事業分離等に関する会計基準」および「適用指針」公表
	「ストック・オプション等に関する会計基準」および「適用指針」公表
	「一株当たり当期純利益に関する会計基準」および「適用指針」改正
	「その他資本剰余金の処分による配当金を受けた株主の会計処理に関する会計基準」および「適用指針」公表
2006年(平成18年) 2月7日	「会社法施行規則」「会社計算規則」「電子公告規則」公布
3月29日	「会社計算規則」改正
3月31日	「改正税法」公布
4月14日	「会社計算規則」改正
25日	「財務諸表等規則」「連結財務諸表規則」改正
26日	「中間財務諸表等規則」「中間連結財務諸表規則」改正
5月1日	「会社法」施行

現在の金融・会計ビッグバンと呼ばれる会計の変革期のグローバル・スタンダード化は，この情報提供会計の影響下にある。というよりも，情報提供会計は，1960年代のＭＩＳなどの影響により，情報が必要であるという社会要請の下で生成していった。経営情報システムであるＭＩＳなどに影響を与えた情報論や意思決定論，およびシステム理論が影響の根底にある。より根底的なものは，科学技術のパラダイム・シフトであり，関係性の変化であり，システム科学の影響であると捉えたい。すなわち，会計学は，伝統的な会計学のたこつぼ

的な専門の中に納まっていられなくなってきた状況を現している。

ここでは，制度会計学との対立関係で述べ，非制度会計と管理会計のことを情報会計と呼ばれているが，この狭義の意味での分離説としての情報会計として捉えていない。科学技術におけるパラダイム・シフトであり，伝統的会計学が会計情報学へとシフトしている状況として捉えることにする。そのためにも，情報会計学を制度会計をも含むコンセプトとしての統合説で解釈し，広義の意味で取り扱われる会計学を会計情報学という。

会計情報学の先駆的役割を果たしたのがＡＡＡ（American Accounting Association：アメリカ会計学会が1966年に発表した『基礎的会計理論（ＡＳＯＢＡＴ)』[6]である。

≪ASOBAT（基礎的会計理論）≫

ASOBATは，会計を情報提供機能システムとして捉え会計領域の拡大を図った。サイモンの経営意思決定の分類を会計情報に結びつけて体系化したものが，この「ASOBAT」である。

この会計領域の拡大は，会計目的と範囲と方法の３点で提起されている。

会計目的は，①限りある資源を利用することについて意思決定を行うこと，②組織内にある人的資源および物的資源を効率的に指揮し統制すること，③資源を保全し，その管理について報告すること，④社会的な機能および統制を容易にすることのような種々の目的に対して情報を提供することであるとされた。

ASOBATの会計の定義において，会計情報の利用者に対する意思決定が強調されている。会計情報を必要とする意思決定者は株主であり，債権者，経営者などさまざまであり，意思決定内容も多様化されると考えられる。このような多様化に伴い，会計情報の認識範囲も拡大される。会計情報は，過去情報だけではなく現在情報，未来・予測情報によって，多様な情報要求に対処しようとするものである。

このような，会計目的や会計情報の多様化による認識範囲の拡大は，会計方法の拡大にもつながっていく。方法論での拡大は，伝統的な取得原価主義評価に加え時価評価による表示が提唱されている。これらの会計領域の拡大は，会計情報利用者の立場から利用者指向を意図した会計への転換を意味している。

ASOBATは，意思決定者に対する情報の有用性のコンセプトを①目的適合性，②検証可能性，③不偏性，④量的表現可能性，という4つの会計基準と，①予期された利用に対する適合性，②重要な関係の明示，③環境的情報の付記，④会計単位内部および相互間の実務の統一性，⑤会計実務の期間的継続性，という5つの会計情報指針が提示されている。

⑴ 目的適合性（The Standard of Relevance：関連（レリバンス）の基準）は，基本的な基準である。目的適合的な情報を提供するためには，情報提供者は，情報利用者の目的や行動様式との関連性について充分に把握している必要性があるという基準である。情報は促進することが意図されている活動または生ずることが期待される結果と関連をもつか，またはそれらと有効に結びついていなければならないという要請である。この基準を適用するに当たってもっとも重要なことは，潜在的な利用者が情報に要求していることがわかっているか，さもなければそれを想定することである。

⑵ 検証可能性（The Standard of Verifiability：証明可能性）は，2人以上の適格者が同じ資料を調べた場合には，本質的に類似した数値または結論が得られなければならないという要請である。これが重要なのは，会計情報の利用者は通常，その原資料にほとんど接することができないからである。資料への接近が困難であればあるほど，検証可能性への願望の程度は大きくなってくる。また，ときには，会計情報の利用者が相互に相反する利害関係を持つことがあるので，検証可能性はこのことからも重要である。

⑶ 不偏性（The Standard of Freedom form Bias：バイアスからの自由）は，事実を偏らずに決定し報告しなければならない，という要請である。これはまた，資料を処理する場合に用いられる技術は，もともと偏向のないものでなくてはならないということを意味する。偏向した情報は内部的にはきわめて有効で許容できるとしても，外部報告のためにはほとんど認めることはできない。

⑷ 量的表現可能性（The Standard of Quantifiability：定量性）は，報告する

情報に数を割り当てることに関連している。貨幣は会計担当者の用いる数量的尺度としてはもっとも一般的ではあるが，唯一のものではない。もし会計担当者が他の諸基準によって非数量的情報を提供したときには，その情報の測定可能性を暗示してはならない。これとは逆に，なんらの注意もなしに数量的情報が報告された場合には，会計担当者はその情報の測定可能性について責任を負わなければならない。

このASOBATは，伝統的会計学をパラダイム･シフトさせたきっかけを作った会計理論であり，会計情報論を構築することを意図している。会計情報論という新しい会計理論は，情報理論を包摂的に再編成することを構想していた。意思決定理論や情報理論，トポロジー，システム理論などの隣接科学の成果を導入して，総合科学的アプローチによる学際的研究により精緻化していった。ASOBATは，情報提供会計システムとしての会計理論を捉え直した最初のものである。

その後は，制度会計分野においてのAICPA（American Institute of Certified Public Accountants，アメリカ公認会計士協会）の1973年の財務諸表の目的や，FASB（Financial Accounting Standards Board，財務会計基準審議会）のSFAC（Statement of Financial Accounting Concept，財務会計概念基準書：1980年および1984年）に，ASOBATの影響を見ることができる。特に，ＳＦＡＣの第２号は，会計情報有用性の基本特性を目的適合性と信頼性の２つとすべきであると提唱した。目的適合性の具体的構成要素が適時性と予測価値，フィードバック価値の特性であることと，信頼性の基本的構成要素が検証可能性・表現忠実性・中立性の特性であることを明示した。会計情報論は，この目的適合性と訳されたレリバンス（関連性）という情報提供者と情報利用者の目的や行動様式の関連性について把握することを探求することによって発展してきているといえる。これらの影響は，意思決定論とシステムの認識論として会計情報論は発展し，コンピュータの観点から形成されている会計情報システムは実体論として発展している。そして，21世紀に入って証券取引法も連結決算主体に変貌しようとしている。金融・会計ビッグバンは，制度会計の中に，株主を中心にした情報提供会計を含むようになってきた。広義の意味での情報会計が，制度会計を引っ張ろうとしている。情報提供会計の下，会計認識が対象とするものが，キャッシュフロー計算書を財務諸表の中に受け入れ，財務諸表にし，時価会計を指向するようになったことにより，会計がよりファイナンス的な要素が増えだしている。

「会計ビッグバン」進行スケジュール[7)]

2000年３月期⇒連結決算主体
・連結対象範囲の拡大
・連結キャッシュフロー計算書の開示
・税効果会計の導入
・研究開発費の会計処理変更
・販売用不動産の評価減の厳格化

2001年３月期⇒金融商品への時価評価
・退職給付会計の導入

2002年３月期⇒持ち合い株式への時価評価の適用

2003年３月期⇒連結納税の導入

2004年３月期⇒四半期決算報告書導入

2006年３月期⇒減損会計の導入

2007年３月期⇒企業結合会計基準の導入

2009年３月期⇒金融商品取引法実施予定

近代会計は，簿記から始まる「取引ベースの会計（Transaction Based Accounting）といわれてきた。取得原価主義で記録されるものであるということが基本であったが，時価会計が始まり，企業合併などの企業結合会計であるM＆A会計などの会計領域が拡大の一途をたどっている。これらの方向性は，会計を情報提供会計として捉え直している過程である。すなわち，いまや制度会計は情報提供会計へ変貌しているのである。しかし，会計の本質を探究することなしに，会計領域を拡大させることはできないが，いまの日本の会計は一度情報提供会計として会計を受け入れてその上で再構築を目指さなくてはならないであろう。

第3節　意思決定会計

(1)　全部原価計算と直接原価計算

現在の経営意思決定のために，個別原価計算を使用することは，いろいろな問題を含んでいる。元々，原価計算は，手作業で行う仕事を個別原価計算で計算し，この手法を利用して大量生産・大量販売の仕組みに対応できる総合原価計算方式を採用した。しかし，この両方との時代であった1900年代の売上高に対する費用のほとんどの部分が直接費である材料費と労務費であった時代の計算制度である。この時代の原価計算制度では，間接費を直接労務費に配賦していてもなんら問題はなかったであろう。直接費である材料費や労務費をコントロールすることが資本利益率である収益性を管理する秘訣であり，1個当たりのコストや利益変化に注目することが課題であった。つまり，直接材料費と直接労務費を管理運営することが利益管理の重要課題であったからである。このような全部原価計算方法は，20世紀の初頭には確立され，原価計算の基本でもあった。

しかし，現在の製造業のコスト構造が変化し，人間が行っていた作業はロボットに置き換えられてきた。また，複雑な生産システムを運用するには多くの間接費用がかかり，開発投資や減価償却費または本社間接部門費，営業費用などの間接費が，ほとんどの原価部門を占めるようになったときには今までの個別原価計算や総合原価計算などの全部原価計算では利益管理ができなくなっていた。内部情報会計は，正しい利益計算であるならば利益額が代わってもより意思決定に有効な情報を発信し続けることはできる。利益額が代わってしまう事例として，全部原価計算方法と直接原価計算法を比較してみる。直接原価計算の方法を説明するためには，原価を変動費と固定費に分けて計算する。

そこで，全部原価計算と直接原価計算とでは，具体的に利益計算の方法を見直してみると利益の額までが違ってくる。ここで例題によって全部原価計算と直接原価計算の算出方法を確認する。

例題 I　下記の資料により全部原価計算による損益計算書と直接原価計算による損益計算書を作成しなさい。ただし，期首の棚卸商品はないものとする。

⑴ 売　上　高　　　　　　　￥1,000,000

⑵ 製 造 原 価

　　変動製造原価　　￥510,000

　　固定製造原価　　￥340,000

⑶ 製 品 数 量

　　期首棚卸高　　　　なし

　　当期製造数量　　1,700個

　　当期売上数量　　1,500個

⑷ 販売費および一般管理費

　　変動販売費　　￥50,000

　　固定販売費　　￥20,000

　　一般管理費　　￥30,000

解　答

全部原価計算における損益計算書は下記のように算出される。

① 売上高は問題通り￥1,000,000である。

② 製造原価は，変動製造原価￥510,000に固定製造原価￥340,000をプラスした金額である。

③ 期末棚卸高は，製造原価￥850,000÷製造数量1,700個＝製品単価￥500であり，製品単価￥500×棚卸数量200個＝期末棚卸高￥100,000となる。

④ 製造原価￥850,000－期末製品棚卸高￥100,000＝売上原価￥750,000を算出し，売上高￥1,000,000－売上原価￥750,000＝売上総利益￥250,000が算出される。

⑤ 販売費および一般管理費は，変動販売費￥50,000＋固定販売費￥20,000＋

一般管理費￥30,000＝￥100,000である。

⑥　これにより，売上総利益￥250,000－販売費・一般管理費￥100,000＝営業利益￥150,000が算出される。

損益計算書（全部原価計算）

Ⅰ　売上高		1,000,000
Ⅱ　売上原価		
製造原価	850,000	
期末製品棚卸高	100,000	750,000
売上総利益		250,000
Ⅲ　販売費および一般管理費		100,000
営業利益		150,000

直接原価計算における損益計算書は下記のように算出される。そのためには，直接原価計算は売上から変動費を差し引いた金額は限界利益もしくは貢献利益というがこの計算から始めなければならない。

①　売上高は問題の示す通り￥1,000,000である。

②　製造原価は，変動製造原価￥510,000の金額である。

③　期末棚卸高は，製造原価￥510,000÷製造数量1,700個＝製品単価￥300であり，製品単価￥300×棚卸数量200個＝期末棚卸高￥60,000となる。

④　変動製造原価￥510,000－期末製品棚卸高￥60,000＝売上原価￥450,000を算出し，売上高￥1,000,000－売上原価￥450,000＝限界総利益￥550,000が算出される。

⑤　限界総利益￥550,000－変動販売費￥50,000＝限界利益￥500,000が算出される。

⑥　販売費および一般管理費は，固定費の中に入り固定製造原価￥340,000＋固定販売費￥20,000＋一般管理費￥30,000＝固定費￥390,000となる。

このような計算により，限界利益￥500,000－固定費￥390,000＝営業利益￥110,000が算出される。

損益計算書（直接原価計算）

Ⅰ 売上高		1,000,000
Ⅱ 売上原価		
変動製造原価	510,000	
期末製品棚卸高	60,000	450,000
限界総利益		550,000
変動販売費		50,000
限界利益		500,000
Ⅲ 固定費		
固定製造間接費	340,000	
販売費および一般管理費	50,000	390,000
営業利益		110,000

すなわち，全部原価計算の営業利益は¥150,000であったにもかかわらず，直接原価計算の営業利益は¥110,000となってしまう。直接原価計算の利益は，損益分岐点という指標を見る場合に管理可能利益として認められる利益計算である。ただ，制度会計における原価計算では，管理上における示唆性があるということで認められていないだけで，管理会計上は大変重要な利益額なのである。

例題Ⅱ　次の資料により各期の全部原価計算と直接原価計算の売上と利益を比較し検討しなさい。

⑴ 製品１単位当たりの原価計算

直接製造原価	¥ 5,000
変動製造間接費	¥ 5,000
合計	¥10,000

⑵ 固定製造間接費は，各期¥3,000,000である。

⑶ 製品１個当たりの販売価格　¥60,000

⑷ 販売費および一般管理は，全額固定費で各期¥500,000である。

⑸ 各期の生産量・販売量・在庫量

	第1期	第2期	第3期	第4期
期首在庫	0個	0個	70個	20個
生産量	100	150	60	100
販売量	100	80	110	120
期末在庫	0	70	20	0

解答

全部原価計算における各期間の損益計算書は下記のように算出される。

① それぞれの期間の売上高の算出方法は次のようになる。第1期売上高は，製品1個当たりの販売価格@¥60,000×各期の販売量100個＝¥6,000,000である。第2期は@¥60,000×80＝4,800,000であり，第3期は@¥60,000×110＝6,600,000であり，第4期は¥60,000×120＝7,200,000である。

② 次に当期製品製造原価は，第1期は，製品1単位当たりの製造原価@¥10,000×生産量100個＝¥1,000,000であり，固定製造間接費が¥3,000,000であるために¥4,000,000となる。第2期は，@¥10,000×150＝¥1,500,000であり，¥3,000,000を合計して¥4,500,000となる。第3期は，@¥10,000×60＝¥600,000であり，¥3,000,000を合計して¥3,600,000となる。第4期は，@¥10,000×100＝¥1,000,000であり，¥3,000,000を合計して¥4,000,000となる。

③ よって，期末在庫から売上原価を算出する。第1期の売上原価は，在庫がないので製造原価の¥4,000,000である。第2期の期末製品棚卸高は，製品1単位当たりは製造原価¥4,500,000÷150個＝@¥30,000であり，@¥30,000×期末在庫70個＝¥2,100,000である。そのために，売上原価は，当期製造原価¥4,500,000−期末棚卸高¥2,100,000＝売上原価¥2,400,000となる。第3期の期末棚卸高は，製造原価¥3,600,000÷60個＝@¥60,000であり，@¥60,000×20個＝¥1,200,000である。そのために，売上原価は，期首の棚卸高¥2,100,000＋当期製造原価¥3,600,000−期末棚卸¥1,200,000＝¥4,500,000となる。そして，第4期は，期末棚卸がないため

に，期首棚卸高￥1,200,000＋当期製造原価￥4,000,000＝売上原価￥5,200,000となる。

④　この結果，売上から売上原価を差し引いて売上総利益を算出する。第1期は，売上高￥6,000,000－売上原価￥4,000,000＝売上総利益￥2,000,000となる。第2期は，売上高￥4,800,000－売上原価￥2,400,000＝売上総利益￥2,400,000となる。第3期は，売上高￥6,600,000－売上原価￥4,500,000＝売上総利益￥2,100,000となる。第4期は，売上高￥7,200,000－売上原価￥5,200,000＝売上総利益￥2,000,000となる。

⑤　売上総利益から販売費・一般管理費を差し引くと営業利益が算出される。第1期は，売上総利益￥2,000,000－販売費・一般管理費￥500,000＝営業利益￥1,500,000になる。第2期は，￥2,400,000－￥500,000＝￥1,900,000。第3期，￥2,100,000－￥500,000＝￥1,600,000。第4期，￥2,000,000－￥500,000＝￥1,500,000となる。

損益計算書（全部原価計算）（単位：万円）

	第1期	第2期	第3期	第3期	全期間
売上高	600	480	660	720	2,460
売上原価					
期首製品棚卸高	0	0	210	120	－
当期製品製造原価	400	450	360	400	1,610
期末製品棚卸高	0	▲210	▲120	0	－
合計	400	240	450	520	1,610
売上総利益	200	240	210	200	850
販売費・一般管理費	▲50	▲50	▲50	▲50	▲200
営業利益	150	190	160	150	650

全部原価計算の場合，第2期の売上高（480万円）は第1期（600万円）よりも減少しているにもかかわらず，営業利益は第1期（150万円）より第2期（190万円）の方が増加している。逆に，第3期の売上高（660万円）は，第2期（480万円）よりも増加しているにもかかわらず，営業利益は160万円となり

第2期より減少している。これらは，情報の受けての立場からすると売上があがっているのに利益が上がらないという矛盾がある。全部原価計算では，増産すれば売上原価が下がって会計上の利益は増えてしまっている。これらは，固定費の費用を支払っているにもかかわらず，棚卸資産として資産化しているという計算システムがこのような矛盾を起こしているのである。需要にあわせて減産するよりも増産すると利益が出ているようになっている。第1期は400万円から第2期は450万円と増産しているが売上は第1期(600万円)から第2期(480万円）と減少しているために売上原価は第1期（400万円）から第2期（240万円）と減少し，利益は第1期（150万円）より第2期（190万円）の方が増加している。このような矛盾は，決して間違った考え方ではないが情報提供会計としては，会計の全部原価計算の仕組みについての情報処理として知っていなくては，真の経営実態をつかむことはできない。この全部原価計算のシステムで部門別の評価をすれば各部門別は売上減少時に増産に走ったとしても利益が上がるならばその方向性を是正することができなくなるであろう。そこで，内部情報会計として，原価を変動費と固定費に分ける直接原価計算方法や損益分岐点手法が考え出されている。

次に直接原価計算における各期間の損益計算書は下記のように算出される。

① 売上高については，全部原価計算のときと同じである。

② 次に変動製造原価は，第1期は，製品1単位当たりの製造原価@￥10,000×生産量100個＝￥1,000,000である。第2期は，@￥10,000×150＝￥1,500,000であり，第3期は，@￥10,000×60＝￥600,000であり，第4期は，@￥10,000×100＝￥1,000,000である。

③ よって，期末在庫から変動売上原価を算出する。第1期の変動売上原価は，在庫がないので変動製造原価の￥1,000,000である。第2期の期末製品棚卸高は，製品1単位当たりの製造原価@￥10,000×期末在庫70個＝￥700,000であり，売上原価は，当期製造原価￥1,500,000－期末棚卸高￥700,000＝売上原価￥800,000となる。第3期の期末棚卸高は，@￥10,000×20個＝￥200,000であり，売上原価は，期首の棚卸高￥10,000×70個＝￥7000,000で，

期首棚卸高￥700,000＋当期製造原価￥600,000－期末棚卸高￥200,000＝売上原価￥1,100,000である。そして，第４期は，期末棚卸がないために，期首棚卸高￥200,000＋変動製造原価￥1,000,000＝売上原価￥1,200,000となる。

④　この結果，売上から変動売上原価を差し引いて限界利益を算出する。第１期は，売上高￥6,000,000－変動売上原価￥1,000,000＝限界利益￥5,000,000となる。第２期は，売上高￥4,800,000－変動売上原価￥800,000＝限界利益￥4,000,000となる。第３期は，売上高￥6,600,000－変動売上原価￥1,100,000＝限界利益￥5,500,000となる。第４期は，売上高￥7,200,000－変動売上原価￥1,200,000＝限界利益￥6,000,000となる。

⑤　限界利益から固定費を差し引くと営業利益が算出される。第１期は，限界利益￥5,000,000－固定費￥3,500,000＝営業利益￥1,500,000になる。第２期は，￥4,000,000－￥3,500,000＝￥500,000。第３期，￥5,500,000－￥3,500,000＝￥2,000,000。第４期，￥6,000,000－￥3,500,000＝￥2,500,000となる。

損益計算書（直接原価計算）（単位：万円）

	第１期	第２期	第３期	第４期	全期間
売上高	600	480	660	720	2,460
変動売上原価					
期首製品棚卸高	0	0	70	20	－
変動製品製造原価	100	150	60	100	410
期末製品棚卸高	0	▲70	▲20	0	－
合計	100	80	110	120	410
限界利益	500	400	550	600	2,050
固定費					
固定製造間接費	▲300	▲300	▲300	▲300	▲1,200
販売費及び一般管理費	▲50	▲50	▲50	▲50	▲200
営業利益	150	50	200	250	650

直接原価計算の場合は，このような矛盾は起こらない。限界利益はどの期においても売上高と一定の比率（限界利益率＝限界利益／売上高＝0.833 …）で

関係しているから，限界利益から一定の固定費を差し引いて求められる営業利益は常に売上高に対応して変化している。売上が上がれば利益が増え，売上が下がれば利益も下がるという関係が成り立っている。ゆえに，直接原価計算は，このような特長によって各種の意思決定に有用な情報提供が可能となる。

しかし，この直接原価計算における識別において主観性が入り込み恣意性があるために，外部報告を行う際には公認されていない方式である。会計情報の立場からは，これこそが情報としての価値があり，その企業が何を固定費にし，何を変動費にしているかが重要な情報と成り得る。企業目的や経営理念を探る上にも重要な指標となりえるのである。

⑵ 意思決定会計

全部原価計算と直接原価計算の情報の違いについて，意思決定との関連を見ることにする。ある会社で，部品を自社で製造するか外注で購入するかを検討している場合の事例を示す。自社で製造する場合，1個当たりの原価は10,000円であるとする。たとえば，このときの材料費は6,000円，人件費，償却費などが4,000円である。これを，外注先に見積もってもらったところ,8,000円で受注できる。社内には，設備も人員も，これをこなす余力はある。このような場合に，自社で製造した方がよいか，外注で購入した方がよいかということを意思決定するときに，直接原価計算の変動費と固定費に分けて考える。

このときの意思決定を単純に外部購入した方が，10,000円と8,000円の違いだから得だと思いがちである。このような考え方は，原価計算の内部情報がない場合である。このときの直接原価計算は，部品を自社で製造した場合，増加するのは材料費などの変動費である。外部購入すると，増加するのは購入額だけである。ただし，設備・人員ともに余力があるから，自社製造と外部購入のどちらでも，固定費総額は同じである。

これは，固定費配賦額によって算出される金額である。固定費配賦額は，自社製造であっても外注購入でも同じように発生している費用であって，埋没原価という。この埋没原価を除いた方法で算出された差額原価だけを比較する方

□図表 6-3□　埋没原価と差額原価
　　　　　　（自社製造）　　　　　　　（外部購入）

変動費 6,000円	差額原価	外注費 8,000円
固定費 4,000円		社内発生の固定費 4,000円

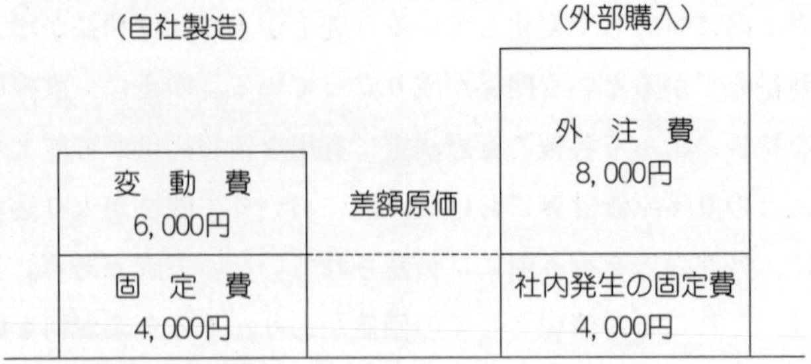

が意思決定を誤らずにできる。したがって，1個当たりの固定費は同じである。外部購入しても，固定費はそのまま社内に発生する。外注すれば，その分の固定費が減るわけではない。1個の生産費用は，自社製造の場合は，変動費の¥6,000と外注費は¥8,000となるので自社製造の方がコストダウンとなる。ゆえに，自社製造の方が定型的意思決定として選択が可能となる。

　直接原価計算における変動費・固定費に分類した定型的情報は，経営意思決定に役立つことができる。限界利益についても，内部情報会計として製品の製造優先順位のつけ方として定型的な意思決定情報を提供できる。企業活動における利益情報管理は，売上を大きくし費用を少なくすれば利益が確保できるという常識は知っているが，これだけでは，採算が取れる意思決定ができない場合がある。原価の仕組みというデータ処理情報という意思決定会計の知識が必要となる。

　ただし，サイモンは，この埋没原価については，「ひとたび特定の方向へと始められた注目なり行動は，かなりの時間にわたってその方向に持続する傾向がある」として，企業の変革の妨げになることを指摘している。「埋没原価は，同じ方向に活動を持続することを有利とさせる」[8]　といっている。

　例題Ⅲ　ある工場でA製品とB製品のみを製造しているが以下のような結果である。この資料により，より多くの利益になるように意思決定せよ。

	A 製 品	B 製 品
販 売 価 格	¥6,000	¥9,000
材 料 費（変動費）	1,200	3,500
限 界 利 益	4,800	5,500
労 務 費（固定費）	2,000	2,000
経 費（固定費）	2,400	3,600
利 益	▲400	▲100

（注） 固 定 費　労 務 費 4,000円（時間配賦率）
　　　　　　　　経 費 6,000円（販売価格配賦率）

このようなケースで，より多くの利益を生み出すためには，どちらの製品がよく売れるのかというマーケティング判断は，無視することにして行う。すると，まずは解答としてA製品およびB製品の販売価格を上げると利益は多くなる。そして，よりコストダウンを行うとこれも利益上昇をもたらすであろう。

次には，利益の額を見て，A製品の方が利益が出ているのでA製品だけを2個作りB製品をやめてしまうという意思決定もできる。しかし，今までの事例で見てきたとおり，限界利益は額の多い方が有利であると説明してきた。すなわち，この事例では，A製品の限界利益は¥4,800であり，B製品は¥5,500であるということから，B製品の方を主力商品にすることの方が望ましいということができる。そのために，一度，それぞれの製品を2個ずつ作ったというシミュレーションをしてみる。

	A製品×2
販 売 価 格	¥12,000
材料費（変動費）	2,400
限 界 利 益	9,600
労務費（固定費）	4,000
経 費（固定費）	6,000
利 益	▲400

	B製品×2
販 売 価 格	¥18,000
材料費（変動費）	7,000
限 界 利 益	11,000
労務費（固定費）	4,000
経 費（固定費）	6,000
利 益	1,000

最終の利益が多かったＡ製品の方の損失が¥400となり間違った意思決定をしたことになった。そして，損失の出ていたＢ製品の方が¥1,000の利益も出て，Ａ製品とＢ製品を作っていたときよりも差額としても¥600も有利な結果となっている。すなわち，限界利益額の大きい方が利益貢献度度も大きく，意思決定を行う際に大変有効な情報をもたらしているということになる。ただし，このような意思決定をする場合でも，必ずシミュレーションしてみることがより有効であることが分かる。

たとえば，下記の桶の図のように，経営情報をヒト・モノ（機械設備・材料）にカネ（販売価格・販売量）の状況を「桶」に見立てて考えてみる。「桶は，桶側・たが・底板からできています。どんなに深い桶であっても，1枚だけ短い桶側があれば，水はそこまでしか入りません。その他の長い桶側は，全くムダで役に立ちません。…企業経営では，これらの桶のようにいろいろな制約条件のもとで，生産・販売活動を行っている…計画を立てるときや製品の採算を検討する場合には，最大の制約条件に注意する必要があります」[9)]。このときに販売が計画通りに進んでいない場合の限界利益による定型的意思決定ができる。

いまある会社でＡ・Ｂ・Ｃの３製品を作っていると仮定する。人員と機械設備や材料には余裕があるという状況のときに，Ａ製品，Ｂ製品，Ｃ製品を製造しているとする。Ａ製品１個当たりの販売価格は1,000円で，変動費は800円，限界利益は200円である。Ｂ製品１個当たりの販売価格は3,000円で，変動費は2,100円，限界利益は900円である。Ｃ製品１個当たりの販売価格は4,000円で，変動費は2,400円，限界利益は1,600円である。

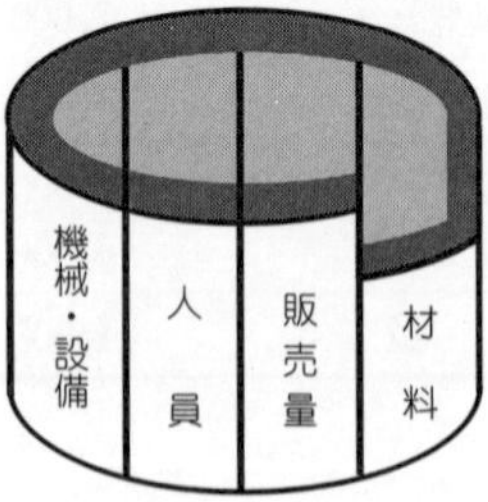

	Ａ製品	Ｂ製品	Ｃ製品
販売価格	1,000円	3,000円	4,000円
変動費	800	2,100	2,400
限界利益	200	900	1,600
優先順位	3	2	1

このような状況のときは，会社に一番利益貢献できる製品は限界利益の多いC製品である。マーケティングを無視しているが工場サイドからの情報としては，C製品を中心に営業することが損益分岐点を超えることができ，利益貢献ができる最大の製品であることを示している。

しかし，状況が変化し販売量は確保できるようになったのだが，機械設備をフル活動している状況に変化した。このときには，機械を一番効率的に使うことが会社の利益に一番貢献できる。このようなときには，限界利益を機械の使用運転時間で割り，時間当たりの限界利益を算出することにより，一番有利な製品が選択できる。A製品の機械運転時間は１時間でできあがり，B製品は５時間かかり，C製品は10時間かかるとしたら，時間当たりの限界利益は，A製品は￥200で，B製品は￥180，C製品は￥160となる。ゆえに，優先順位は，A製品が一番有利で，B製品，C製品となる。

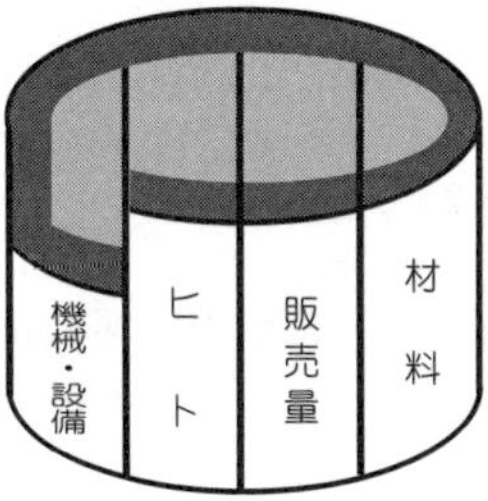

	A製品	B製品	C製品
販売価格	1,000円	3,000円	4,000円
限界利益	200	900	1,600
機械運転時間	１時間	５時間	10時間
時間の限界利益	200円	180円	160円
優先順位	3	2	1

では，またもや状況が変化して，原材料が入らなくなってきたとしよう。このときには，製品ごとの採算は同じではない。限界利益は，いままでと同じである場合１つのA製品を作るには，原材料は２袋必要とする。B製品は５袋必要で，C製品は10袋必要であるとすると，A製品の１個当たりの限界利益は￥100であり，B製品の限界利益は￥180，C製品の限界利益は￥160である。この場合の優先順位は，B製品が一番有利で，次にC製品であり，A製品と続く。

売上高が同じであって，他の条件も同じであったとすると限界利益の額が大きい方が有利であるということが分かる。この指標は，状況の変化によって，課題となる経営資源に対して対処することにより，製品ごとの優先順位も変わってくる。

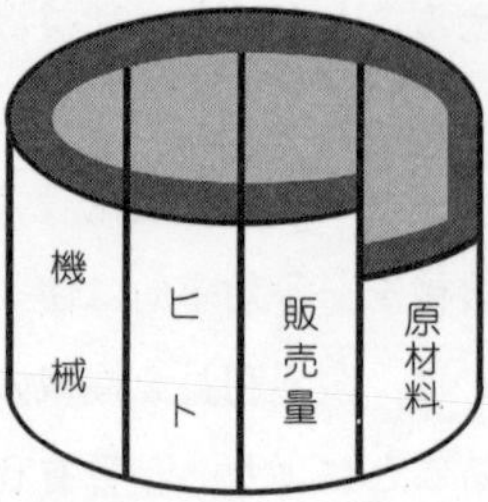

	A製品	B製品	C製品
販売価格	1,000円	3,000円	4,000円
限界利益	200	900	1,600
1個@原材料	2袋	5袋	10袋
原材料@袋限界利益	100円	180円	160円
優先順位	3	2	1

〔注〕
1） Reter F. Drucker, *MANAGEMENNT CHALLENGES FOR THE 21ST CENTURY,* Harper Business, 1999
P. F. ドラッカー（上田惇生訳）『明日を支配するもの』ダイヤモンド社，1999年，p. 110
2） 中村　忠『新版財務会計論』白桃書房，1997年，p. 16
3） 後藤文彦『税務会計システム論』中央経済社，平成2年，p. 41
4） 田中　弘『会計学の座標軸』税務経理協会，2001年，p. 382
5） 島原宏明「債権者保護機能からみた資本制度」『企業会計』2005年9月号，p. 32
6） American Accounting Association, *A Statement of Basic Accounting Theory,* A. A. A., 1966（飯野利夫訳『アメリカ会計学会　基礎的会計理論』国元書房，1969年）
7） 田端哲夫『決算書情報（改訂版）』税務経理協会，2006年
8） H. A. サイモン，上掲書 p. 121
9） 柴野直一『損益分岐点のノウハウ（第36版）』経営実務出版，1990年，p. 200

第7章

ＥＲＰとＳＣＭ

経営情報システム（ＭＩＳ：Management Information Systems）と会計情報システム（ＡＩＳ：Accounting Information Systems）の関係について一般的には，会計情報システムは経営情報システムの一部と考えている。これは，会計情報システムの機能を財務会計的に外部報告にあるとすると考え方である。しかし，会計情報システムを財務会計に限定せずに，内部の計画や統制目的機能を重視した場合は，経営情報システムは会計情報システムを中心としてできているという認識方法もある。また，経営情報システムを会計情報システムの一部として認識しているようであるが，その理由は，組織のコンピュータ化は会計部門を出発点として始まったことにも起因している。このようなどちらかの一部として認識する関係性の他には，会計情報システムと経営情報システムは独立したものとして相互依存の関係にあるシステムであるとする見方もある。

第１節　会計情報システム

会計システムは，決算書を利害関係者に報告するために情報処理するものである。会計情報の基礎となる取引データは，購買システム・製造システム・販売システムなどで処理された結果のデータを会計情報システムに取り込まれる。取引データベース会計は，それぞれのシステムで処理される。売上と売掛金は，販売情報システムで処理され，製造原価と仕掛品は，製造情報システムで処理され，仕入と買掛金は，購買情報システムで処理される。

⑴　販売情報システム

販売情報システムは，販売活動により発生した受注から，売上，代金回収までの流れを一元管理し，顧客との取引を円滑にすると共に，販売活動の結果として得られた受注情報，顧客情報，販売情報，在庫情報，債権情報などを，企業内の各階層の販売情報利用者にフィードバックされる。

たとえば，販売情報システムは，業務活動のデータを捕捉し，業務情報は，会計システムに反映される。会計情報の捕捉で重要なことは，会計データとして計上すべき取引の元になる取引データがすべて網羅されていることである。出荷基準で売上を計上する場合，毎日21時に日次バッチ処理されている出荷情報を販売システムから会計システムに転送するとする。しかし，外部倉庫から出荷するあるＡ販売ルートの出荷情報が外部倉庫から翌朝10時にＥＤＩで販売管理システムに転送される。その販売ルートの出荷情報は，常に１日遅れて会計システムに転送されている。このために，決算時期である３月31日になると，売上，売掛金の元となる出荷情報は，31日にバッチで伝送された出荷情報の合計にあるＡ販売ルートの31日伝送分を差し引いて４月１日伝送分を足したものになる。この作業は，手作業ではなくシステム上で実施されることが必要である。

⑵　購買情報システム

購買情報システムは，工場における生産管理システムの一部として生産計画と生産実施とを円滑にする情報システムである。購買業務にとって，生産に合わせてタイミングよく資材を調達する機能と製品原価の材料費を低減させる機能，資材の在庫を適正に管理する在庫管理機能が主要な機能になる。

⑶　債権・債務管理システム

債権勘定には，売掛金，受取手形，仮払金，未収金，立替金，前払金，短期貸付金および長期貸付金などがある。そして，債務勘定には，買掛金，支払手形，仮受金，未払金，預り金，前受金，短期借入金および長期借入金などがある。これらの債権，債務の貸倒予想額の見積もりや資金源泉や運用などの利用に役立てる。債権・債務管理システムは，販売管理システムや購買管理システムのサブシステムとして位置している。そして，資金管理システムとのリンクが重要視されるシステムである。

(4) 棚卸資産管理システム

商品や原材料などの納入データや出庫データにより棚卸資産管理システムによって行われる。発注計画や生産計画などから得られた納入データは，購買管理システムや在庫管理システムなどと有機的関連のもとで管理される。受注，生産計画などから得られた出庫データは，販売管理システムや在庫管理システムとも有機的関連の下で管理される。債権・債務管理システムや一般会計システムとも関連する。

(5) 財務・資金管理システム

資金繰りシステムは，月次に作成される資金管理システムの重要なシステムである。しかし，資金繰りシステムは投入したキャッシュに対して高いリターンを実現していけば，キャッシュフローは増加に転じるということを目指す資金管理システムへの変化が要求されている。これが，キャッシュフロー管理システムである。

□図表7－1□　取引ベース会計と情報システム

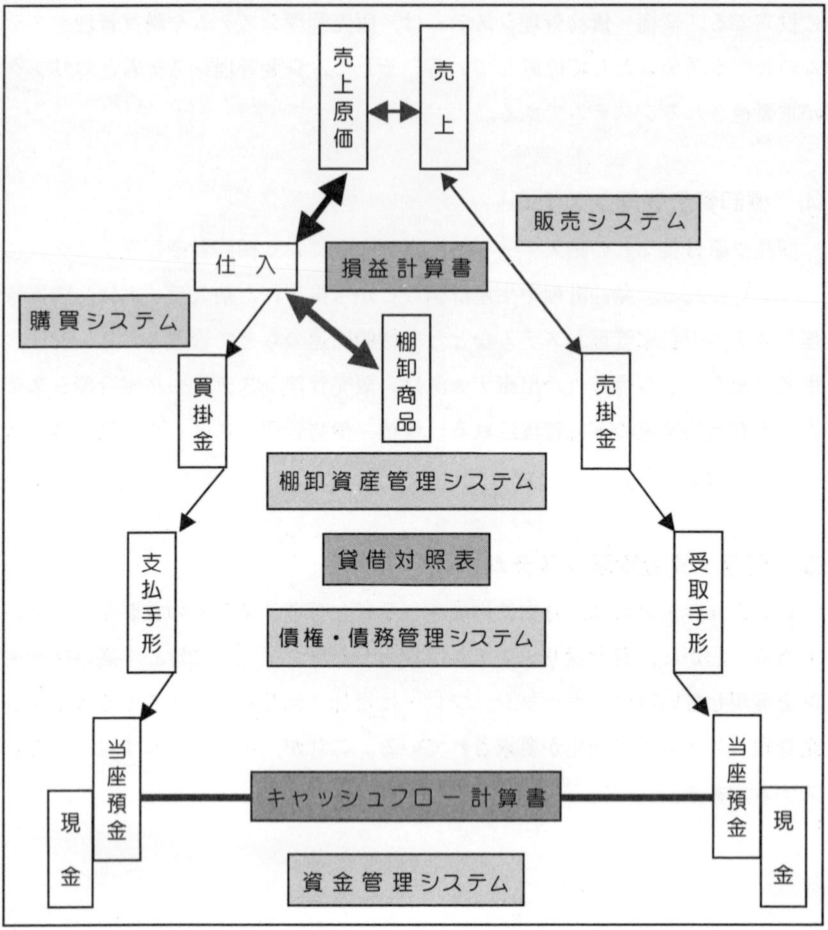

⑹　固定資産管理システム

固定資産管理システムは，会計システム・管理会計システム・税務会計システムのサブシステムである。固定資産の分類や取得，売却や除却などを記帳する固定資産台帳の管理。期間配分としての減価償却計算，有価証券の取得価額の計算や税務関係資料の作成などを行うシステムである。

(7) 人事・給与管理システム

製造業における会計情報システムでは，基準内賃金や基準外賃金，賞与，退職金，法定福利費，福利厚生費などは労務費計算を行い直接労務費，間接労務費として製造原価や販売費および一般管理費に振り替えられるようにシステムが組まれる。

(8) 原価会計システム

材料費や労務費は，貨幣支出によって原価計算されるのではなく，原材料の投入量や人員の作業時間に関するデータによって原価情報化される。そのために，生産管理システムで把握された数量データが原価情報システムのデータの準備局面ができあがる。コンピュータ・システムでは，部門別原価は，原価データベースに格納された部門コード別に要素別原価，製品別原価を検索・分類することで把握される。要素別原価は，投入財の単位当たり価格と消費数量の掛け算で算定される。要素別原価は製造原価として仕掛品に集計される。

(9) 一般会計システム

一般会計システムは，各業務システムによって認識した取引を処理し，財務諸表を作成するシステムである。会計情報システムの外部報告会計に対応する取引処理システムである。狭義では，総勘定元帳システムと呼ぶこともある。

これらの総合的な報告が，貸借対照表・損益計算書・キャッシュフロー計算書という会計情報の形式で財務諸表という形式で発表される。

(10) 連結会計システム

関連会社から財務諸表と各種取引情報を収集して，総勘定元帳データから集計した実績との対比を行う。その際に少数株主持分は連結調整勘定などののれんの計算などをシステム処理できるようにする。なお，未実現利益の相殺や債権・債務の相殺もシステム処理する。

⑾ 業績評価情報システム

これらの会計情報は，利益計算や資金管理のみに使用されるだけではなく，経営意思決定のための基礎となるデータを提供し，また業績評価のツールとしても活用される。

内部報告会計が提供する情報が，業績評価情報である。業績評価情報は，主に業績評価に利用し最終的には財務報告に集約される情報であり，計画に対する実績を金額評価したもので，四半期での予算管理との連動の下に期間損益を計算して企業全体や部門の業績を測定したものである。

⑿ 意思決定支援情報システム

経営者の日々の行動を支援するのが，意思決定支援情報システムである。意思決定支援情報システムには，計画と実績に関する情報だけではなく将来の予測情報に関する情報を含んでいる。データは，部門別，地域別，顧客別などの情報を週次・日次に提供を求められる。これらの情報は財務情報だけではなく，業績の根拠や将来予測となる金額以外の情報を扱うこともある。

第2節　ＥＲＰ（Enterprise Resource Planning）

経営情報システムは，情報技術の進歩によりその構造が大きく変革してきた。その変革の中心は統合化へと進んでいる。この統合化は，基幹系システムのネットワーク化と取引処理システムの統合化との関係で推進されている。これを積極的に推進しているのがＥＲＰ（Enterprise Resource Planning）である。

基幹系システムとは，元々，メインフレームと呼ばれる汎用機によって中央集権的に処理されてきた。データが発生する時点でその都度処理されるリアルタイム処理と，一定期間のデータを累積してまとめて処理するバッチ処理に分けられていた。しかし，現在は，クライアントの要求にサーバが応じることで機能するクライアントサーバ分散型システム（ＣＳＳ：Client Server System）やＷＥＢベースシステムに置き換えられ，連携が進められた。基幹系システムは，会計により起票されて発生する取引を対象としたシステムである。しかし，最近は会計伝票を経由しないで基幹系システムに直接入ってくるデータが多くなっている。ＩＣタグデータ，ＰＯＳデータ，ＥＤＩデータ，電子商取引データなど数多くなってきた。

この基幹系システムによって，経営資源の移動や活動の事実と「モノ」の状態を表すデータがデータベースに蓄積される。このデータベースは，総勘定元帳データベースと業務データベースに集約される。このデータを利用者が自らの手で抽出加工して，欲しい情報を取り出すことができる。このような情報活動のための仕組みを「情報系システム」と呼ぶ。

基幹系システムから出力されたデータは活用しやすく加工して情報系システムに提供されなくてはならない。そのために，表計算ソフトは情報系システムで活用される。業務活動により発生するデータを非定型的に収集・加工・分析するための情報系システムは，エンドユーザが自主的に率先するＥＵＣ（End User Computing）に活用されるシステムで，基幹系システムが保有するデータを取り組み，分析，加工することが多く，構内ネットワークでファイルやプリンターなどの資源を共有するネットワーク・システムであるLAN（Local Area Network）や広域ネットワークであるWAN（Wide Area Network）などのネットワークで構成されている。

基幹系と情報系の外側にある電子メールやインターネットなどの非定型の文章や図形，音声などを取り扱う仕組みがオフィス系システムである。これらのシステムを経営情報システムと呼ぶ。

情報系とオフィス系のシステムは，非定型業務のための仕組みである。基幹系情報システムからデータが手に入れば，利用者は必要に応じて柔軟に変更拡張できる。この変更や拡張が可能な情報システムへの変化が構造的な変化を生み出してきた。情報技術の進化が，カスタマイズ（変更・改良）作業を可能にしてきている。特に，基幹系は，再利用が容易なオブジェクト指向の商品群に変わり，ビジネス活動に応じて小さな部品からなる「クラス・ライブラリ」が提供されている。これらの部品の組立てには「Reference Model」[1]として，部品の組立てが分かるようなマニュアルが提供されている。このような基幹系システム・情報系システム・オフィス系システムは，それぞれにソフトウェア商品として統合業務パッケージとして経営情報システムの全体の情報が共有できるようになった。

□図表７－２□　経営情報システムの層と統合業務パッケージの位置

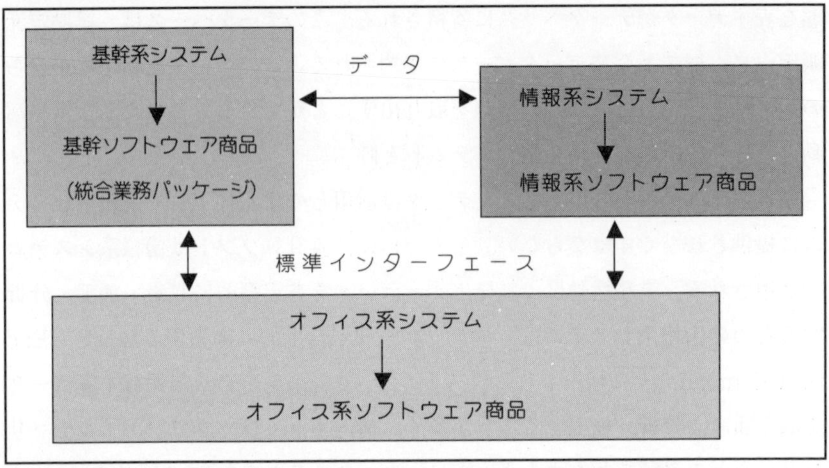

このような経営情報システムは，「ヒト」の状況を把握するために人事・給与システムがあり，「モノ」の状況を把握するために製造・販売・物流システムがある。そして，「カネ」の状況を把握するために会計情報システムがある。

このような状況把握が可能である基幹業務システムのパッケージソフストとしてできているのがＥＲＰ（Enterprise Resource Planning）である。ＥＲＰは，「ヒト」「モノ」「カネ」といった経営資源を有効活用することで，効率的な経営スタイルを作り上げているといってもよい。ＥＲＰとは，エンタープライズ・リソース・プランニングの略であり，直訳すると「企業資源管理」という意味である。ＥＲＰを導入するには，販売や製造，財務や会計，物流や在庫，人事などのビジネス全体の動きを統合的でリアルタイムに把握できるような仕組みが不可欠である。

ＥＲＰのコンセプトは，1991年米国の市場調査コンサルティング会社が提唱したものである。ＥＲＰとは，全社ベースでのデータ共有である。今までは，部門ごとにデータベースを持っており情報が共有されていなかったし，数字も月末に一気に反映される仕組みであったためにリアルタイムに実態がつかめていなかった。ＥＲＰ導入後は，データベースを一元化し全社的に情報を共有化し，日々決算することでリアルタイムに実態をつかむことが可能になった。

アメリカでＢＰＲ（Business Process Re-engineering）が流行した1980年代に，アメリカ企業は徹底的な無駄を排除した業務改善を行った。モノの生産をビジネスにしていた社会からサービスを中心としたビジネス社会へと転換していった。この時にアメリカ企業は，ＥＲＰを活用してＢＰＲを実践し競争力を高めていったのである。

□図表7－3□　基幹業務システムと会計情報システムス

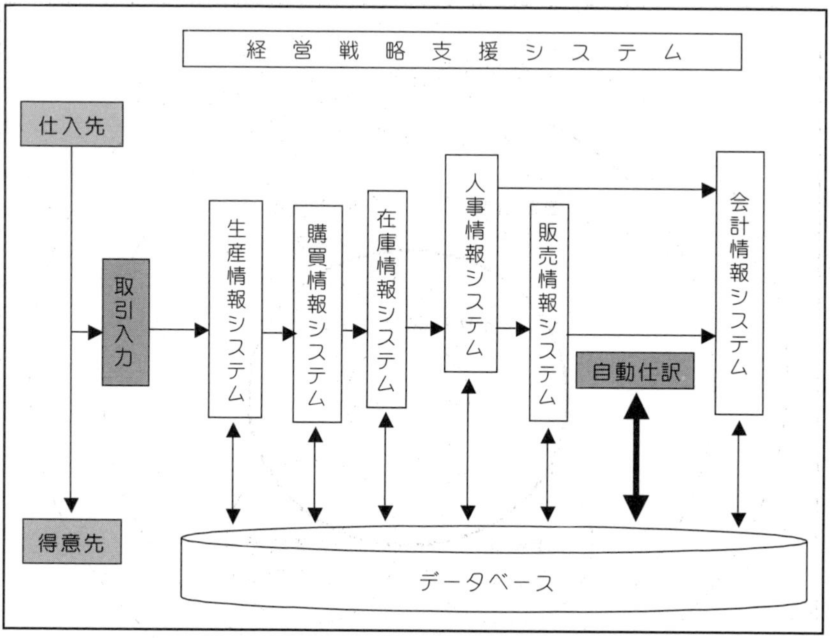

ＥＲＰは大規模な基幹業務システムである。それぞれの企業が自社の業務内容に合わせて独自仕様の統合情報システムを構築しようとすると，長い期間と

莫大な投資が必要となる。そこで，登場したのがＥＲＰパッケージである。ＥＲＰパッケージには標準的な業務機能がすでに作り込まれている。各企業はこの中から必要な機能を選択することでシステムを構築することができる。ＥＲＰの特徴を簡単に整理すると次のようになる。

① 一元化されたデータベースを介して基幹業務（購買・生産・在庫・販売・会計等）が互いに連携し合い，各業務がリアルタイムに処理される。

② 「ベストプラクティス」と呼ばれるビジネス・プロセスが組み込まれており，ビジネス・プロセス・リエンジニアリング（ＢＰＲ）をサポートする。

③ 多通貨，多言語を扱えるので，企業のグローバル化にスムーズに対応で

□図表７－４□ ＥＲＰ構成図

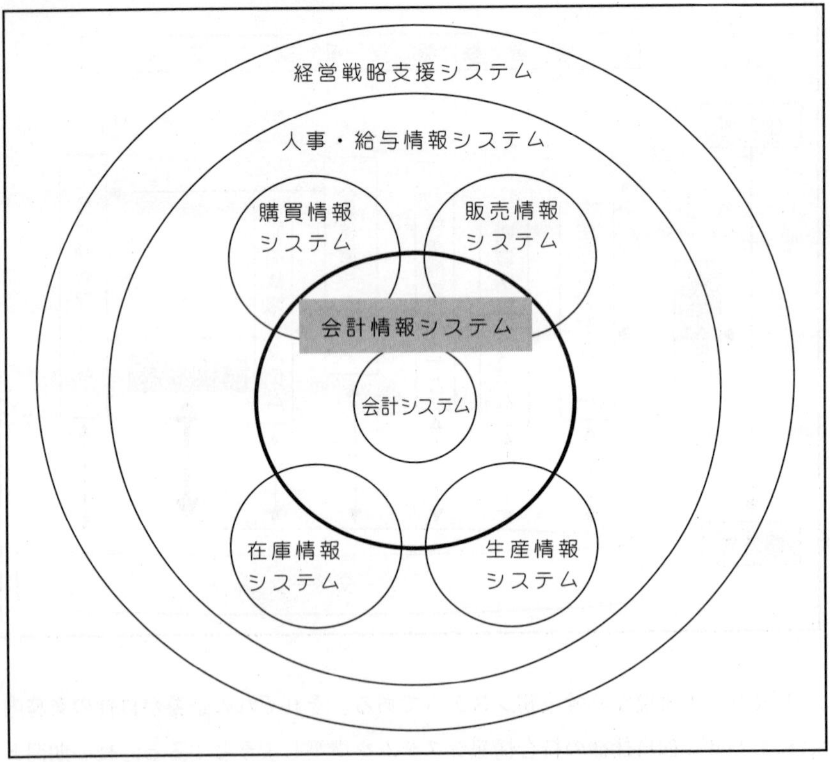

きる。

④　パッケージに盛り込まれている機能を上手く利用することにより，比較的短期間にシステムを導入できる。

今までのＭＩＳやＳＩＳ・ＣＩＭなどは，コンピュータのハードの道具立てに関心が向きすぎていた。従来の情報システム部門の主要機能は，アプリケーションシステムの設計であった。具体的には，システムの詳細機能設計，プログラム設計，データベース設計，画面設計，プログラム開発などのシステム開発であった。ところが，ＥＲＰ導入に求められるのは，自社の経営戦略にそったＢＰＲのコンセプトやデザインなのである。ゆえに，ハード面では情報システム開発の革命であり，ソフト面では情報システム部門の革命である。情報システム部門が変革できなければ，ＥＲＰ導入に当たって，ＢＰＲのコンセプトやデザインの役割が担えなければ，アプリケーション・ソフトの中身が分からないまま，ハードウェアやネットワーク，Ｏ／Ｓなどの単なる，システム環境提供者にならざるを得なくなるであろう。ＥＲＰ導入における情報システム部門の役割は，今までの単なるテクノクラート集団であってはならない。

ＥＲＰを導入した情報システム部門の機能は，自社のコア・コンピタンスを理解し，コア・プロセスを再定義し直し，各事業部を含めた業務プロセスをデザインし直すことが重要な役割となってくる。「ＥＲＰやグループウェアなどのＩＴを活用して，タイムリーにシステム構築することが求められ，構築した情報システムの保守・運用であり，ＢＰＲの推進部門であるということができる」[2)]。

ＥＲＰである統合業務ソフトウェアは，経営支援システムであって，人事・給与情報システムという「ヒト」情報があり，購買情報システム，販売情報システム，在庫情報システム，生産情報システムの４つの基幹業務情報システムが基本となっている。会計情報システムに「カネ」情報として最終的に集まるようにできあがっている。

特に，会計情報システムは，業務統合化への方向性へと進化させている。組織内の情報システムが整備されると会計情報システムは，他の基幹業務システテムとの連携を強化せざるをえなくなる。会計が貨幣的尺度による評価目的から経営資源管理へと移行することにより，会計情報システムはＥＲＰへの関心を深めることになる。従来の会計学は，外部報告を目的とした財務会計を中心に考えられてきたが，今や会計情報システムは，外部情報会計と共に内部情報会計として，利害関係者や経営管理者などに意思決定に有用な情報を作成し，提供できる情報会計機能を統合したシステムの構築が要請されてできたものがＥ

□図表７－５□　ＥＲＰ論理回路[3)]

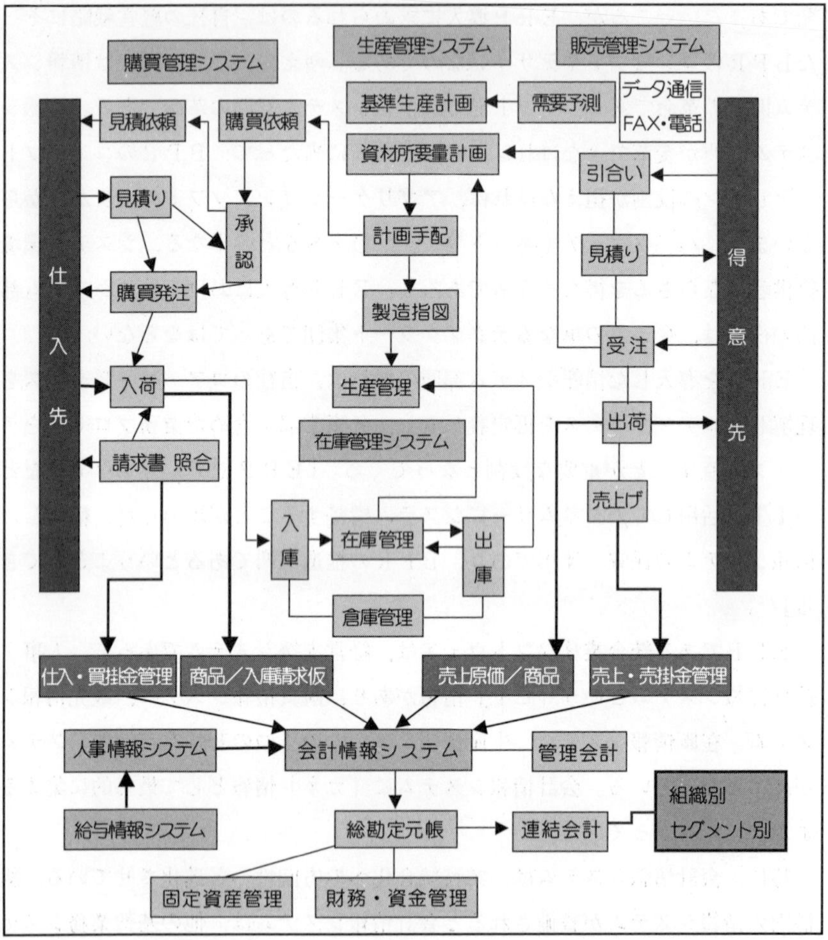

ＲＰに代表される。会計情報システムは，経営戦略支援システムとしてのサブシステムの１つではなくて，会計の情報処理機能を活用した経営情報システムの中核として統合化が図られている。

ＳＣＭソフトは計画立案のためのソフトであるから，サプライチェーンを実際に運転するための仕事である製造指示や出荷指示の発行，在庫確認，発注検品などの実行系システムと協調して動く必要がある。どこの企業でも業務実行用システムを持っている。そのためにＥＲＰ（Enterprise Resource Planning：総合業務システム）パッケージの導入を進めている企業も多い。

ＥＲＰは，経営情報システムの１つであり，ＳＣＭと密接な関係にありＳＣＭを支える情報システムである。グローバル化への対応，新会計制度への対応，ビジネス・プロセス改革への仕掛けなど，導入への動機はさまざまであるが，特にＳＣＭの実現に向けて，社内の業務基盤を早急に整備・強化するために，ＥＲＰの導入を進める企業が現れている。当然ながらＥＲＰは大規模なシステムである。それぞれの企業が自社の業務内容に合わせて独自仕様のＥＲＰを構築しようとすると，長い期間と莫大な投資が必要となり，スピード経営・キャッシュフロー経営とは相反するリスキーな情報投資になる。そこで，登場したのがＥＲＰパッケージである。ＥＲＰパッケージには標準的な業務機能がすでに作り込まれている。各企業はこの中から必要な機能を選択することでシステムを構築することができる。

ではＥＲＰはＳＣＭにどのような役割を果たすのかといえば，一番大きな役割は，「情報をリアルタイムで共有できる社内の情報基盤を提供することである」[4)]。ＳＣＭを実現するためには，サプライチェーンのメンバー間で情報をリアルタイムで共有できることが大前提である。不正確な情報を元にいかに精緻な計画を立てても，トラブルの原因を作るだけである。ここで，在庫を例に考えてみる。

ある製品の在庫数量のデータが実際の在庫数量より多かったとする。そのデータがサプライチェーン内を１人歩きし，そのデータを信じて供給計画を立てると，いざ出荷という段になって在庫切れということになる。在庫数量のデータ更新がリアルタイムでない場合にも，同様なことが起こる。在庫は刻々と変わっていくのに，数日前の古いデータを元に精度の高い供給計画を立てることは不可能である。このように，サプライチェーン内で，受注・在庫・生産等に関する正確な情報をリアルタイムに共有できなければＳＣＭ構築による期待はできない。

しかし，多くの日本企業では，部門ごとに合わせた業務システムを構築してきた。データベースも部門ごとに別である。システム間で情報のやりとりをするだけで，数日かかることもめずらしくない。だからといって，これらのシステムを統合することは容易でない。まったく新しいシステムを構築する方が，時間とお金の節約になるかもしれない。このような状況を打開する方策の１つがＥＲＰパッケージなのである。開発期間，費用を考えた上でも現実的な選択肢の１つといえる。ＳＣＭが供給計画を立案する計画システムとすると，ＥＲＰはそれを業務面で支える実行システムである。ＥＲＰでは実際のヒト，モノ，カネの動きをリアルタイムに管理し，その情報は一元的に管理される。ＳＣＭはこのリアルタイムな情報を元に，必要なときに正確な供給計画を立案することができる。つまり，ＥＲＰは企業内における業務の遂行部分をしっかり固め，それを基盤にＳＣＭはサプライヤー，カスタマーを含めたサプライチェーン全体の最適化を図るという相互補完の関係にある。

第３節　ＳＣＭ（Supply Chain Management）

アメリカ生産管理協会（APIC：American Production and Inventory Control Society）のＥＲＰの定義は「ＥＲＰシステムとは，最新のＩＴを活用した，受注から出荷までの一連のサプライチェーンと管理会計，財務会計，人事管理を含めた企業の基幹業務を支援する統合情報システムである」[5] としている。ＥＲＰは，ＳＣＭと密接な関係にありＳＣＭを支える情報システムでもある。

サプライチェーンは，英語の Supply Chain をそのまま日本語にしたもので，日本語にすると「供給連鎖」になる。つまり消費者に商品が届くまでのつながりのことである。サプライチェーンは，商品が消費者に届くまでの利害関係者のつながり（連鎖）と同時に，業務の流れのつながり（連鎖）として捉えることができる。

ＳＣＭ（Supply Chain Management：サプライチェーン・マネジメント）とは，「材料の供給から顧客への商品の納入までの物の流れの連鎖（チェーン）であり，製造，物流，販売すべてのビジネス・プロセスをカバーする。製造業，卸，小売，販売の上流から下流まで複数の業種を連ねるコンセプトである」6)。小売から卸や物流，部品メーカまでをネットワークで統合し，販売や生産，在庫などの情報を企業間で共有することで納期の短縮や在庫削減につなげ，経営の効率を向上させる手法である。ＥＲＰでは実際の「ヒト」,「モノ」,「カネ」の動きをリアルタイムに管理し，その情報は一元的に管理される。ＳＣＭはこのリアルタイムな情報を元に，必要なときに正確な供給計画を立案することができる。つまり，ＥＲＰは企業内における業務の遂行部分をしっかり固め，それを基盤にＳＣＭはサプライヤー，カスタマーを含めたサプライチェーンの全体最適化を図るという相互補完の関係にある。

ＥＲＰ導入は，主にＬＡＮ内のシステム構築に利用されるように設計されている。このシステムがＳＣＭと結びつくことにより，オープンシステムとなり流通や需要予測などに成果を発揮できるようになる。そのために，ＳＣＭが供給計画を立案する計画システムとすると，ＥＲＰはそれを業務面で支える実行システムである。

ＳＣＭは，業務全般の効率化を図ることでキャッシュフローの効率を改善する経営手法でもある。サプライチェーン上の関係者の間では,「モノ」と「モノ」情報の流れが発生している。この流れは，製造されてからの消費者に購入されるまでの過程で「モノ」である商品の流れを「物流」と呼んでいる。

1980年代までは，輸送・保管・包装・荷役を中心とした「物流」をいかに効率化させていくかに重点を置いて考えられていた。そして，1980年代中頃より，ロジスティクスといわれる生産・物流・販売の社内の流通効率化が進められた。商品コード（ＪＡＮコード）の普及とＩＴの発達により，比較的に安価で入手できるようになった。リアルタイムでのデータ通信やデータベース構築が安価で可能になった。代表的なものが，ＰＯＳシステムであり，物流と共に商品の需要動向に関する情報が交換され，この情報の流れと合わせた効率化を考えられた。1990年代後半からサプライヤー・メーカー・卸売業者・小売業者・顧客のサプライチェーン全体の効率化を目的としたＳＣＭが注目された。ロジスティクスよりさらに広い視野での効率化がＳＣＭとなる。ＳＣＭは社内の効率化だけではなく社外を含めて業務の効率化を考えている。

たとえば，小売業界では，コストダウンの手法として「チェーンオペレーション」があった。チェーンオペレーションとは，多店舗展開により１店舗当たりの運営費を減らして，大量仕入で，仕入価格を低減させる手法である。多店舗であれば，店舗全体としての仕入金額を増やし仕入先に対して優位性が確保できる。そして，共通費の負担も軽減できる。広告費や情報システムの開発費などは，１店舗当たりに換算するとコストダウンとなる。しかし，この手法は，他社も同じ手法を取ると差別化は図れなくなってくる。そこで，このような問題の解決は，より効率的な情報システムの運用であり，そのためには売れ筋商品の欠品なくしと死に筋商品の在庫増大をなくすことであった。このソリューションはＳＣＭである。

企業にＳＣＭを導入するということは，ＳＣＭソフトを入れたことにより完了することではない。それと同時にＳＣＭソフトを導入すること自体は，ＳＣＭの考え方ではない。ＳＣＭはこれまでロジスティクスの発展として捉えられてきた。しかし，ＳＣＭソフトの発展過程は少し異なっている。メーカーである製造業において，生産計画の課題をどのようにして解決していくかが，ＳＣＭソフトの出発点となっているからである。

ＳＣＭソフトとは，サプライチェーンの動かし方を決めるための計画用コンピュータ・ツールである。サプライチェーンはそれ自体が巨大で複雑なシステムであるので計画なしに運転を各社・各部門にまかせているだけでは決して全体最適にはたどりつけない。より広い視野でのサプライチェーン全体の計画ができるように，最新の情報技術を応用してつくられている。その主な機能は４

つある。

① 生産・物流・配送計画

② スケジューリング（Advanced Planning and Scheduling：ＡＰＳ）

③ 需要予測

④ 納期回答

である。

このような機能を兼ね備えたＳＣＭの特徴の第1は,「流れの管理」である。流れの管理とは,「モノ」の流れと「情報」の流れの管理である。「モノ」の流れは, 原材料の供給から商品が顧客に納品されるまでの物理的な流れを指し, 在庫削減と納期短縮の管理である。「情報」の流れは, 精密な需要予測や最適な生産・供給計画に変換する情報の管理である。これらの流れは, ＥＲＰの導入やインターネットの活用により実現可能となっている。

第2は,「全体最適からの発想」である。ＳＣＭは, 部分最適よりも全体最適を優先したシステムでなくてはならない。従来は, 部門内, 企業内での最適化が進められてきたが, 営業部や製造部などの各部門のそれぞれに最適の活動を行い部分と部分の寄せ集めで大きな成果を上げようとしていた。そして, ときにはその成果も上がったこともあった。このような方式で成果を挙げようとする考え方を部分最適の寄せ集め方式「全部論方式」（図表7－6）と呼ぶことにする。この全部論方式の組織は, 機能（エンジニアリング）の総和である

□図表7－6□ 全部論方式

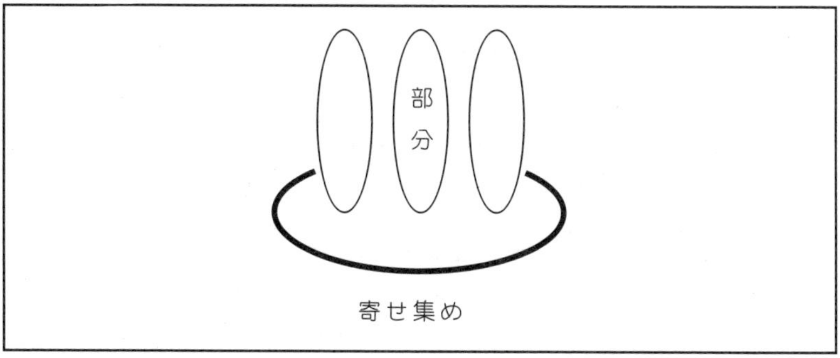

と考える。そのために，組織間の問題が起こったときでも，プロジェクトチームや委員会を作り，そこで問題解決を行おうとする。問題の数だけ委員会があるという状況を作っていく。企業経営が悪化するときの各部門は，自分たちの役割を決めて部分最適に責任転嫁を行っている。現在の多くの企業は，役割分担表によって専門分化が進化し全体目的よりも，部門目的を実行する行動習慣が身についている傾向があるように思われる。

日本では，ＥＲＰを導入するときやＳＣＭを導入するときなども，できるところからやるという方式をとり，システム全体を意識しないで，入れられるソフトから入れるという方式を取ったために，多くの企業がＥＲＰソフトやＳＣＭソフトを導入しても実際の運用では失敗している事例が多い。日本のＥＲＰソフトの導入などは，販売システムや給与システム，会計システムなどを個別に販売し，売れるものから売っているという状況であった。これでは，ＥＲＰやＳＣＭの特徴としての全体最適からの発想が一切できないことになる。

ＳＣＭ導入は，全体最適を意識した「全体論方式」（図表７－７）の考え方を入れなくてはならない。時代が大きく変わろうとしているときには従来の全部論方式では成果を上げることができなくなった。全体論方式とは，機能の鎖（チェーン）である。チェーンの中の最も弱い部分（ボトルネック）を強化することが，全体を強化することになる。

全体論方式は，各部門である業務が個体性を有し，情報を意味解釈ができる

□図表７－７□　全体論方式

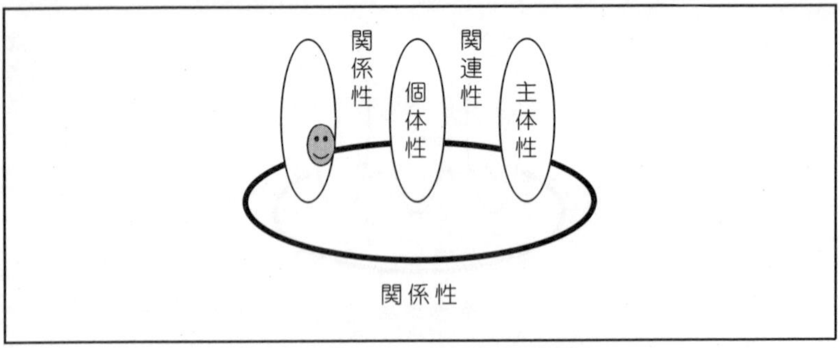

主体性を有していることである。その独立性と共に関係性や他部門との関連性を持ち，全体に中の自己ポジショニングを意識しながら業務のシステムを有していなくてはならない。これは，ＳＣＭを導入した場合のシステムだけではなく，導入を意思決定した人間と業務に携わる人々の意識まで入れた考え方でないと，導入は成功しないのである。

たとえば，メーカーと大手小売業者という関係で考えれば，メーカー側はより大量の商品を売って利益を確保しようとし，小売業者は少しずつ安く欠品をなくし仕入れしようとしている。その結果，大量仕入の報酬としてリベート制度，配送の厳しい条件，多すぎる在庫によるコストなど多くの無駄が発生することになる。また，同じ企業内の工場部門と営業部門という場合でも似たような光景が見られることになる。工場は営業からの需要予測を信頼できず，営業は工場からの納期遅れを心配して，お互いの不安を読んだ数値が飛び交っている。そのため，全体的に作り過ぎの状態で多くの在庫を抱え込んでいるにもかかわらず，必要な製品は欠品を起こして，消費者に迷惑をかけている場合がある。このことから，どこに力を入れれば大きな効果が得られるかを見極めることが重要となる。サプライチェーンの業務連鎖に複雑な制約条件（ＴＯＣ）の関係がある。そうした制約条件を考えた上で，どこがボトルネックになっているか見極め，そこに力を注がなければ全体として大きな効果は得られない。すなわち，サプライチェーンから無駄を減らすためには，広い視野でとらえて，行動することが大切である。

業務の効率化や最適化の範囲は，物流部門→企業内→サプライチェーン全体，すなわち「部分」から「全体」へと広がっていく。ＳＣＭでは，サプライチェーン全体が最も効率よく機能するならば，特定の部門の業務効率は少しぐらい犠牲になってもかまわないという考え方である。

これらの２つの特徴から導き出されることは，サプライチェーンと呼ばれるからといって，供給者中心の考え方を意味しているのではない。モノの流れと全体最適を供給者側から見ているシステムであり，顧客情報であるヒトの情報を全体最適として重要視されている。これは，ＥＲＰの需要予測なども関連している。ＳＣＭは，デマンド・チェーンでなくてはならないという意見は，重要性の再確認であるだけの意味しかもたない。そして，従来型の生産方式を「メーカー主導」のプッシュ型生産方式から，「消費者主導」のプル型方式へと変わるべきであるという意見なども同じように重要性の再確認であるといってよい。ＳＭＣは，すべてチェーンとしてつながっているので，すべてが重要な要素であり，その１つでも，問題があるとその流れが制限されるという理論なのである。

ＳＣＭは，サプライ（生産）とデマンド（販売）の同期化（シンクロナイゼーション）が主目的なのである。時間と共に変化するデマンドに対してサプライをシンクロナイズすることが在庫水準を下げて欠品の機械損失を少なくすることになるのである。このシンクロナイゼーションが，システム発想の基本の１つである。

ＳＣＭが注目されているのは，今までＳＣＭは机上の概念にすぎなかったものが，インターネットと結びついたことにより企業内だけではなくオープンシステムとして関連会社などとの流通において状況把握がより便利になった。そして，この状況把握がより確実にできる可能性がユビキタスネット社会の到来と共に出現しようとしている。この技術がＩＣタグである。

ＳＣＭの概念は共通しているが，その立場などによりいくつかの解釈と定義がある。上記で書いたいくつかのキーワードのように，「流れの管理」のモノの流れを管理するオペレーショナル・レベルの定義や，情報の流れを管理することにより経営効率化に焦点を当てたマネジメント・レベルの定義や，全体最適化を目指した仕組みとサプライヤー同士つまり企業の枠を超えた戦略的経営管理手法といった経営戦略レベルでの捉え方などがある。

ＳＣＭが注目されてきたのは，現在の情報通信技術（ＩＣＴ）の発展による力が大きい。この情報通信技術により，ＳＣＭを支えるサプライチェーン・マネジメント・ソフトウェア（ＳＣＭソフト）がある。ただし，ＳＣＭソフト導入は情報通信技術の導入であって，ＳＣＭの考え方を受け入れていることではない。ＳＣＭの導入は，経営思想そのものとして捉えることが最も重要なのである。しかし，ＳＣＭソフトの発展過程は，メーカーである製造業において，生産計画の課題をどのようにして解決していくかが，ＳＣＭソフトの出発点となっているからである。つまり，「ＳＣＭソフトは広義（経営手法）のＳＣＭを実現するための１つの重要なツール」[7]である。

ＳＣＭソフトとは，サプライチェーンの動かし方を決めるための計画用コンピュータ・ツール（ソフトウェア）である。サプライチェーンはそれ自体が巨大で複雑なシステムであるので計画なしに運転を各社・各部門に任せているだけでは決して全体最適にはたどりつけない。より広い視野でのサプライチェーン全体の計画ができるように，最新の情報技術を応用してつくられている。

第４節　ＴＯＣ会計（Theory of Constraints Accounting)

ＳＣＭを支える理論が，制約理論（Theory of Constraints）である。ＳＣＭは，制約理論（ＴＯＣ）で構築されていると表現できる。ＳＣＭ全体の収益力は鎖全体の強度として捉えられる。鎖全体の強度は，最も弱い輪（制約条件）の強度に等しいということができる。これは，物理学者であるエリヤフ・ゴールドラットが工場の生産改善を手伝ったことがきっかけで開発したものであり，このときに開発した考え方を小説にしたものが「ザ・ゴール」[8]である。ゴールドラット博士は,「工場の生産性はボルトネック工程の能力以上には絶対に向上しない」という原理を提唱している。制約条件とは,「あるシステムが，ゴール達成のためより高い機能へレベルアップするのを妨げる因子」と定義している。企業のゴールは,「現在から将来にわたって儲け続ける」ことであり，企業のゴールであるアウトプットの利益は,「制約条件」が握っている。

制約条件には，物理的制約と方針制約，市場制約の３つがある。

① 物理的制約とは，生産現場なら能力の一番低い工程や設備であり，純粋に能力が不足している状態をいう。

② 方針制約とは，規定や制度，組織構造などマネジメント上の制約条件の

ことをいう。

③　市場制約とは，需要が盛り上がらない販売が伸びない状態のことをいう。

これら3つの制約条件を識別することにより，全体に影響する制約条件を発見し，解決する間断なき革新プロセスを構築することが，ＴＯＣの目的である。すなわち，鎖部分の最適の総和が全体最適ではないというシステムがＴＯＣであるといえる。

ＴＯＣの考え方は，企業の目標であるゴールを利益の最大化であるとして捉えている。しかし，前章で指摘していたように全部原価計算を用いれば，需要に合わせて減産するよりも増産すると利益が出てしまうということになりかねない。これは，固定費を売上原価に入らないものは，棚卸資産として認識する計算構造になっているためであった。このときに，固定費としては現金という資産の支出であったものを棚卸資産として認識し直す構造であったところをＴＯＣは着目している。そのために，利益計算は，「売上から売上原価を差し引

□図表７－８□　直接原価計算とＴＯＣ会計の概念[9)]

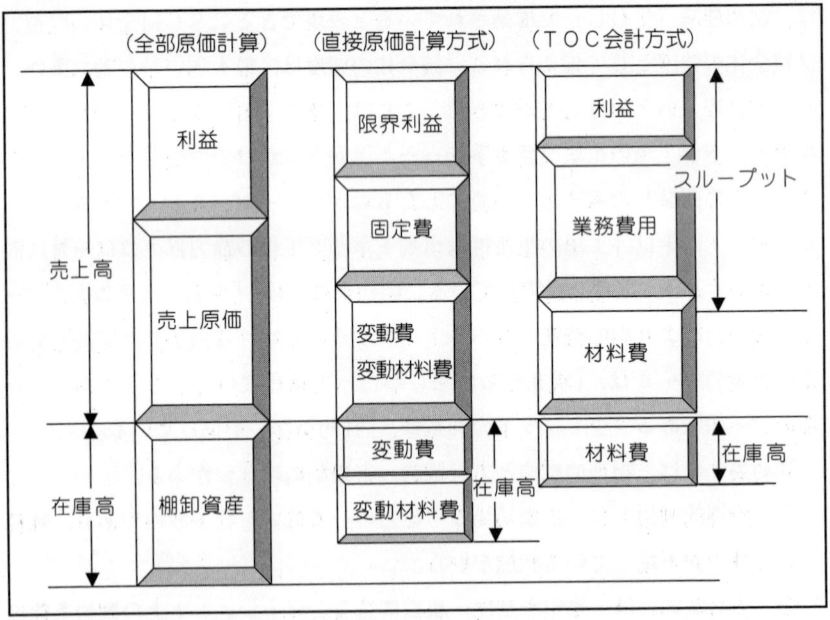

いたものであって,生み出された本当のキャッシュと対応しません」[10]という表現を使っている。そのために，ＴＯＣでは，製品単位それぞれの利益の最大化を否定して，企業が現在から将来までに稼ぎ出されるためにスループットを最大にしなければならない。スループットとは，受注から原材料入手，生産，納入，請求，入金という，最終的にキャッシュが企業に入ってくるまでの個々の活動が鎖の輪の１つ１つに相当すると考える。企業の最終指標である売上キャッシュフローから仕入れた資材分キャッシュフローを差し引いたものである。差し引くのは，直接費ではなく資材分のみなのである。

そのために，売上キャッシュフローから仕入キャッシュフローを差し引いた企業利益キャッシュフローを最大にするには３つの方法がある。まず，最初は,「スループットを最大に増やすこと」であり,「在庫を低減すること」そして「経費を低減すること」の３つである。この順番どおりに優先度が高くなっている。

□図表７－９□　ＴＯＣスループット

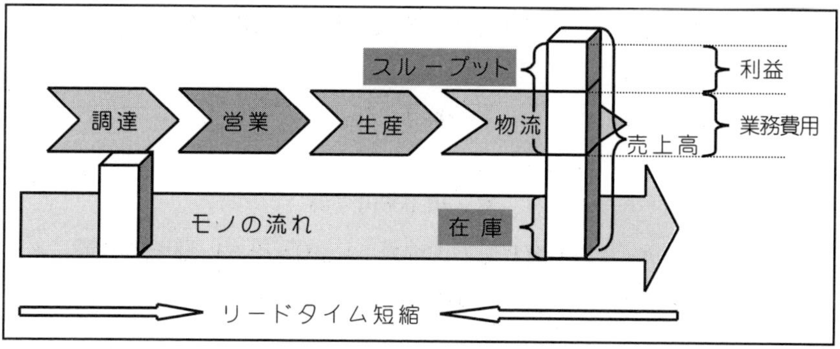

スループットに注目するということは，ビジネス・プロセス・リエンジニアリング（ＢＰＲ：Business Process Reengineering）を行うことでありリードタイムの短縮と在庫低減の重要さを認知することにより経費低減を行う手法であるといえる。従来の企業では，経費低減ばかりを注力しがちであったが，経費低減をシステムにより実行していることであり，このシステムは，リードタイムと在庫低減を定型的に重要情報として発信できるように設計されていると

いうことができる。

ＴＯＣスループットは，全体最適に注目することになる。スループットを産出するスピードを高めるということは，サプライチェーン内に在庫として滞留しているものを低減させことにより，実際のキャッシュフローを大幅に改善する。製販の最適化を実現する活動を導き，経営の効率化を高めることが可能になる。

ここで，直接原価計算，スループット計算の特徴を設問で比べてみる。

例題Ⅳ　次の事例で製造原価計算と損益計算書を直接原価計算書とＴＯＣ会計で試算しなさい。

⑴　Ａ製品の生産，販売，在庫状況

生産台数　1,200台　販売台数　1,000台

在庫台数　200台

⑵　Ａ製品の生産能力,価格,原価

生産能力　1,200台／月　販売価格　10万円／台

原　価

①　変動費　50,000円／台

<内　訳>

材料費　40,000円／台

材料費以外の変動費　1,200万円／1,200台生産時

②　固定費　3,000万円／月

解　答

（単位：万円）					
直接原価計算			ＴＯＣ会計		
Ⅰ　売　上　高		10,000	Ⅰ　売　上　高		10,000
Ⅱ　売上原価 変動製造原価 月末棚卸原価	 6,000 1,000	 5,000	Ⅱ　売上原価 製　造　原　価 棚　卸　原　価	 4,800 800	 4,000
限界利益		5,000	スループット		6,000
Ⅲ　固　定　費		3,000	Ⅲ　業務費用		4,200
利　　益		2,000	利　　益		1,800

解　説	
Ⅰ　売　上　高 販売価格10万円×販売台数1,000台	Ⅰ　売　上　高 販売価格10万円×販売台数1,000台
Ⅱ　変動売上原価 変動費原価５万円×生産能力1,200台 変動費原価５万円×在庫台数200台	Ⅱ　材　料　費 材料費４万円×生産能力1,200台 材料費４万円×在庫台数200台
限界利益 売上高1,000万円－変動売上原価5,000万円	限界利益 売上高1,000万円－材料費4,000万円

ＴＯＣ会計は，直接原価計算でいう限界利益から変動販売費などの材料費以外のものを差し引いて計算されている。直接原価計算は，固定費を製品ごとに振り分けないで採算計算や意思決定に使う会計手法として有効である。しかし，ＴＯＣ会計のような制約条件は入っていなし，全体最適を意識したスループットに注目しているわけではない。ＴＯＣ会計は変動費を材料費だけに絞り込んだところに特徴がある。しかし，ＴＯＣ会計は，直接原価計算の限界利益および貢献利益というコンセプトを発展的に簡潔にしたものであるといえる。

〔注〕

1） 根来龍之編『ＥＲＰとビジネス改革』日科技連出版社，1998年，ｐ.60

2） 同期ＥＲＰ研究所編『ＥＲＰ入門』工業調査会，1997年

3） 田端哲夫『決算書情報』税務経理協会，2003年，ｐ.177

4） ＳＣＭ研究会『図解サプライチェーンマネジメント』日本実業出版社，1999年，ｐ.162

5） 同期ＥＲＰ研究所編『ＥＲＰ入門』工業調査会，1997年，ｐ.25

6） 今岡善次郎『サプライチェーンマネジメント』工業調査会，1998年，ｐ.146

7） ＳＣＭ研究会『図解サプライチェーンマネジメント』日本実業出版社，1999年，ｐ.25

8） Eliyahu M. Goldratt, “The Goal” North River Press, 1992
エリヤフ・コールドラット（三本木　亮訳）『ザ・ゴール』ダイヤモンド社，2001年

9） 富岡萬守・栗原治夫『実践スループット会計』日本能率協会マネジメントセンター，2003年，ｐ.51を参考にしているが，直接原価計算との比較を付け加えている。

10） 村上　悟『ＴＯＣ入門』日本能率協会マネジメントセンター，2001年，ｐ.5

第8章

企業内情報システム

企業内情報システムは，企業内の情報システムとインターネットがつながっている状況での情報システムである。このシステムをイントラネットとも呼ばれた。イントラネットとは，イントラという内部という意味とインターネットを結びつけた用語である。この結びつきを可能にしたのがＬＡＮシステムである。ローカルネットワークシステムというＬＡＮによって内部と企業外部をノードとして結びつけるのである。企業内情報システムの本質を理解するために，５つの立場から考えてみる。この立場は，どのような側面から見るかによって違った姿を見せる。第１の立場としてはパソコンとサーバというハードウェアという側面によって成り立っている。第２の立場は，インターネットというネットワークの側面から見る方法である。第３の立場は，ソフトウェアから見る方法と第４の立場は，システムから見る方法，そして，特に経営からは企業能力から見る方法もある。

第１の立場……ハードウェア的側面

【企業内情報システム＝パソコン＋サーバ】

企業内情報システムをハードウェアの側面から見るとパンコンがサーバによってつながっている状況である。パソコンを利用しているのをクライアントと呼び，このクライアントはローカルネットワークによってつながっているとも表現できる。この側面を，一般的にはクライアント・サーバ型と呼んでいる。このサーバの代わりにルーター利用もある。ルーターは複数のネットワークを相互に接続するための通信装置の１つである。企業の各拠点や部門に敷設したネットワークを結ぶためにインターネットと接続するために使われる。

第２の立場……ネットワーク的側面

【企業内情報システム＝グローバルネットワーク
＋ローカルネットワーク】

ファイアウォールなどのセキュリティ対策が重要である。相互接続性(Interconnectivity) を確保するためにはプロトコル（通信手順）としてTCP／IPを用いている。TCP／IPは，1960年代の後半にアメリカ国防省が構築した軍事用のコンピュータネットワークの研究過程で生まれたプロトコルである。TCP／IPは1980年代にはUNIXというＯＳに標準搭載され急速に浸透した。

第３の立場……ソフトウェア的側面

【企業内情報システム＝ブラウザ＋データベース
＋グループウェア】

ブラウザは，「閲覧ソフト」と訳される。ブラウザというソフトは，主にWebサーバ上のデータを画面に表示するWebブラウザを指す。インターネットのホームページという形式で情報を映し出すサーバ上の仕組みである。マイクロソフトの「Internet Explorer」やオープンソース開発プロジェクト「Mozilla.org」で開発された「Firefox」が代表的製品である。データベースは，データを大量に蓄積し整理して，コンピュータが処理しやすい形にしたファイルのことで，企業の情報を全社員が共有するためのソフトウェアである。グループウェアとは，グループで作業を行うことを目的とし，全社員の協働（コラボレーション）を支援するソフトウェアである。

第４の立場……システム的側面

【企業内情報システム＝情報受信システム＋情報発信システム＋情報共有システム＋情報協働システム】

システムは，ハードウェアとソフトウェアを導入するだけでできあがるものではない。ビジネス・プロセスや企業文化を含んでいる。すなわち，企業内情報システムの導入とは，新しい企業文化の創造を要求するものである。

第5の立場……企業能力的側面

【企業内情報システム＝気づき能力＋意思決定能力
＋変革能力】

気づき能力とは，経営環境を敏感に感受できる能力でもある。この能力は，社会のイシュー（Issue：論点）を感じ取れる直観力に支えられている。意思決定能力は，判断能力だけではなく迅速にできる判断力というスピードの問題である。このスピードは，アジル・コンペティションという俊敏性である。そして，変革力は組織に対してであるが，この変わるということは学習能力や自分自身への変革力も加味している。

企業内情報システムとは，企業におけるコア・コンピタンス（中核能力・革新的競争力・核心的競争力）を獲得していくための戦略にほかならない。企業内情報システムはハードウェアやソフトウェアだけを導入するだけでできあがるものではなく，システムとしてビジネス・プロセスや企業文化を含むものとして解釈することによって，情報をデータだけではなくナレッジやノウハウを取り扱うことができる。ナレッジやノウハウを取り扱うためには，気づき能力や意思決定能力，変革能力というコア・コンピタンスが重要となる。

企業内情報システム用のWebサーバは社内LAN上に置き，ファイアウォールを設けて外部からは不正アクセスできないようにする。社外向けのWebサーバも設置している場合は，外部からのアクセスは，社外向けWebサーバまでとし，社内ＬＡＮとは完全に区別している。イントラネットの構成要素としては，「Webサーバ」「ゲートウェイ（GW）サーバ」「ファイアウォールサーバ」「グループウェア・サーバ」「文書サーバ」「データベース（DBMS）サーバ」などがある。

□図表８－１□　企業内情報システム

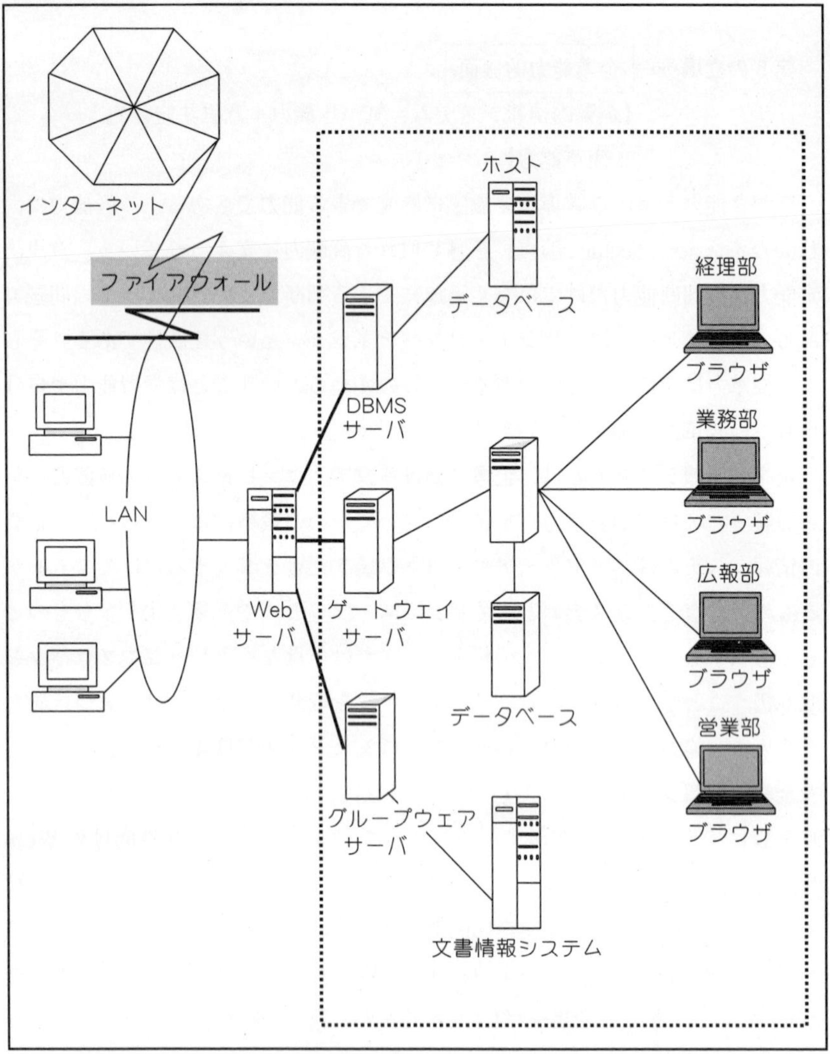

企業内情報システムの特徴は，「Webサーバ」と「データベース（DBMS）サーバ」「文書サーバ」「グループウェア・サーバ」との連携である。企業内情報システムで利用する「Webサーバ」では，商品カタログ，製品リスト，部内

通知，担当者プロフィール（個人ホームページ）などの情報を提供することができると共に，情報の共有化も可能となる。

第1節　サーバの種類

サーバ（Server）は，給仕する人という意味であり，ネットワークを通じてサービスを提供するコンピュータのことである。個人のコンピュータと他のコンピュータとが密接に関係する使い方ができるようになるのがサーバである。

たとえば，ある会社で顧客管理のために住所録データがサーバに保管されていると複数の社員が利用できるようになるシステムである。一方，サーバのサービスを受けるユーザーのパソコンなどをクライアント（Client＝顧客）という。サーバの機能は，情報共有や業務の効率化，パソコンの運営管理などができる。パソコンの性能があまりよくなかったときは，ワークステーションという高性能なコンピュータをサーバ代わりに使用していた。サーバで使われるコンピュータには，企業の基幹業務を担うメインフレーム（大型汎用機）のようなものから，UNIX を使った中小規模向けのものや，小規模や部署内での利用に向けたパソコンサーバ（ＰＣサーバ）などがある。PCサーバは性能が向上してきたこともあって，UNIX などが使われてきた分野にも進出してきている。

サーバは，１台のマシンで複数の種類のサーバを兼ねることも可能である。通常は，社内のシステム管理部門やシステム部門が管理しているので，一般ユーザーはサーバのことをあまり知っている必要はないが，ネットワークのトラブルがあった場合に，サーバの知識があるとだいたいの原因が分かる。

サーバは「ハード」「ＯＳ」「サーバーソフト」の３点セットで動くことになる。決して，パソコンの高性能なものではない。ＰＣサーバのＯＳは，Windows NT4.0 Serverや Windows 2000 Server やその後継の Windows 2003 Server，UNIX 系の Linux などである。

□図表8－2□　サーバの種類と関係

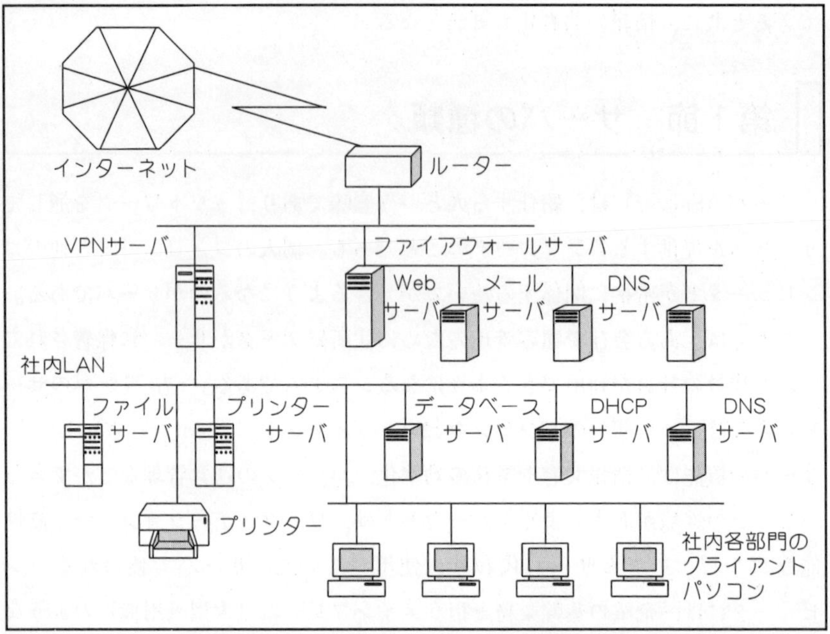

ここで，サーバの働きについて見てみたい。その基本的なサーバは，

①　ファイルサーバ　②　データベースサーバ　③　プリンターサーバ

④　Ｗｅｂサーバ　⑤　メールサーバ　⑥　ＦＴＰサーバ

⑦　ＤＮＳサーバ　⑧　プロシキサーバ

の８種類である。Windowsの場合は，これらのサーバ･ソフトは標準機能として搭載している。その他には，個別業務に特化したサーバもあり，サーバ・ソフトのパッケージ製品を導入し，業務内容に合わせて機能をグループウェアや会計／販売管理ソフト，クライアント管理ソフトに変更することもある。

①　ファイルサーバ

組織でＬＡＮを導入する大きなメリットの１つは，クライアント同士のファイルの共有にある。これを可能にするのがファイルサーバである。ファイルサーバは，自分のハードディスクにあるファイルを公開し，ユーザーがネットワーク経由で閲覧，操作，編集できるようにするものである。Windows サーバが備えている共有機能では，「マイネットワーク」などを開くだけで，自分のファイルと同様に，サーバに置かれた共有ファイルを利用できる。サーバ用ＯＳ，Windows Server 2003 は，ハードディスクの内容をコピーしておく「ボリュームシャドウコピー」機能で不用意にユーザーがサーバ上のファイルを消すような事故を防げるようにした。

② データベースサーバ

経理データや顧客データなど，蓄積されたデータから必要なものを必要な人が取り出して利用できる要望をかなえるのがデータベースサーバである。

データベースとは，データを決まった形式で蓄積したもので，テーブル（表）形式のデータを関連付けて操作する「リレーショナル型データベース（ＲＤＢ）」である。例えばユーザの検索要求（クエリー）に従って，売上テーブルや支店テーブルなどにあるデータから各支店の売上一覧表を表示できる。

代表的なＲＤＢサーバ製品は，マイクロソフトの「ＳＱＬサーバ」や日本オラクルの「Oracle」などがある。

③ プリンターサーバ

パソコンが数台ありプリンターが１台しかないときにはプリンターサーバがあれば問題は解決する。クライアントで印刷を実行すると，それぞれのデータがいったんプリンターサーバのハードディスクに蓄えられ，順にプリンターに送り出される仕組みである。最近は，プリンター自身がプリンターサーバ機能を備えるようになってきている。

④ Web サーバ

Web サーバは，Web サイトを公開するときに必要になるサーバである。基本機能は，ＵＲＬと呼ばれるアドレスで指定された Web ページ（HTML ファイル）などをクライアントの Web ブラウザに送信することにある。サーバ上でＣＧＩやＡＳＰなどの機能を動作させて，データベースと連携させることなどもできる。

⑤　メールサーバ

メールサーバは，メールを使えるようにするサーバである。メールの場合，受信と送信があるが，通信規格であるプロトコルは異なったものを利用している。そのために，メールソフトには，２種類のサーバを設定しなくてはならない。

メールの送信で使うのが，SMTPというプロトコルである。クライアントのメールソフトには送信サーバとしてプロバイダーなどが指定したSMTPサーバを設定している。そして，メールを受信する場合は，ＰＯＰ３やIMAP４というプロトコルが必要となる。IMAP４は，ＰＯＰ３に代わる方式として登場した。ＰＯＰ３は，着信したメールをサーバ上からすべてをダウンロードしなければならないが，IMAP４は，必要なメールだけを選んでダウンロードできる。なお，Webサーバで，Webメールを利用するときのプロトコルはHTTPである。

⑥　ＦＴＰサーバ

ＦＴＰ（File Transfer Protocol）は，ファイル転送サービスを行うためのプロトコルである。ダウンロードをするためにはＦＴＰサーバが必要である。ダウンロードする場合は，内部にgetというコマンドが発行される。アップロードは，内部ではputというコマンドが発行される。アップロードとは，作成したＨＴＭＬファイルなどをサーバへ送信することである。アップロードしたファイル名の変更や削除も可能である。

⑦　ＤＮＳサーバ

インターネットで通信する場合は，ＩＰアドレスで相手を指定するためのサーバで，ネームサーバともいわれる。ＩＰアドレスは，各コンピュータに割り当てられた番号のことである。Webページを見るためには，ＵＲＬを指定しているが，コンピュータは「○○○.○○○.○○○.○○」という３桁ごとの数字で表示されているＩＰアドレスに置き換えられて通信が行われている。ＤＮＳサーバは，指定されたＵＲＬなどのドメイン名のＩＰアドレスが，内部の登録ファイル（ゾーンファイル）や過去の調査履歴（キャッシュ）にあるかどうかを探索する。ＤＮＳサーバは，探索を次々と繰り返し問い合わせる仕組みなのである。

⑧ **プロシキサーバ**

プロシキ（Proxy）とは，代理という意味である。プロシキサーバは，社内からのインターネットアクセスを代理で行うサーバであり，Web ブラウザと Web サーバの間に位置し，キャッシュというデータを蓄えている機能を使って，Web サーバへのリクエストを効率化する役割を持っている。

これらの他にも，ニュースサーバ，ファイアウォールサーバ，ゲートウェイサーバ，DHCPサーバ，ディレクトリサーバ，インデックスサーバ，サーチサーバ，ＲＡＳサーバ，認証サーバなどがある。そして，より高度なサーバとしては，電子商取引サーバ，プッシュサーバ，ＶＯＤサーバ，エージェントサーバ，モバイルサーバなどもある。

第2節　サーバを支える技術

サーバを構築する技術としては，次の4つが必要である。

① オペレーションシステム（ＯＳ：Operating System）

② ネットワーク

③ プログラム言語

④ クライアント

サーバを支える技術の１つにプログラム言語がある。その代表的なものがＨＴＭＬである。HTML の正式名称は，「Hyper Text Markup Language」であり，マルチメディアも扱えるハイパーテキストのプログラム言語である。最近のワープロソフトは，作成した文章を保存するときに「HTML 保存」を選択すると，そのままで HTML 文書が作成できる。

HTML の処理方式は，静的 HTML と動的 HTML の２種類がある。この両者の違いは，「プラグイン」の有無にある。プラグイン（Plugin）とは，MIME（Multipurpose Internet Mail Extention）形式に対応したデータだけを受信し処理する機能である。基本機能しか持たないブラウザの表示や再生機能を拡張するためにブラウザに組み込んで使用する仕組みである。プラグインとして，映像・動画（QuickTime shockwave vrml）データの表示や音声・音楽データ（wav au midi realaudio）の再生などの機能がある。ブラウザは，どの機種にも存在しない標準HTML文書を表示させるためのものである。その基本仕様は，文字データ（html）と限定された静止画データ（gif）が表示できる。プラグインとしてさまざまな機能をブラウザに組み込んでおけば，動画や音声ファイルを表す指示子である「vrml」「wav」のついたMIMEは，電子メールで，動画・音声・バイナリデータなどのマルチメディア・データを送信することができる。

動的HTMLは，ブラウザ（クラウンと側）にプラグインは装備されていない。HTML言語そのものが拡張されて，新たな機能や文法が追加され，対話型（インターラクティブ）の情報処理を行うことができる。それには「Webサーバ」に，C言語やVisual Basicなどによるプログラミングが必要となる。

対話型アプリケーションを利用するために，どうしてもプログラム言語が必要になる。そのためのプログラム言語がJavaである。その他にも，JavaScript，VRML，ActiveX，ＡＳＰなどがある。

JAVAは，対話型アプリケーションを利用するためのプログラム言語である。JAVAは，HTML文書を動的にさせることができる。JAVAは，アプリケーションプログラムファイルを，受信するだけではなく，ブラウザ側でそのプログラムをインタープリタ型に実行できるようになっている。インタープリタ型とは，プログラム言語の処理方式の１つであり，プログラムの命令の集まりで逐次実行方式として命令を１つずつ順番に解釈しながら実行していくのである。

Ｃ言語は，インタープリタ型ではなく，コンパイラ型という処理方式を取っている。コンパライ型は，プログラムの命令を，一括で解釈してから実行する方式である（「JavaScript」「HTML」「XML」「Perl」）。

① FORTRAN

FORTRANは，数値計算，科学技術計算に向いているもので，CAD／CAMなどの図形処理では，一大勢力を形成している。

② COBOL

COBOLは，ファイル処理や事務処理向けのもので，昔のビジネスではアプリケーション・プログラム作成には中心的な言語であった。しかし，今ではあまり役立たないプログラムになってしまった。

③ Basic

Basicは，初心者教育言語として，主に教育業界で多用されていた。この言語をルーツとして発展したものが，「Visual Basic」である。

第3節 トポロジー

トポロジー（Topology）は，位相幾何学といい，「ものごとのつながり具合を表現する概念」であり，「柔らかい幾何学」と呼ばれている。トポロジーは，いろいろな分野を横断して適用可能な普遍的概念を切り口にして，新しい学問分野を構築している。経営学や会計学，経済学，生命科学，情報科学，物理学などの分野を有機的にトポロジカルに連携させることができる。トポロジーは，幾何学なのであるが長さや角度といった物の形の詳細にとらわれることなく，物を構成する物質の連続性に注目している学問である。

従来，数学はいろいろな分野で使われていたが，それは主に定量的な定式化に用いられてきた。そのような数学の他に，定性的な状態を的確に表現できるトポロジーの考え方がコンピュータ同士のつながり方として使われている。

(1) スター型トポロジー

スター型トポロジーは，スイッチングハブなどを使用して構築する。メリットとしては，管理の集中化ができることにある。たとえば，サーバがダウンしたとしてもネットワークは，通常通りに動作するので，サーバやクライアントにあまり影響がない。そして，セキュリティの設定は，ポートごとに接続できるホストの制限やデータの暗号化，他のポートへの流出を防ぐことが行える。しかし，デメリットは，ハブなどの通信機器に対して攻撃がかけられると，機能が停止したときには関係あるセグメントやVLANが停止することとなる。また，シェアードハブを使用した場合，すべてのデータが盗まれる可能性がある。この対処方法としては，データの暗号化やホスト側で行う必要がある。これらの作業はすべてホスト側で行う必要があるために，多くの場合はハブの交換を行っている。

□図表8－3□　スター型トポロジー

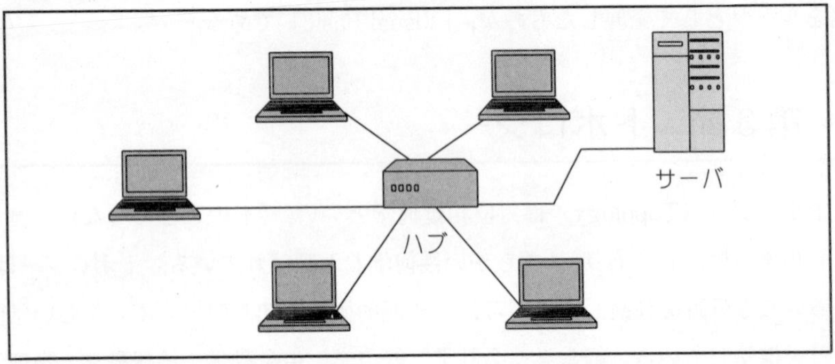

(2)　バス型トポロジー

このバス型は，クライアント／サーバシステムではなく，ディスクレスシステムなどで利用されていた。バス型のデメリットは，パケットの衝突が発生する可能性が高くなる。そこにクライアント／サーバシステムを動かした場合，サーバとクライアントで頻繁にデータ交換が行われるのでパフォーマンスが得られないときが出てくる。特に，ＨＴＴＰやＦＴＰといったプロトコルを使用するとパフォーマンスが低下する。しかし，バス型が利用される理由は，物理的な要因としてケーブルの距離や比較的安価にできる点が挙げられる。

セキュリティにおいてバス型の致命的な問題は，ネットワーク上のデータを盗聴することは非常に簡単にできることである。スター型と比べても防ぐことができないので，データを暗号化することしか残されていない。

□図表8－4□ バス型トポロジー

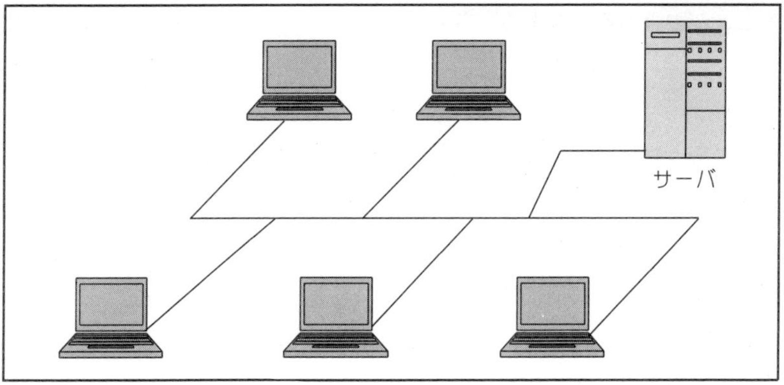

(3) リング型トポロジー

リング型は,障害が発生した場合の弱さが指摘されている。各ホストがリピータのような役割を持っているために,途中のホストが故障すると通信できなくなるホストが出てくる。このことは,セキュリティの弱さにもつながっている。

□図表8－5□ リング型トポロジー

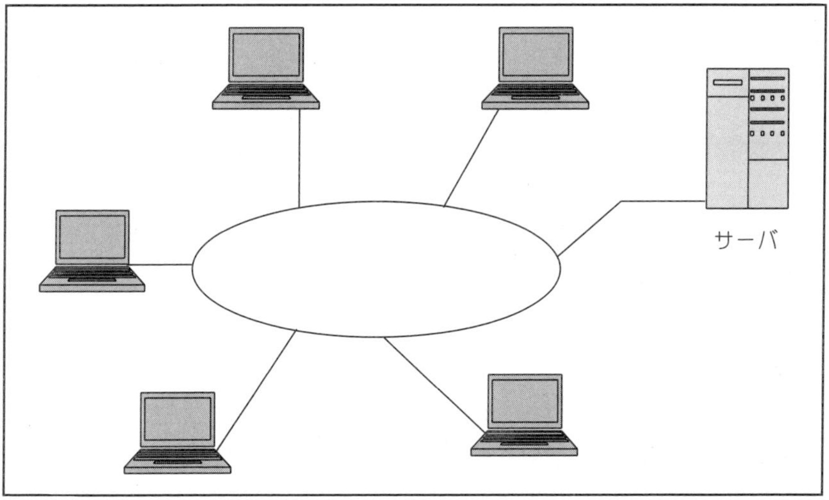

それは，特定のホストだけを攻撃するだけでネットワーク全体を利用できなくすることができるからである。さらに，途中のホストで盗聴することも可能である。

イーサネットとは，ネットワークの接続タイプの１つである。イーサネットの基本的な仕様は，1970年前後に，Xerox 社で開発され，1980年にＤＥＣ・Intel・Xerox の３社によってDIX-Ethrnet 規格としてまとめられ，IEEE 802.3により策定されたものである。イーサネットでは，10 Mbps の通信帯域を実現する。これは，通信速度ではなく，通信量のことである。

イーサネットは，ベースバンド（Baseband）方式でデータ通信を実現する。ベースバンドとは，１本のケーブルに１つのチャンネル（通信権）を供給するデジタル通信のことであり，同時には複数の端末からの送信はできない。通信端末は，通信権を確保できた場合のみ，データの送信が可能になる。

第４節　メビウスの帯（Möbius' strip：Möbiussches Band）

ネットワークのつながり方を見る場合に，半直線同士の関係で見てみる。半直線とは，１つだけに端があり片方には端がない関係のことをいう。半直線と似た用語として「直線」があるが，直線とは，無限に続くものと定義されている。「直線ＡＢ」とはＡとＢを通り無限に続くものを指している。また，「線分」とは，２つの端があり，有限のものである。「線分ＡＢ」はＡとＢの間だけを指している。そして，「半直線」は，１つだけ端があり，片方は無限に続くと定義されている。

社会におけるつながり具合をネットワーク接続という側面から考えると，ある意味で同じ線分の上にあると考えてみる。しかし，ネットワークは，発信者と受信者があって始めて成り立つ。しかし，この発信者と受信者は分断された関係である。それは，ある線分を半分に切ったときと同じように分断される。それは，０から１そして２と続く線分を１のところで切ったようなものである。

関係とは，分断されているのでつながりを作るのである。たとえば，1から2までの内で発信者の論理を展開して完結したとしても，受信者の論理としては，0からその端は0.999999…と無限に続いている端のない状態となる。すなわち，線分を分断すると半直線と線分に分かれることを意味している。ここからネットワークにおいて重要な関係性が落ちこぼれてしまっているのである。

□図表8－6□　商売における半直線と線分

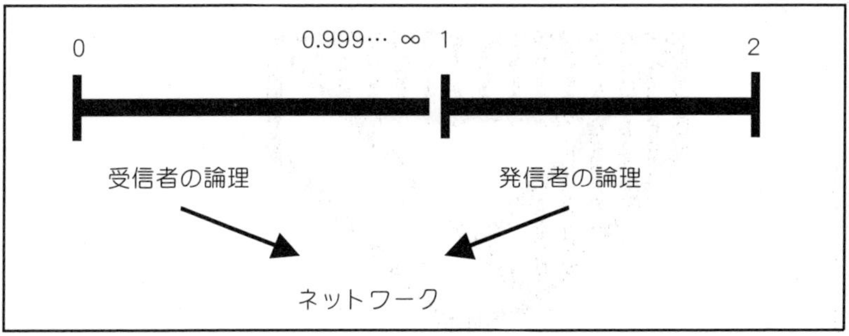

この落ちこぼれてしまったものは，受信者が，発信者に伝えなくてはならない情報なのである。発信者側の論理が厳密に論理立てて説明されていたとしても情報としてはネットワークにおける関係性において発信者側の情報は落ちこぼれてしまっている。

そこで，端というのを数学では「境界 boundary」と呼ぶのであるが，境界のない不思議な図形があり，その図形に落ちこぼれの関係性の復活を見る。それがメビウスの帯（Möbius' strip：Möbiussches Band）である。メビウスの帯というのは，ドイツの数学者メビウス・オーギュスト・フェルディナンド（Möbius, August Ferdinand 1790.11.17－1896.9.26）[1)]が発見したものであるが，裏表がないという性質を「向きづけ不能」という言葉で表現している。現在では，カセットテープ（エンドレステープ）やプリンターのインクリボンなどに使用されている。

メビウスの帯は，帯の片方の端をひねり，もう一方の端にくっつけたものである。「図形そのものは紙片を1回ひねって両端を貼り合わせた曲面で簡単に作れる」[2] ゆえに，メビウスの帯には裏表がなく，表と裏の区別がないという特徴がある。表と裏の区別がないというのは下の図の表面をなぞっていくと，いつのまにか裏側に出てしまうのである。このように表と裏の区別がないということを数学では「向きづけ不能」という。だからメビウスの帯は「境界のない向きづけ不能な曲面」であるといわれる。

□図表8－7□　メビウスの帯

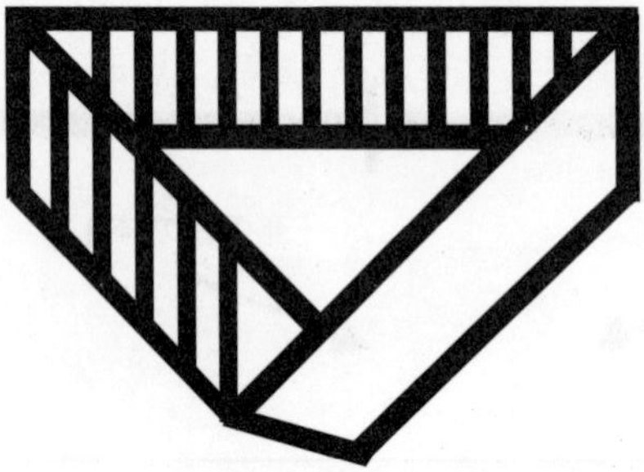

メビウスの帯の境界（端）を指でなぞってみると実は1つの閉じた曲線であることが分かる。閉じた曲線というのはこの場合輪ゴムと同じような，円周即ち円の端と同じ形である。したがって，帯の真中を切ると2つの部分に切り離されないで，1つのものになる。

ネットワークは，メビウスの帯のように，発信者と受信者は常に表と裏のように分断されているのだが，時間の経過や考え方が表を通っていくといつの間にか裏になり裏を通っていると表になっているという。これこそが真の「表裏一体」ということである。すなわち，「表裏一体」とは裏も表もあるが，表は裏で裏は表なのだということである。表であり，裏でもあるという混沌としていながら完結した世界の表現法が可能となる。まさに，ネットワークの関係性は，このような世界を現しており，発信者は受信者の立場を理解し，受信者も発信者を理解しあってこそ成り立つ関係なのである。この関係がシステムなのである。システムとは，物事がその反対のものとが対になってバランスを保つことである。ここでいうシステムとは，対立する両方の価値を認めて両方の融合・調和，または両者を超えた第３の所に真実があるとする考え方であり，いわゆる弁証法的止揚によるシステムを指している。弁証法とは，ものの対立矛盾を克服統一することによってより高次の結論に到達する発展的考え方であり，止揚とは，２つの矛盾した概念を一層高い段階で調和・統一することである。システムの認識論は，この止揚という関係性により成り立っているということができる。

〔注〕

1） 科学者人名事典編集委員会・大槻義彦（代表者）編『科学者人名事典』丸善，1997年

2） 瀬山士郎『トポロジー～ループと折れ線の幾何学～』朝倉書店，1989年，ｐ.22

第9章 ネットワークの歴史と組織

インターネットの普及は，企業組織に重大な影響を与えている。情報パラダイムと組織原理の変化という大きな潮流によって，今までの企業組織が，ピラミッド組織からネットワーク組織へと変貌しようとしている。今までの100年間の変化がここ10年間で起こったような変化である。情報通信社会は，歴史の転換点に立っている。

そして，21世紀の企業組織はどのように変化しようとしているのか。各企業が，次々と組織のあり方を見直す抜本的改革に取り組んでいる。

第1節　ピラミッド組織と電信機

今までの企業組織は，軍隊的なピラミッド組織が代表であった。軍隊組織といえば，上意下達，トップダウンという方式がピラミッド組織の典型である。軍隊組織は，上官の指示を待って，勝手な行動をとることを禁止している。この軍隊のピラミッド組織は，中央集権システムによって作り上げられている。

この中央集権システムを確立したのが，19世紀後半にヨーロッパ列強を次々と破ったプロイセンの軍隊である。プロイセン軍が活躍した時代は，産業革命が行き渡り，人口が爆発的に増加していた。毎年，徴兵制によって集めた数万人の新兵をどのようにして組織し動かしていくかという難問に挑んだのがプロイセン軍参謀総長であるヘルムート・フォン・モルトケであった。モルトケは，組織を人体になぞらえ，頭脳となる参謀本部のエリートが，戦場の部隊を手足のように動かす仕組みであった。それまでの，指揮官は戦場で直接，軍を指揮したのに対し，モルトケは戦場から遠く離れたベルリンの参謀本部から全軍を指揮したのであった。モルトケは，頭脳である参謀本部と手足となる戦場の部隊とをつなぐ神経として電信機に注目し，各部隊に電信隊を創設した。モルトケは，電信機だけではなく，後込め銃などの優秀な武器の使用や，新たな交通手段である「鉄道」を用いれば，早く兵員を輸送できることに着目した。そして，兵力を集中させないで，軍隊を分けて多方面から進撃させ，包囲攻撃を行った。それには部隊間の連絡を密にする必要があり，その時に新たな通信手段である「電信」も用いた。これらの最新のテクノロジーが勝因となっている。

この中央集権システムを可能にしたのは，19世紀の最先端テクノロジーであった電信機である。通信技術であった電信機を携帯用として利用したのである。そして，情報は，電信機により参謀本部に集まり，そこで意思決定された内容を命令として将校に伝えたのである。この将校の役割は，企業組織では中間管理職に当たる。

フォード社のルージュ工場の経営者であったヘンリー・フォードは，プロイセン軍の参謀本部を真似たピラミッド組織を築いた。自動車の大量生産方式を確立したヘンリー・フォードは，経営陣が考えた生産計画を末端の労働者に指揮・命令によって組織の運営を進めた。このときに，命令を伝達する役目として，プロイセン軍の将校に当たる役割を果たす中間管理職を作った。そして，工場の労働者は分業化された単純作業を繰り返し行うことが求められ，現場には権限は一切与えられなかった。ヘンリー・フォードの自伝には，「労働者は，会社の指示に従い，言われたことだけをやって欲しい。組織は，極めて分業化されているので，労働者が独自の考え（their own way）を入れることは一瞬たりとも許されない」と記されている。このピラミッド組織は，命令の鎖（Chain of Command）でつながれた組織であるが，大量生産に成功し，安い値段で次々と自動車を世に送り出したフォード社は20世紀の大衆社会に物質的な豊かさをもたらしたことは事実である。

20世紀の企業組織は，ピラミッド型として発展し，チャップリンが描いた「モダンタイムス」などがその典型として表現された。ピラミッド組織と個人の関係は，指揮・命令によって与えられた目標に向かって一致団結して効率的に運営され，生産性は向上して，経営陣に電話機や通信機であるアナログ・ネットワークにより情報が集中していた。そして，将校にあたる中間管理職は「期待される中間管理職」といわれ，機械のように働かされる行動様式を身につけていった。

あるべき姿を提示され受け身でその期待に添って機械のように働く。その中では，会社の都合に合わせて「何でもやります」というスタイルで中間管理職になっていくのである。そのために，業績悪化の際には真っ先に肩たたきの標的にもなる。組織にとってのあるべき姿を個人に要求してきた企業は，生産性が落ちたことで「期待される」という表現を取り除き，あくまでも組織にとっての効率が良く機械として性能のよい個人のみを重宝する。

そのために，組織への忠誠心以外に，これといってセールスポイントがない個人的キャリアのない人たちが生まれていた。皮肉なことに，ピラミッド組織がネットワーク組織へと転換しつつあるときに，企業が業績悪化するとピラミッド組織での中間管理職は，最もコスト高である社員として取り扱われた。このときに離職した場合，エンプロイアビリティ（就業能力）が低いために再就職には大変苦労をする。

したがって，今までのように会社に人生を預けるのはやめて，自らの職業能力を身につける方向に働き方を変えざるを得なくなる。20世紀の組織は，人を機械のように扱い固定的目標に向かってコントロール・システムで動かしていた。人間の脳のように，経営陣に全ての情報を集中し企業行動の意思決定を行い，従業員を機械としてコントロールするように運営した。

今,その組織が見直され始めている。電信や電話でのアナログなテクノロジーからインターネットに代表されるデジタルテクノロジーの変化によって，ピラミッド組織はネットワーク組織へと変貌を遂げている。従来のピラミッド組織を丸ごと引っくり返そうとしている企業やこれからは命令だけで動いていた従業員に自分の判断で行動せよというような180度の転換が求められる企業が現れ始めている。これらの企業の組織図は，直属の上司をバイパスするように線が書き込まれ，ピラミッドがゴチャゴチャになり，ネットワーク組織へと変貌しつつある。では，企業組織に大きな変革をもたらしたインターネット技術は，いつぐらいから始まったのであろうか。そして，そのインターネットと通信機から始まったアナログ機械との違いは何であろうか。

第2節　インターネットの歴史

20世紀の半ば，第二次世界大戦が終わり，東西冷戦構造が進化する中で，ソ連が大陸間弾道ミサイルの実験を成功させると共に，1957年10月に世界初の人工衛星「スプートニク」の打ち上げに成功した。その4年後の1961年に，アメリカは世界初の有人宇宙飛行に成功したが，完全に遅れをとった形となる。それは，ソ連からの大陸間弾道ミサイル攻撃の危険性である。1960年の大統領選挙で先端技術開発や宇宙開発などに積極派のケネディーが当選した。国防総省の中に設けられた軍事研究を推進する高等研究計画局（ARPA：1957年設立，後インターネット開発の中核を担う）や国立航空宇宙局（NASA）の規模や機能が急速に強化されていった。たとえソ連からの核攻撃があっても破壊されないコミュニケーション・システム（サバイバル・ネットワーク）を構築するという仮説にも税金を投入して研究を促進する時代が醸成された。

当時，アメリカのネットワークの代表は，AT&Tの中央集中型のネットワークである電話網であった。万が一基点が破壊されたときにはネットワークがストップしアクセスすらできなくなってしまうことが考えられた。1961年，アメリカのユタ州で3つの電話中継基地が爆破され，同時にアメリカの国防回線も一時的に完全停止した。この事件で，アメリカ国防総省は電話回線では，いざというときには役に立たないことを危惧し，ソ連の核攻撃にも耐えうる通信技術の開発をカリフォルニアのサンタモニカにあるアメリカ空軍創設のRAND戦略研究所に依頼した。

RAND戦略研究所は，核による攻撃で通信網が破壊されても，他の経路を探して迂回し，ネットワークに接続されているすべてのコンピュータが相互に通信できることを目的としたネットワークを設計した。

このRAND戦略研究所のポール・バラン（Paul Baran）は，1964年にパケットという小包をＩＰアドレスによって整理・統合するシステムの研究報告書「On Distributed Communications（分散型ネットワーク）」を13冊提出した。

それまでのコミュニケーション・システムは，電話回線網のように，いくつもの端局を総括局が統括するような，制御中枢を持つシステムだった。これでは制御中枢が被害を受ければ，全回線がストップしてしまうことは火を見るより明らかだった。

そこで当然のこととして浮上したのが,制御中枢のない分散型のサバイバル・ネットワーク構築という仮説である。最初の技術的な提案は，かつて税金で設立されたのだが国家機関でもなければ民間機関でもない非営利組織のシンクタンクRAND社のバランが「分散型コミュニケーション・ネットワークについて（1962)」を発表した。初期におけるもう１人の研究者が英国の国立物理学研究所のドナルド・ディヴィスが，今日よく知られる「パケット通信（交換）方式」の名づけ親である。1965年頃から対話型コンピュータ通信のためのパケット通信網の研究を始めた。1966年にこの研究の発表を行った際に，アメリカで同じ研究をしているポール・バランという人物がいることが告げられる。

ポール・バランは，コンピュータからコンピュータへの情報の塊を大きな荷物のまま届けるのではなく，パケットという小包に分けてバラバラに送る。このとき，すべての小包に同じ宛先であるＩＰアドレスを張っておけば分散されたネットワークの，どの経路を通っても小包は確実に相手先に届く。後は，受け取った側でバラバラの小包を元通りの大きなまとまった塊にする作業をすればよい通信できる。しかし，当時集中型のアナログネットワークを構築してきた電話会社には,バランの発想が理解できなかった。バランの分散型ネットワークの発想は，日の目をみないかに見えた。

しかし，このバランの発想が実現に向かって動き始めたのが高等研究計画局（ARPA）の３人であった。その１人は，アメリカ国防省の高等研究計画局（ARPA：Advanced Research Projects Agency，現在はDARPA：Defense

Advanced Research Projects Agency）の初代所長（1962−1964）であった，J.C.R.リックライダー（J.C.R.Licklider：1925−1990）である。リックライダーは，我々が現在使っているインターネットの基盤を作った人である。ノーバート・ウイナーのサイバネティクス理論に魅せられ，ウイナーの方法論を脳のシステム解析に応用する可能性を考えた人でもある。専門が心理音響学で，情報通信の正統派の出身ではないが，アメリカでも注目を集めるようになったのは1985年にハワード・ラインゴールドの「思考のための道具」が出版されて以降のことである。

米国の防空情報通信システムＳＡＧＥの開発に携わった経験を持ち，対話型コンピュータとそのネットワークの重要性を強く認識していた。リックライダーは，「コンピュータはコミュニケーションの道具」との仮説を暖めていた。そのことは『人とコンピュータの共生（1962)』や『未来の図書館（1965)』などに記されている。しかし，とても大事な文献だったが，最近になるまで誰も彼のこの文献については取り上げる人はいなかった。

２代目リーダは，グラフィックス・コンピュータを構想し，コンピュータは「人間の知性の拡張」という仮説を持っていたサザーランドが1965年の１年間を務めた。彼はその後，ＣＧ研究を主要テーマに据えたコンピュータ科学の大学院創設に奔走する。

３代目リーダは，リックライダーがサザーランドと共にNASAから引き抜いたロバート・テイラー（Robert Tayior）が引き継ぐことになった。ＡＲＰＡがインターネットの原点であるARPANET構築に予算をつけたのは，1968年のことであった。彼は実験ネットワークへの資金の供与を決め，1969年にARPANETがスタートすることになった。

ロバート・テイラーが，コンピュータを使った双方向型ネットワーク・システムを開発し提唱し，このネットワークはARPANETと名づけられた。

このARPAの情報処理技術室長であり，ARPANET設計の担当者であったラリー・ロバーツ(Larry Roberts)にネットワーク研究が委ねられた。ラリー・ロバーツは，マサチューセッツ工科大学から引き抜かれた人物であった。コンピュータはベンチャー企業のエンジニアのボブ·カーン（Bob Kahn）が製作した。

システムの開発は，マサチューセッツ工科大学のエンジニアによって設立された研究所が受け持った。この研究所のシステム開発者であったセビロ・オインシュタインは，情報を１つの場所から他の場所へ正確に送るシステムの開発を受け持っていた。コンピュータは，ハネウェル社が作った衝撃に強いもので，どのような攻撃にも耐えられるものであった。問題であったのは，電話回線につなぐための特別なインターフェースを付け加えることであった。

1969年９月にカリフォルニア大学ロサンゼルス校（UCLA）にルーターの元祖であるＩＭＰ（Interface Message Processor）の１号機を設置している。そして，10月にスタンフォード研究所（ＳＲＩ），11月にカリフォルニア大学サンタバーバラ校（UCSB）にそれぞれＩＭＰを設置して，12月にユタ大学が回線に接続し，1969年には，それぞれに設置された４台のコンピュータを結ぶネットワークが完成する。これが，インターネットの始まりである。世界で始めてinternetが繋がった瞬間だった。ただし，このときはまだインターネットという言葉は存在していない。このときに設置されたのは，ＩＭＰと呼ばれる24時間繋いだままの軍事用コンピュータのネットワークで，核攻撃にも耐えられるコンピュータであった。

1971年ARPANETは15ヶ所に23台のコンピュータを設置し，大学や政府研究機関を接続できるようにした。国際的に接続されるのは，1973年に英国のロンドンカレッジ大学やノルウェーの王立レーダー施設につながった。この1970年代は，ARPANETに参加できない大学や研究所でUSENET・CSNET・BITNETなど，ARPANETに類似するさまざまなネットワークが誕生した。

しかし，このときのコンピュータ・ネットワークは，いろいろな問題を抱えていた。その１つが，同じネットワーク同士は送信可能であるが，他のネットワークであるならば全く使用できないのである。つまり，コンピュータ同士の言葉の壁のようなものが存在していた。新しい言葉，ルールを作る必要があった。 UCLAでARPANETを目撃していたヴィント・サーフ（Vint Cerf）

は，新しい通信のルールTCP／IPを開発した。

ヴィント・サーフは，インターネットのプロトコル（通信方式）を考え出した人物である。このプロトコルであるTCP／IPは，世界中のすべてのコンピュータがお互い話せるようにするための２つの約束事である。つまり，ＩＰ（インターネットプロトコル）はハガキの住所のようなものである。郵便で送る住所も言葉がわからなければ，あて先には届かない。それは，インターネットでも同じである。そこで，ＴＣＰ（トランス・ミッションコントロール・プロトコル）という共通の送信手順である。これは，辞書のようなものを持たせて，言葉の壁を取り払おうと考えた。この２つの組み合わせによってデータ送信が確実になるのである。

TCP／IPというルールを使うことで，まったく違うネットワークでも会話が可能となった。このルールは，25年経った今でも世界中に使われている通信規約となっている。1974年の Vint Cerf（ヴィント・サーフ），Bob Kahn（ボブ・カーン）両氏の論文に初めて Internet という用語が現れる。

1972年にハワイ大学ではいろいろな島に散在しているキャンパスの間に ALOHANET という通信システムを構築した。これは，無線通信でチャンネルは１つしかないもので通信内容はパケットに分割され，各パケットは任意のタイミングで送信されるシステムであった。ゼロックスのパロアルト研究所のボブ・メートカーフが，ALOHANET を研究し，より高速で安価なネットワークである Ethernet を開発した。アラン・ケイは，このゼロックスの研究所で Alto というシステムに Ethernet を搭載したものを開発した。

1979年にはデューク大学とノースカロライナ大学を結んで，USENET が構築される。主に電子メールとニュースの配信を行うネットワークとして，大学などを中心に広まっていく。

1981年には，ＮＳＦ（National Science Foundation）は　ARPANET に接続されていない研究施設のために CSNET という独自ネットワークを構築する。1986年に NSFNET（アメリカ科学財団が研究用に作ったネットワーク）が構築された。

1984年にはNSFNETがARPANETとも相互に接続され，1990年頃までにはアメリカ国内のネットワークが相互接続されてインターネットの通信網が形成された。その後もネットワークは，更なる進化を遂げることになった。1989年，ヨーロッパ原子核研究所（CERN）に持ち込んだコンピュータは，互換性がないもので，論文の閲覧が不便であった。

スイスとフランスの国境にある欧州合同素粒子原子核研究機構CERN(Conseil Europeen pour la Recherche Nucleaire）の研究者であるティム・バーナーズ＝リー（Tim Berners－Lee）が開発したものが，1991年インターネットを爆発的に広めた要因となった，WWW（World Wide Web）の開発を挙げることができる。ネットワークを利用する全員が共通するソフトをパソコンに入れておけば，互いの文書を共有できるハイパーテキストを提案した。研究者たちは，この書式で論文を保存しておいて，時にはそれぞれを関連する書類をリンクさせておく。これが，WWW（Word Wide Web）と呼ばれるシステムである。そのシステムのおかげで，論文と付随する関連する資料を誰もが互換性を気にせず見ることができるようになった。書類の住所を表すものがＵＲＬ（Uniform Resource Locator：共通の文書名の表記）である。このアドレスの表記やルールを発案した。

インターネットにつないで互いの文書を共有することができるシステムを提案，インターネットにつながるすべてのサーバのディスクにある文書が簡単に相互に閲覧，転送のリンクが可能になるようにとプログラムを書き上げた。ＨＴＴＰ（Hyper Text Transfer Protocol：転送するためのプロトコル）とURLとHTML（Hyper Text Markup Language：共通の書式）とを考案し自作プログラム「WWW」を開発した。また，自分のコンピュータに作り上げる文書をホームページと呼び。これらを異なるプラット・ホームをコンピュータに普及させるために，その仕様書とメッセージをインターネットへと流し全世界へその情報を公開した。ただし，この段階ではあまり広がってはいない。

1992年にＵＲＬを世界標準に進化させたのが，イリノイ大学の学生であったマーク・アンドリーセン（Mark Andreessen）である。このシステムに共感し，文字しか表示されなかったものを改造し，画像や音声もつけられるようにしようと，1993年WWWに共感したアメリカ・イリノイ大学に在籍するNCSA（国立スーパーコンピューター応用センター）の学生たちが，WWW閲覧プログラム「モザイク」を開発し画像も表示できるようにした。ロブ・マックール，ジョン・ミッテルハウザー，アレックス・トティックらが，テキストだけであったWWWにグラフィックがつけばすごい未来がやってくると信じ，バージョンアップを試みた。できあがったのがWEBブラウザであり，それは「Mosaic（モザイク）」と名づけられたソフトであった。このモザイク（MOSAIC）が，現在使用されているブラウザの原型である。Windows・Macintosh・UNIX ワークステーションなどで動く各 Version のモザイクとサーバ用のソフトウェアを NCSA は無料で公開，インターネット人口が爆発的に増加した。基本ソフト（OS）UNIX の生みの親は，ルーセント・テクノロジーのベル研究所コンピュータサイエンス研究部門長を務めるデニス博士である。この「モザイク」というソフトは，1994年にインターネットを通して無料で公開された。

1994年，ジム・クラークはモザイクを開発したイリノイ大学の学生を勧誘しモザイク・コミュニケーションズ社を設立。WWWブラウザ「モジラ」を開発しインターネットで無料配布した（ただし個人のみ）。イリノイ大学のクレームでネットスケープ・コミュニケーションズ社に変更，WWWブラウザも Netscape Navigator へ変更し年間で2,000万人のユーザーを獲得した。

1995年 Microsoft 社もモザイクのライセンスを受け「インターネット・エクスプローラー」を開発し Windows 95と共に無料配布。いよいよ増してインターネットの人口は増え，日本でもブームとなる。

1997年，日本のインターネット人口572万人ほど，ドメイン名に「.jp」のつく日本のホストがネットワークウイザーズ社の調べで1997年1月にはアメリカに次いで第2位（約73万台）となり，ドイツ・イギリス・カナダを抜いた。国内のプロバイダも1,200社を超える新たなプロバイダが誕生し，郵政省のカウントでの総数は1997年4月の時点で1,645社にのぼった。

1998年，インターネット白書の調査で，日本のインターネット人口が1,000

万人を突破。さらに年末には1,385万人に達すると予想。

日本では，1984年に東京大学・東京工業大学・慶應義塾大学で，UNIX コンピュータを相互に接続する実験プロジェクトである JUNET から始まった。JUNET は，Japan Unix NETwork の略であり，日本国内で発足した学術情報ネットワークの始まりであり，その役割は，1988年に発足した WIDE に受け継がれた。

東京工業大学の助手だった村井純が，慶応大学とコンピュータ同士をつなぎたいと考えたことがきっかけであった。ところが，当時はコンピュータを繋ぐ手段として，黒電話しかなかったが，これを変えてはならないといわれ，電電公社（現在のＮＴＴ）との間に，「事業にしない」「不特定多数を対象にしない」「音声を送らない」という３原則を結ぶことでようやく，コンピュータ同士をつなぐことを許可してもらう。そして，1984年，大学を結ぶ電子 mail や news のサービスを始めた。1989年，JUNET は，USENET に接続された。

第３節　ネットワークの「つながる」性能

(1)　パケット通信

ポール・バラン（Paul Baran）の考えた「On Distributed Communications（分散型ネットワーク）」というのは，パケット通信によるネットワークである。このパケット通信について理解するためにはもともとの通信技術について述べておかねばならない。

分散型ネットワークによるパケット通信とは，郵便システムで利用されていた分散方式による集配局のネットワークと同じようなものである。郵便物に限らず宅急便でも小包（パケット）には差出人と宛名が明記されていて物流ネットワークに乗って配達されている。たとえば，交通渋滞などで通常のルートが使えなくても迂回ルートを使って小包は配達されるシステムになっている。パケット通信方式も基本的には同じ原理である。

通信技術には，アナログ通信技術とデジタル通信技術がある。アナログ通信は，信号を電圧の強弱の波で伝える通信技術であるのに対して，デジタル通信は，電圧があるかないかという２つの状態で信号を伝える。そのために，デジタル通信技術は，２進数で情報を伝達することが可能なものは伝送路の中をデジタル信号として送受信することができる。デジタル機器は２進数を使う２進法で情報処理が可能となっている。しかし，通信回線の中を電気が流れるのは同じであるが，アナログ通信では，１つの通信機器が通信を始めると，信号が続く波なので終了するまで回線が占有されてしまう。その点では，デジタル信号であれば２進数の情報を送信するので，それぞれの情報がどの通信機器のモノかが分かっていれば，デジタル信号を混在させて通信を行うことができる。

コンピュータなどで作成したデータや文書を１つの塊として保存しているのではない。デジタルデータとして細かく分割できる状態で保存できる。もちろん，通信でこのデータを送るときには細かくして分割して送信するのだが，受信したときには復元できることが前提である。そのために，分解した個々の固まりには連番を振っておくのである。この分割した固まりをパケット（小包という意味）と呼んでいる。

このパケット通信とは，送信するデータを適当な長さに分割して，それぞれに宛て先を示す情報（ＩＰアドレス）をつけて送る。パケット通信を使うと，ある２地点間の通信に途中の回線が占有されることがなくなり，通信回線を効率良く利用することができる。また，柔軟に経路選択が行えるため，一部に障害が出ても他の回線で代替できるという利点もある。一定の範囲でパケット当たりのデータ量が変化する可変長パケットが主流だが，ＡＴＭは53バイトの固定長パケット（「セル」と呼ばれる）で通信を行う。

たとえば，１つの回線の中を，ＡコンピュータからＡ′コンピュータへ送られる１番目のパケットの後をＢコンピュータからＢ′コンピュータへ送られる１番目のパケットが流れ，次にＡコンピュータからＡ′コンピュータへの２番目のパケットが流れるという具合である。すなわち，１つの通信の切れ目に他の通信のパケットが流れるために，大変効率的になった。１つ１つのパケットに宛先がついていることにより，１つの回線を使っていくつかのコンピュータが，データやメッセージを送り出しても，必ず正しい宛先に送り届けることが可能となった。

パケット通信はアメリカ国防省の研究プロジェクトである ARPANET で採用されたのが最初で，ARPANET から誕生したインターネットもパケット通信網である。この時代のネットワークは，大型コンピュータを複数の利用者が時間単位で使うというＴＳＳ（時分割処理システム）の時代であった。1970年代になると大型コンピュータだけではなくさまざまな種類のマイコンが登場して，ネットワーク概念も普及していく。コンピュータ同士を特定の地域内で接続するＬＡＮ（構内通信網）やＬＡＮを接続したＷＡＮ（広域通信網）などが発達し，それに伴ってTCP／IPも1970年代中期に開発されている。1980年代は，インターネットの登場ということになる。

このＬＡＮ（Local Area Network）は，各コンピュータにＬＡＮに接続するためのインターフェースであるＮＩＣ（ネットワークインターフェースカード）が装置され，そこからケーブルを使って中継機器であるハブに接続されている。ＬＡＮは，コンピュータによる通信ネットワークの最小単位でもある。

現在でも，ＬＡＮの仕組みは，変わっていない。インターネットは，コンピュータのデータを通信するために専用回線を使ってネットワークされているものである。パソコンから専用回線を接続するには，インターネットに接続されているＬＡＮ（ローカルエリアネットワーク）を介する方法と電話回線を使って接続する方法の２通りがある。

たとえば，大学や会社組織などのコンピュータから接続する場合は，ＬＡＮに接続されているので自分のＩＤを使ってネットワークにアクセスしなければならない。電子メールを利用する場合は自分のＩＤの設定が必要ということになる。使う電子メールソフトによって，ＩＤの設定方法は異なる。また，自宅のパソコンからインターネットに接続する場合は，ダイヤルアップ接続という方法で行う。ダイヤルアップ接続とは，電話回線などの公衆回線を使ってインターネットに接続する方法のことである。自宅のパソコンからは，インターネットの接続サービスを行っているプロバイダーと呼ばれる会社と契約を行い，接続会社のアクセスポイントを経由してプロバイダーの用意したサーバを通してインターネットに接続される。

このようにつながる2つの方法は，ＬＡＮによるイーサネット（Ethernet）方式が主流である。Ethernet は，1973年ゼロックス社が開発したもので，その後インテル社，DEC社が採用したために業界標準の通信プロトコルとなった。Ethernet の仕様は，たとえば，「100 BASE－T」＆TXなどと表示される。10 BASE－Tは，最大毎秒10メガバイト＝フロッピー 10枚分が１秒で送れることを意味している。

もう１つのダイヤルアップ方式である電話回線またはISDN回線・ADSL回線がある。また，携帯電話やＰＨＳ回線などの無線回線も利用できる。回線の種類によって，必要となる接続機器が異なる。インターネットが最初に使われたときは電話回線が多かった。電話回線を利用するときはモデムという機器が使用された。モデムとは，パソコンのデータを電話回線によってコンピュータネットワークでやり取りするための変換機である。モデムの性能は，音声データへの変換で決まる。最大毎秒56キロバイトのデータを受け取れる。K56 f l e x が一般的であった。１メガバイト＝1,000キロバイトだから１メガバイトを送るのに，最大スピードでも20秒程度かかる。ノートパソコンでは，内臓モデムやモデムカードが装着されている。このことを接続機能が内蔵型と外付け型とに分かれている。

ISDN（総合デジタル通信網）になると，データを正確かつ速く送受信できる。最大毎秒128キロバイトとなる。この回線では，モデムではなく，ＤＳＵ（回線終端装置）やＴＡ（ターミナルアダプター）の装置が必要となる。１つの契約で通話とコンピュータ通信やＦＡＸに使える２本の電話回線分の働きがあるので，インターネットを利用しながら電話が利用できるようになった。ＩＳＤＮ回線を利用するにはＮＴＴと契約して工事しなくてはならない。

また，ハードディスクやデジタル・ビデオカメラなどの大量のデータをやり取りするためのケーブルも統一できた。IEEE 1394（アイトリプルイー）ケーブル＝最大100メガバイトものデータが送れる。ハードウェアとデバイス類をつ

なぐものの最初は，

・ディスプレーケーブル　・キーボードケーブル　・マウスケーブル
・電源ケーブル　・モジュラーケーブル　・プリンターケーブル
・ＳＣＳＩ（スカジー）ケーブル

など数多くあった。ＳＣＳＩケーブルは，ハードディスクを増設するときに使用するケーブルのことである。しかし，このような接続が複雑な状態を何とかしようとして登場したのがＵＳＢコネクターであった。このＵＳＢの便利さは，ケーブルが一種類でよいということと，電源を入れたまま抜き差しできる。

⑵　TCP／IP

ヴィント・サーフ（Vint Cerf）が開発したTCP／IPとは，パケットの中身やデータの内容についての通信プロトコルであり，データの流れを制御するソフトウェアである。すなわち，ハードウェアに依存しない通信ネットワークが構築できる仕組みである。たとえば，Ethernet（イーサネット）という通信プロトコルは，ハードウェアに依存したものであるから，コネクターやケーブルの規格から，伝送路の中を流れる電圧やその送受信のルールなどを決めた独自のプロトコルである。そのためにＬＡＮなどの接続には別途のコードが必要なのである。

もともとプロトコルというものは，コンピュータや周辺機器などをつなぐものでもある。そのために，プロトコルを知ることは，コンピュータを知ることになる。このコンピュータ・プロトコルとは，つなぐ機械の種類だけ存在する。２つの種類の機械をつなぐには１つのプロトコルが必要となる。３種類の機械をつなぐには３つのプロトコルが必要となり，４つの機械では６種類のプロトコルになる。すなわち，プロトコルは，新しくできた機械ごとに作るのではなく，標準的なプロトコルを決めておきそれに合わせて機械を作るようにした。たとえば，ＩＢＭのＢＳＣプロトコルなどは，この設計思想により作られたものである。しかし，機械が大きく変わるとプロトコルは作り直さなくてはならなかった。

そこで，プロトコルを整理し，階層化することにより，機械に依存しないプロトコルが開発された。それを最初に提唱したのが，ＩＢＭのＳＮＡ（System Network Architecure：1974年９月発表）である。これは，細かく分かれていた多くの通信方法を統一的な考え方で通信プログラムやプロトコルを整理したのである。ＩＢＭがＳＮＡを発表した後は，富士通のＦＮＡ，日立のＨＮＡ，ＮＥＣのDINAなどのアーキテクチャーであるコンピュータメーカーはＳＮＡをキャッチアップしていった。その後，ＳＮＡをベースにＩＳＯ（International Standard Organization）がネットワークの体系を作成し，勧告することになって「ＯＳＩ（Open System Interconnection)」が構築され，プロトコルが国際的に統一された。

このＯＳＩは，７階層に区分されたプロトコルである。

インターネットやＬＡＮで使用される「TCP／IP」は，ＴＣＰという第４層のプロトコルと，ＩＰという第３層の２つのプロトコルを合成したものである。

1980年代の初めに，研究開発用のＯＳとしてUNIX の Berkeley Software Distribution UNIX のバージョンが，OSの機能としてTCP／IPを採用すると，

□図表９－１□　ＯＳＩのプロトコル

7	アプリケーション層	アプリケーションプログラムが規定するプログラムでどのうように情報通信するかを規定する。
6	プレゼンテーション層	情報の表現形式（文字コードや圧縮方法・暗号化など）を定義する。
5	セッション層	プログラム同士の同期など，対話方法
4	トランスポート層	エラー対応のプロトコル
3	ネットワーク層	ネットワークを選択するための定義。アドレス管理（機器の特定）
2	データリング層	電線でつなげた装置間のプロトコル。論理的に定義している。通信エラーにかかわる。
1	物理層	電気的な条件や接続するための端子の形状，ピンの配列などについて定義する。

単にARPANET用のプロトコルだけでなく，ＬＡＮとしてUNIXマシンをつなぐものとして使用されるようになった。UNIXマシンは，自立したマシンである。個々にＯＳを持ち，たとえ他のマシンとの接続が切れたとしてもそれぞれが独立して動作できるようになっているために，ARPANETから要求されたものを満たすプロトコルとしてTCP／IPが大変都合のよいものであった。

しかし，TCP／IPの開発は，他のプロトコルや標準の策定方法とは異なった方法で行われた。たとえば，ITU－TやIEEE，ＪＩＳなどが規定するプロトコルは，その組織の委員が各国や各企業の利害を取りまとめつつ規格を決めることができなかったために，ＲＦＣ（Request For Comments）という方法が使用された。ＲＦＣは，ネットワークを利用して規格を決定している。そのために，ＩＳＯで作成されたプロトコルＯＳＩよりも，ＲＦＣにのっとったプロトコルの方が多く世の中に広まっている。UNIXやパソコン用のＯＳは，ＴCP／IPをサポートしている。すなわち，ＯＳＩの7階層モデルは，開放型システム間相互接続の概念的に説明したものであり，7階層の考え方はプロトコルのバイブルとして現在でも広く支持されている。実際には，インターネットのプロトコルであるTCP／IPが，デファクトスタンダード（事実上の標準）として定着したと言える。TCP／IPをＯＳＩの7階層モデルに当てはめると，物理層とデータリンク層，ネットワークインターフェース層として，ネットワーク層，トランスポート層，そしてセッション層，プリゼンテーション層，アプ

□図表9－2□　ＯＳＩとTCP／IP

ＯＳＩ7階段層	TCP／IP 4階段層
アプリケーション層	アプリケーション層
プレゼンテーション層	
セッション層	
トランスポート層	トランスポート層
ネットワーク層	インターネット層
データリング層	ネットワーク・インタフェース層
物理層	

リケーション層をひとまとめにしてアプリケーション層と呼んでいる。つまり4階層しかない。

ＴＣＰやＩＰは，単体で動くのではなく，積み重なった（スタック）プロトコルが連携して通信サービスが起動するのである。インターネット層にあるＩＰは，上位のＴＣＰから受け取ったパケットを，下位層のネットワークインターフェース層にあるイーサネットに渡すときに，プロトコルごとに決められたインターフェース（手順）に従うのである。

□図表9－3□　プロトコルスタック

TCP／IP のプロトコルスタック	
アプリケーション層	telnet, ftp, HTTP, DNS, SNMP, SMTP, POP, NFS, NTP etc
トランスポート層	TCP, UDP
インターネット層	IP, ICMP, ARP
ネットワーク・インタフェース層	Ethernet, FDDI, PPP, ATM etc

1984年頃，TCP／IPを使った世界のサーバ数が1,000を超え，接続するサーバ名を列記してHosts ファイルが膨大となってきたので，新しいサーバ名参照システムとしてＤＮＳ（Domain Name System）が導入された。

□図表9－4□　ドメイン名の構造

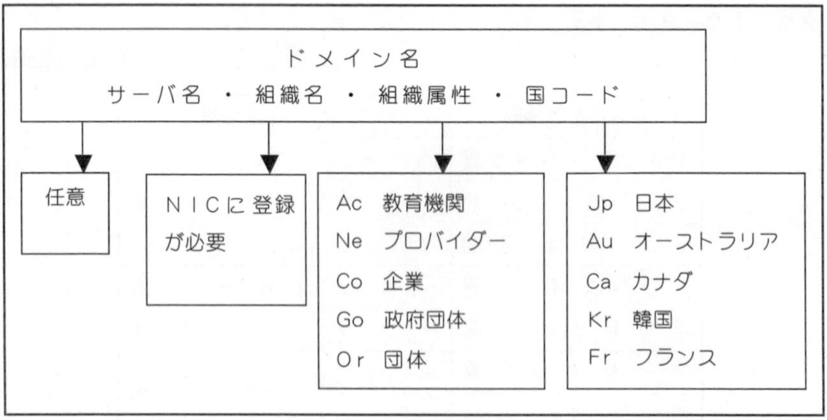

ＤＮＳにより，ＩＰアドレスの管理は進められたが，ＬＡＮ内の全てのコンピュータや通信機器にＩＰアドレスを割り当てるのは大変だし管理も面倒である。今までは，ＩＰアドレスをマシン固有のものとして固定する方法であったが，固定しないで接続のたびに動的に異なるＩＰアドレスを割り当てるという DHCP (Dynamic Host Configuration Protocol) という通信プロトコルも登場した。

しかし，TCP／IPは，インターネットやＬＡＮの普及によりアドレスの枯渇問題が生じている。IPv４の仕様は，1981年に公開されたが，1998年５月にＯＣＮへのＩＰアドレスの割り当てが一時ストップする事件が発生した。ＩＰアドレスは「2018年には不足すると予想されている」[1)]。一時は最長で2026年までは持つであろうとされていたが，最近は2006年ぐらいではないかという見方が有力になっている。現在のTCP／IPのプロトコルは，IPv４という32ビットのＩＰアドレスなのであるが，128ビットまで拡張できるアドレスが，IPv６である。現行のプロトコルはIPv４であるが，新しいIPv６は大幅に異なるプロトコルであるためにすぐに乗り換えることはできない。

IPv４のアドレスは32ビットで表現するということは，

２進数「11101010.11111000.00000001.00010000」

↓

10進数「202.248.1.32」

８ビットずつドット（.）で区切り，10進数で表現できる。

IPv４のアドレスには，「ネットワークアドレス」と「ホストアドレス」がある。ネットワークアドレスは，ＬＡＮのアドレスであり，ホストアドレスはＬＡＮに所属する１台１台のコンピュータを識別するアドレスである。ＬＡＮのアドレスであるネットワークアドレスを目標にデータを送り，ネットワーク内で仕分けはネットワークアドレスを受け持つ「ルーター」という装置に任せる。IPv４のアドレスは，日本では1997年頃までは「クラス」という単位で配布されていたが，現在は CIDR（サイダー）方式で割り当てられている。このクラスは，実務上は意味のないものになっているが，空間を表現する基準としては意味のあるものである。

ＩＰアドレスのクラスとは，32ビットをネットワークアドレスに８ビットとホストアドレスに24ビットを割り当てる形式を「クラスＡ」とするという分け方である。

□図表９－５□　ホストアドレス

	ネッワークアドレス	ホストアドレス
クラスA	8ビット	24ビット
クラスB	16ビット	8ビット
クラスC	24ビット	8ビット

クラス単位の分類では，IPv４のアドレスが可能な43億のアドレス空間のうち約半分が，クラスＡで独占している。クラスＡは，ネットワーク数が126設定でき,1,600万台のホスト数が設定できるように配布してしまう。そのために,それぞれ配布されたアドレスが，それぞれのＬＡＮでは使い切れずに余った状態になってしまっている。それゆえに，43億あるアドレスが使い切れずに枯渇するという事態が発生する。そのために，CIDR では，ネットワークアドレスとホストアドレスの境界を可変にして，ビット単位で設定するなどの手法で一時凌ぎではあるが，アドレスの枯渇を防ごうと考えられている。しかし，これらの処理は先送りでしかないであろう。ＩＰアドレスの構造そのものを見直す必要性があり，1990年代初めから次世代のIPv６が求められていた。ＩＰアドレスの空間を32ビットから128ビットに拡張して,アドレス空間をどう活かすかという局面に入っている。

128ビットの空間の表記方法は，16ビット単位の８ブロックをコロン（：）で分けて16進数で表記される。

1991年にティム・バーナース＝リー（Tim　Berners－Lee）が，WWW技術を発表した。これにより，インターネットやＬＡＮが一般的になった。WWWで提供される文書情報は ＨＴＭＬ（Hypertext Markup Language）やＸＭＬ（Extensible Markup Language）と呼ばれる言語を使って記述される。これらの言語で作成される文書の中には，インターネット上の別の場所にある音声や画像，テキストなどのデータのリンク先をＵＲＬ(Uniform Resource Locator)として指定できる。Web のクライアントはサーバに蓄積された文書は，ＨＴＴＰ (Hypertext Transfer Protocol) という通信手段で読み出してブラウザに表示する。情報提供者は，インターネット上に分散して存在する文書や画像の情報のうち，参照したいものを自分の文書からリンクを張っておく。利用者はマウスなどのポインティング・デバイスでリンス先を指定することにより，参照情報に効率よくアクセスできる仕組みである。

□図表９－６□ 回線の種類

電話回線	一般的な電話回線（アナログ回線）やＩＳＤＮ回線，携帯電話やＰＨＳなどを使った接続方法。
ＡＤＳＬ回線	電話線を使って高速に通信する接続方法。
ケーブルテレビ回線	ケーブルテレビの同軸ケーブルにデータを流す方法。
ＦＴＴＨ	光ファイバーを使って通信する接続方法。

インターネットの世界が，第２幕が開こうとしている。ＸＭＬという共通情報形式をベースに，ホームページで文字を中心とした表示だけの Web 1.0ではなく，ブログ（日記風の簡易型ホームページ）やＲＳＳ（更新内容の自動配信システム)，ＳＮＳ（ソーシャル・ネットワーク・サービス）などが，Web 2.0と呼ばれるネット新世代の手法である。ＳＮＳは, Web 上のコミュニティとして急速に発展している。2003年頃に，アメリカでＳＮＳが登場した。特に2004年初頭にグーグルの社員が始めた Orkut が日本でもインターネットの先進ユーザーを中心に話題になった。その後2004年２月に Gree と mixi と相次いで日本でもＳＮＳが始まった。

ＳＮＳとは，仲間内で自己紹介やプログを閲覧し合う会員制のサイトである。最大手のミクシィでは，すでにページを持つ友人や知人から招待状を受け取らないとネットワークに参加できないため，詐欺などのネット犯罪に巻き込まれる恐れが低い。登録後は，共通の趣味などを手がかりに気の合いそうな人を検索機能を使って探し，メッセージをやり取りすれば仲間を増やすことができる。

このミクシィの主な収益は広告収入であり，2006年３月期の売上は18億円で，純利益は５億円である。

ＳＮＳは，ネットワーク組織である。それは，不特定多数を対象にした情報発信ではなく，限定された人たちの交流が原則である。交流の道具はコンテンツは何でもよいが，現状はまだブログが主流であるが，今後は音楽や映像などにも広がり，電子取引も始まるであろう。ＳＮＳが，ネットワーク組織を考えるときに，ピラミッド組織との違いを明確にしてくれる。

第４節　ネットワーク組織と個人

新たなネットワーク組織では，情報が全体で共有され，従来ＴＯＰ層に集中していた権限が，組織全体に散らばる。そのために，その時々により判断をしながら，よく考えて目標を臨機応変に変えながら，目標を創り変え，現状を変えてゆかねばならない。そこでは，必然的にピラミッド組織のときの個人との関係とは違い，ネットワーク組織になってきたときの個人との関係は変貌してくる。

ピラミッド組織では，命令の鎖でつながっていたが，ネットワーク組織は自分の判断で行動せよという行動様式を個人に要求してくる。すなわち，命令されたことしかできないようでは個人としては能力がないと見なされるのである。各部署が，インターネットで結びついた網のような形に変化するということは，横のつながりや，直属の上司を飛び越えたつながりも生まれ，いろいろな命令が２ヶ所以上から来ると自分で判断しなくてはならなくなる。個人は，いろいろな命令という情報を判断し行動するには，いろいろな情報に対して意味が付与できる能力が必要となる。この意味が付与できる能力のことを主体性と呼ぶ。ネットワーク組織は，各個人がこの主体性を保持していることが条件である。

図表９－７は，ピラミッド組織に取り込まれた個人という関係を表した図である。ピラミッド組織は，経営陣に情報が集まっており，上司のいうことを聞いていれば間違いなかった。しかし，ネットワーク組織では，情報が経営陣に

□図表9－7□　取り込まれた個人

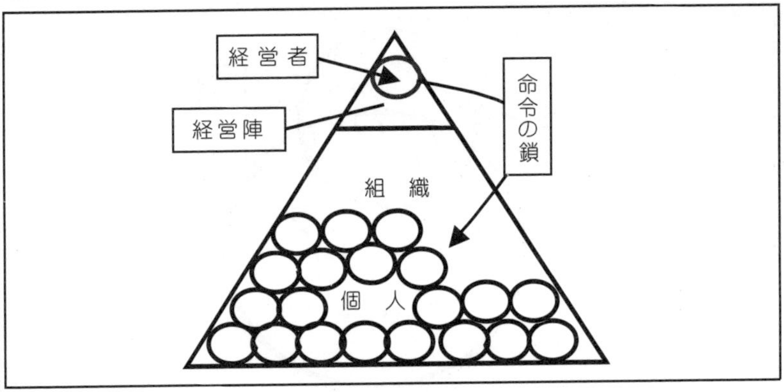

あるとは限らない。ゆえに，上司の言うことを聞いているだけでは，社会の変化には対応できない。たとえ，経営陣が「変革」をテーマにしても，現場はそんな簡単に変わることができない。現状維持の姿勢を崩すためには，大変多くのコストも，犠牲も伴うものである。それに，ピラミッド組織は，命令の鎖でつながり命令による役割分担を担っていただけなので，創造性や変革力がなくてもよかったのである。ピラミッド組織は，大量生産・大量販売のメカニズムにより機能するのである。その組織のテーマは，効率性であり，生産性の向上だけであった。

ネットワーク組織のテーマは，創造性であり，変革力である。この創造性や変革力は，個人の中にしか存在しないし，組織の中にはない。図9－8は，組織に参加している個人の関係図である。組織という営利機能の場に，個人という生活世界の場を持ち込むことにより，個人の創造性や変革力が発揮される。組織がシステムとして働くのは，その中の個人の活動があってのことである。場におけるネットワーク・システムには，人に言われてではなく，自分自ら参加している。

しかし，組織にとってみれば，個人は代替可能な存在でなくてはならないというパラドックスも含んでいる。組織は機能集団であるから機能としては，個人の入る隙はない。組織では，個人を機能としてしか扱われない。しかし，

□図表9－8□　参加する個人

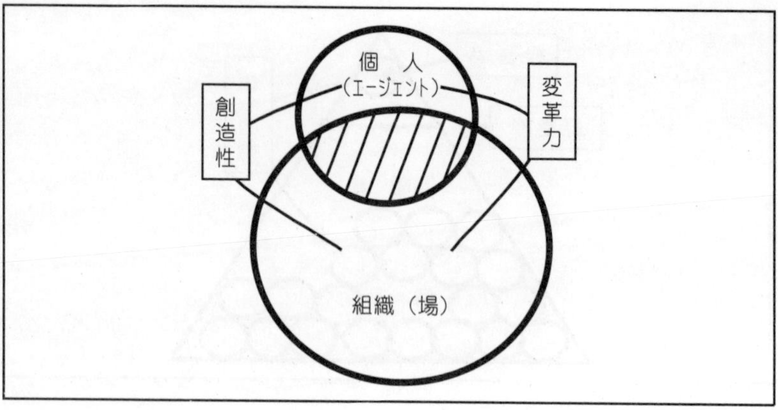

ネットワークという「場」としての人の集まりでは，個人も機能としてではなく扱われる部分も出てくる。ネットワークという「場」の中での個人を，主体性のある「エージェント」の存在として取り扱うことが可能となる。

たとえば，ある優秀な営業マネジャーが在任中に大変素晴らしい営業成績をおさめ，成長率は右肩上がりの好成績を残した。しかし，そのマネジャーが辞職した後は，営業成績が下り坂になっていった。もちろん，後任者の力量や市場動向も重要な要因ではあるが，ここでは，これらの要因には問題がなかったという前提である。業績面において立派な成績を残したことは，否定し難い評価である。しかし，組織にとっての営業マネジャーとしての役割は，誰が後の営業マネジャーに就任しても，同じ市場環境であるならば，以前と同じような営業成績を上げるだけの場のシステムを創造しておく必要があった。

これが，組織にとっての個人の役割なのである。すなわち，個人にとってみれば，場の中でその年の業績を上昇させただけではマネジャーとしての役割を果たしたことにはならない。この役割については，システムからの視点であるが，個人にとっては人材育成という視点でしか自分の存在感や充足感を感じることしかできないであろう。しかし，マネジャーが辞職した後に営業成績が下がるということは，人材育成システムもできていなかったことになる。これは，命令による営業体制でしかなかったという意味になってしまう。その組織の中において，そのマネジャーが本当に必要な存在であったかというと，業績を上げるというのは，現場の担当者の役割であり，マネジャーとしての存在は現在の経済状態での業績アップできるシステム形成がマネジャーの役割であり，マネジャー職としての存在理由なのである。

ネットワーク組織は，個人が１人で上げた成果よりも，プロジェクトがチームとして上げた成果の方が高く評価されるシステムである。このチームの中で人が育ち，個人１人がいなくなったとしてもその組織は高く評価されなくてはならない。個人の知識をみんなが出し合い情報共有することが，パワーにつながるという考え方である。このような組織では，メンバーたちも，昇進や待遇だけでなく仲間に認められることが働き甲斐になっている。

□図表９－９□　組織と個人の関係性

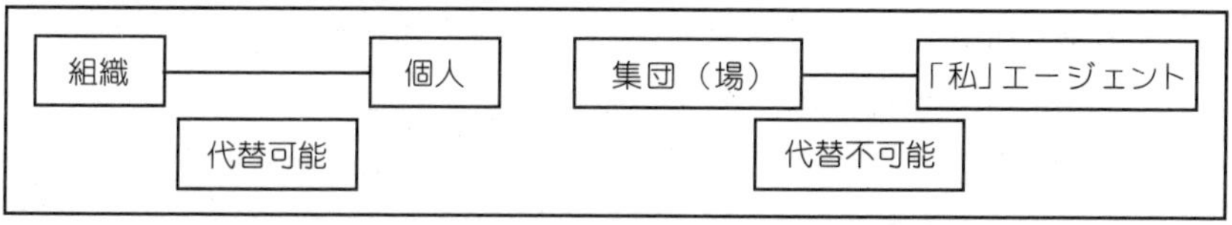

人が集まった状態は，群衆と集団と組織と「場」がある。群衆とは，ある駅に集まっている人々のようなもので，それぞれの人々がそれぞれの目的を持って，たまたまそこに集まっている状態をいう。そして，集団とは，ある目的の元に集まった人々のことをいう。ここでいう集団とは，一般的に使われる集団主義的な意味での集団を表現していない。集団主義で言う集団には，個人の存在を無視して，「赤信号みんなで渡れば怖くない」というような意味での集団を表現している。ここでの集団は，ある目的のために集まり，ベクトルが一致している個人の集まりのことを表現している。その集団が，役割を分担し活動し出すと組織となる。

組織の中の個人は，役割分担の中での活動として捉えるのが組織である。組織の中の個人は，個人の存在ではなく，役割としての機能が存在するだけなのである。すなわち，組織にとって個人とは，機能であっていかに効率的に生産性向上に結びつけるかが問題だけなのであり，その存在は，常に機械のように取り替え可能でなければならない。組織にとっての個人は，代替可能な存在として位置づけられている。

この集団は，具体的な人の集まりであるが，ネットワーク・システムを利用した人の集まりは，「場」としての集まりである。ネットワーク・システムでは，意思決定に影響を与えるような本質的な情報や湧き出てくるような本来の情報などによる創造性や変革力につながる情報を取り扱うことができる。場の中のエージェントは，機能としての人ではなく，創造性や変革力を生み出す原動力となる主体性を持っているのである。エージェントは，組織からの機能を担っているのではなく，エージェントそのものが主体性機能，関係性の機能，移動性機能などを持っている。主体性機能とは，状況に対して意味が付与できる機能を持ち，自らの知識と情報を活用して問題解決を行うという自律的機能や自発的に行動を開始するという機能をも含んである。関係の機能とは，情報ネットワーク技術は関係性の技術となっている。

場の中のエージェントは，人とエージェント，エージェント相互のコミュニケーションができる機能が備わっている。エージェントの存在が，関係性を生み出していくのである。この関係性を捉え直していくことが場としてのネットワークでの創造性と変革力を生み出す原動力となる。しかし，組織によっては，組織体質を変革するという役割を担わされることがある。すなわち，経営のベクトルが変革というテーマを掲げる。

これは，組織を機能集団としての機能の部分にだけ役割を設定するのである。実際にこの役割を遂行するにはいろいろな関係部署や内部の関係性から問題点が浮上してくるのが常である。それは，組織を機能面だけに注目し役割を設定しているので，ネットワークという場からの関係性を制御できない。エージェントはこの時に関係性を自ら作り出すという自己組織性を持っているために関係性重視が可能となる。

そのために，エージェントはネットワークを移動しながら状況処理することができる。移動することにより，通信量の削減や負荷の分散が容易にできる。

そして，移動先の情報に基づき，プランニングや情報処理を行う。この時にエージェントが失敗しても，失敗した根拠となった情報の更新を行い再計画することができる。

この組織変革という仕事には，場の中のエージェントが，経営のベクトルを見据えて，システムを形成していくことや秩序を変換させ秩序を創り直していくことなどの企業体質変換が，エージェントの存在理由なのである。なぜならば，場における働きかけがなければこの仕事は成功しないからであり，組織の中での機能役割の遂行だけではできない仕事なのである。

そこで，組織が経済社会や市場に参加するためには企業のベクトルが重要となる。このベクトルが，しっかりと打ち出せていないときには，個人がバラバラになってしまう危険性が存在する。組織に参加している個人が，最低しなくてはならないことは，組織へのベクトル合わせである。

ネットワーク組織では，画一的な目標を定め，その目標を役割分担したような組織では機能しない。画一的な目標だけが，ベクトルではない。ベクトルは，方向性であり，経営理念でもある。場の中のエージェントは代替不可能な存在として位置づけることができるためには，組織変革などのシステム形成などの貢献度こそが自己実在の証として存在できるのである。ゆえに，組織の創造性や変革力の原点が，エージェントに依存していることが理解できるであろう。創造性や変革力を生み出すのは，役割中心の組織ではなく，ネットワークフェーズを持った場であり，１人１人を重視したエージェントの存在である。

第５節　ネットワーク組織とインターネット

このようにネットワーク・システムの場におけるエージェントは，人とエージェント，エージェントと場との関係性を生成するシステムによって機能させる。ここでいう機能とは，機械的に働く機能ではない。関係する機能は，場としての働きとして取り扱っている。それは，情報の技術は，機械技術のようにモノと人とを分離させる働きではなく，人とエージェント，エージェントと場とを関係させる働きを持っているからである。エージェント同士で助け合ったり，お互いの知識を補ったりすることにやりがいを感じるのである。いいアイデアを出すエージェントは，周りの人から尊敬される。ネットワーク・システムにおける場は，エージェントとしての個人の裁量が大幅に認められる。

ゆえに，ネットワーク・システムの場は，場としての仕事の取り扱い方が重要視されてくるであろうという視点なのである。そして，個人もエージェントとしての存在感が重要であり，仕事も組織から個人に要求する仕事観ではなく，個人からアプローチする仕事観が必要となる。

図表９－10に示したように，企業組織もより広い経済社会という社会集団や市場に参加している存在である。社会や市場の要請に対して組織が貢献のスタンスを持って市場に働きかけ，要請そのものも創り出す。情報社会からの要請は，今までの工業社会からの要請に対処していた方法では通用しなくなってき

□図表９－10□　仕事環境からのMUSTとWANT

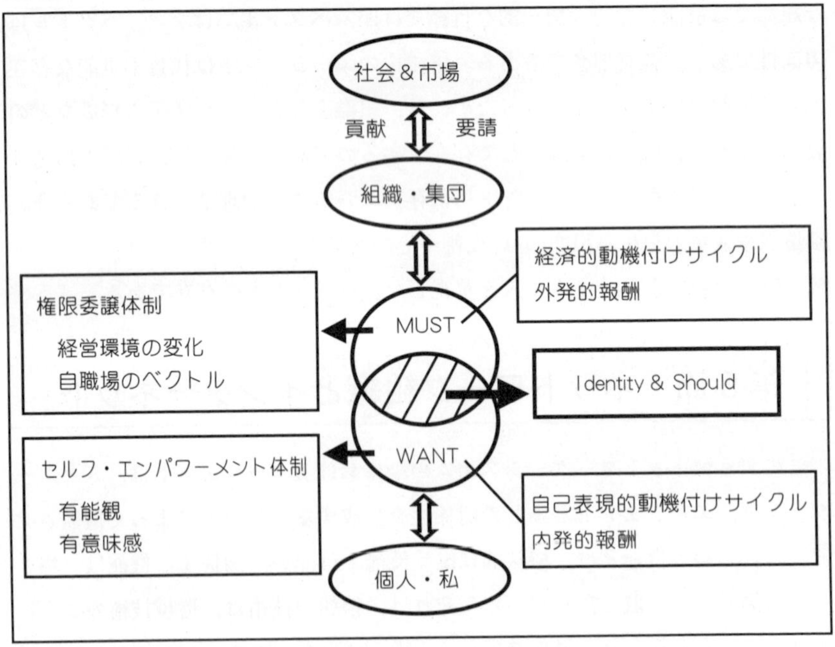

ている。それは，量を求められていた時代から量の中の質を求める時代へと変化している。新しい価値を創り出すことを志向する企業活動へと転換している。

情報社会は，ピラミッド型からネットワーク型へと変わり，終身雇用も段階的に崩壊している。その中では，組織から個人に対して，経営環境の変化に適応し，自職場のベクトル合わせをしなければならないという“ＭＵＳＴ”を要求するだけでは組織変革につながってこない。ピラミッド型組織は，貧しさに根づいていたために経済的動機づけサイクルを発動することにより個人に仕事に対するやる気を起こさせていた。しかし，ネットワーク型組織では，その“MUST”の中に，参加している個人の“WANT”を見出さなければならない。個人が仕事に対しての“WANT”の代表例としては，有能感を感じたいとか，有意味感を感じたいということにある。有能感とは，仕事に対して自分の能力をいかんなく発揮しているという実感とか，この仕事を通して自分の知識・技術や態度などの能力がアップするであろうと思う感じである。その時の動機づけは，自己表現的動機づけサイクルを回すことであろう。自分の知り得た情報をいかにして発信していくか，自分自身をいかにして表現していくかという個人から組織に対してのアプローチである。これを，セルフ・エンパワーメントと呼ぶ。

エンパワーメントを日本語で訳すと権限を委任することなどという「権限委譲」することのように訳される。しかし，エンパワーメントとは個人の力を引き出すことであり，権限が与えられたからこれから自己表現しますというものではない。個人から見て，組織全体を見渡してみて，今しなくてはならないものはこれだという判断は個人に委ねられていることである。ここでは，これを，あえてセルフ・エンパワーメントと呼ぶ。ポストや金銭的報酬が保証されていたピラミッド組織では，周りの人々の考えに自分を合わせるという反応的もしくは受動的行動で生きていくことができた。その組織では，権限が委譲されないと個人は行動することができなかった。

ネットワーク組織では，権限委譲されたという反応的行動ではなく，組織と個人は「お互いに必要としている関係」であり，「自分は何をしたいのか」「何を得ようとしているのか」といった表現的行動が基本要件となってくる。そこでは，受け身的な権限委譲体制がなければ行動できなかったピラミッド組織ではなく，主体的に自分たちの能力や意味を探し出すための行動が可能となるセルフ・エンパワーメント体制となってくる。ネットワーク組織は，権限委譲体制とセルフ・エンパワーメント体制の両方が必要である。権限委譲体制は，工業社会からの情報社会への転換期には必要な体制であり，セルフ・エンパワーメント体制は，情報社会での個人の受入態勢ができあがっていかねばならない。個人の受入態勢は，会社の期待や要請に応える役割行動だけではなく，働く意味を充実させるためや，自分の思いや有能さを明確にすることが必要となる。

そこで“MUST”と“WANT”の重なり合う接点が，ネットワーク組織に対して個人が求める自己存在の“Identity”である。ネットワーク組織が一番必要とするのがこの，“Identity”である。言い換えればそれが“SHOULD”やるべき仕事，すなわち天職とめぐり合ったこととなる。このことが，“IDENTITY：アイデンティティー：(主体性)”ということになる。“MUST”と“WANT”の接点が見つけられて，行動に結びつけられたときに「アイデンティティーの確立」といい，この接点がバラバラになっていくのが「アイデンティティーの拡散」というのである。ピラミッド組織とは異なり，ネットワーク組織は，自分の仕事や自分の居場所は自分で確保しなくてはならない状況となる。自分自身では何をすべきかを探さなくてはならない。その際に，個人に求められることは，やるべきことが決まっていない不安定な状況の中においても決して動じないという能力である。そして，一見関係がないと思われる情報や誰もが当たり前だと見逃している情報の中に，新たな価値を見出していく力が問われるのである。

個人の世界観や価値観に基づいて意味が付与できるということが，状況を主体的に解釈できる能力のことでもある。主体者とは，行為を起こすべき状況についての認識を探索し，イシューを確認し適切なテーマを設定して，それに基づく活動を意味づけることのできる意味形成者のことである。これらの能力を情報リテラシーの観点からマネジメントスキルとして理解するならば，従来の

□図表9－11□ ネットワーク・システムの情報リテラシー

	ピラミッド組織での能力	プラスされるべき能力
基本リテラシー	読み・書き，算術（演算処理），文字言語処理	解釈・表現・洞察・人工言語・映像・音声処理
情報対応	記憶（量的側面），情報処理	解釈（質的側面），情報形成
思考方法	論理的分析 ・演算（数理的手法） ・帰納（統計的手法）	意味付与 ・発想（発想法） ・解釈（解釈法）
問題対応	問題解決	問題設定

ピラミッド組織で必要な能力にプラスするものがある[2)]。特に必要なものが，情報に対する解釈力である。自分の居る状況に対する解釈やマルチメディアから発信される映像などの解釈が重要な要素となる。

テーラーの「合理人（Rational Man）」，経済学の「経済人（Economic Man）」，人間関係学派の「社会人（Social Man）」，サイモンの「管理人（Administrative Man）」などが人間モデルを想定したものであるが，ネットワーク・システムの人間モデルは，「情報形成者」ということになる。情報形成者とは，従来の，今ある問題を解決したり，与えられた目標を達成したりするだけではなく，周囲を巻き込んで「自らが考え，自らが行動し」状況を探索して，意味ある仕事を構想し新しく意味を立ち上げることのできる人々のことである。この情報形成者の能力で一番重要なのが場の状況解釈力である。それも，自分自身を場の中に入れ込んで全体を解釈できることなのである。

たとえば，従来型のデータベースは，人事や部品リストなど限定された範囲で情報を全て集め，その中から一定の条件を満たした情報を手早く探し出すツールであった。WWWは，元になるホームページから始めて，次々とリンクされたホームページをたどってさまざまな情報が得られるようにするツールである。すなわち，従来型のデータベースが閉鎖的な情報の集まりで内部整合性が重要であったのに対して，WWWは，オープンで変化する情報のつながりであり，多様性や広がりが重要なのである。ネットワーク型の組織原理は，情報の独占ではなく情報の共有なのである。一元的管理ではなく，当事者間のコミットメント（関わり合う姿勢）による誘発，多様な価値や意味が大切になる。すなわち，ネットワーク組織は，情報の共有化による自律分散型のシステムとなっていく。

現在の資本主義経済は，株式会社に投資した株主が経営者を指名する形であり，その経営者の下に上からマネジャー以下が任命されてゆく上意下達のピラミッド組織である。しかし，ネットワーク組織の考え方は，製造現場チームの代表がマネジャーとすると製造現場全体の代表の集まるマネジャー会が生まれる。マネジャー会の代表を製造マネジャーとするならば，製造マネジャーは営業マネジャーなど他の部門と共にマネジャー会を構成する。それが支社なら支社長会の代表が，本社の役員と共に役員会を構成し，その代表が社長となるような場となってくる。

従来のピラミッド組織では，上下の命令関係によって個々のメンバーの行動は，かなり制約されていたのに対し，ネットワークにおける場では，エージェント間は対等な関係であり，上司からの命令を待つのではなく，エージェント自身で考えて行動することが可能となる。この場合の，エージェントの情報行動は，エージェント自身の意思決定やネットワークを作っていく行動が必要となる。このネットワークの情報行動は，エージェント自身の主体性が確保され，アイデンティティーの確立が要求されている。

ネットワークにおける場では，エージェントの情報行動は，常に“MUST”と“WANT”に引き裂かれた状態に置かれているので，これを乗り越えることが重要なのである。そのためにも，固定化された目標管理に惑わされずに，自分自身で考え，問いを持ちながら行動することである。目標の中に固い目標と柔らかい目標があるとするならば，柔らかい目標を持つことである。柔らかい目標とは，相矛盾する価値を持って生活することでもある。例えば，安定しながら成長するとか，家庭を大切にしながら仕事をするというような価値観が重要となる。この生活態度には，「今何故あなたは，ここにいるのか？」という「問い」を持っていることである。ネットワークの情報行動は，その情報が本質的に何かという問う力が試されるのである。そして，答えは，過去の中に正解があるのではなく，問いの中に答えがある。その答えは，それぞれのエージェントによって違っている場合もある。それが，情報を創造していく原動力なのである。

〔注〕

1）「技術革新マップ⑾次世代インターネット」『日本経済新聞』平成11年１月14日付

2） 産能大学総合研究所『ＳＳＭに関する応用研究報告書－企業組織におけるＳＳＭの導入アプローチを探る－』1995年７月，ｐ.Ⅲ－14

第10章

ビジネス・ソリューション

第1節　ＩＣＴソリューション

ソリューション（solution）とは，コンピュータ・システム全体を指す用語で，問題解決のための情報システムのことである。元々の語源は，動詞のsolveで「問題を解決する・解答を出す」などを意味である。したがって，名詞形のソリューションを日本語に言い換えると「解決（法）・解答（法）」などの広義の意味になる。狭義のソリューションには決まった訳語はないが「システム構築による経営問題の解決」などと表現される。実際に日本語でこの用語が登場するのは，主に経営情報の分野であって，経営上の問題を，情報技術などを用いて解決していくという限定的な意味になり，具体的には，システム・インテグレータやＩＴコーディネータ，ソリューションベンダーなどが，コンピュータ・システムの設計を行い必要となるハードウェアやソフトウェア，通信回線などを組み合わせて生産，販売，顧客管理などに必要に応じたシステムを構築し，問題解決を提案，提供する行為を指す。

ソリューションという用語は，ＩＣＴ（情報コミュニケーション技術）と情報ネットワークを活用して企業内および対顧客におけるビジネスの問題解決のことであるであるために，ビジネス･ソリューションと表現し，ＩＣＴソリューションとも言われる。ビジネス・ソリューションやＩＣＴソリューションは，ベンダー（納入業者）や経営コンサルタントなどの業種がよく用いている。この語が多用される背景には，情報業界や経営の分野において，解決すべき問題が“複雑化”しているという事情がある。

情報業界における複雑化とは，システム構築の複雑さのことをいう。以前は，企業に導入されるコンピュータ・システムは，特定業者の独自規格によって設計されることが多く，構築や運用などが比較的容易であった。ところがその後，標準仕様でシステムの相互接続性を高めようとするオープンシステムの概念が一般化し，メーカーやベンダーに“システム構築の複雑さ”という困難をもたらした。これがソリューション多用の１つの背景になっている。

もう１つの経営情報分野における複雑化とは，ビジネス手法の高度化のことを指す。例えば電子商取引，サプライチェーン・マネジメント（ＳＣＭ），カスタマー・リレーションシップ・マネジメント（ＣＲＭ）といった新しい経営手法が，数多く登場している。このような高度かつ複雑な経営手法を実現するために，ビジネス・ソリューションという言葉が用いられているのである。

従来の企業のソリューションは，業務プロセスの改善が中心であったが，ビジネス・ソリューションは業務の効率化だけではなく，顧客まで含めた企業の抱える問題の抜本的解決を意識したものに変わってきた。従来の情報システムは，ＳＩ（システム・インテグレーション）により社内の業務システムを運用して情報を統合することであった。主な役割は，企業内業務の効率化と経営者の意思決定のための情報収集であり，社内ニーズの充足を目的としていた。ビジネス・ソリューションは，企業業務内の効率化や社内ニーズの充足ではなく，新しいビジネスの開発や経営革新を実現することにある。

また，ＩＣタグなどの出現により，ＳＣＭなどと結びつくことにより従来の情報システムからビジネス・ソリューションへと変化している。ＩＣタグを活用して，受注から製造，出荷までの各工程進捗状況をトレースして得られたデータをデータベースに蓄積し，加工して，各工程の進捗状況の詳細をリアルタイムにコンピュータ端末に表示すると共に，アラート機能，管理機能によってコントロールできるために原価低減が実現できるようになった。

それは，業務効率化という視点だけではなく，顧客まで含めた企業の抱えている問題を抜本的に解決しようというビジネス・ソリューションの考え方が重要となった証拠でもある。このような方向性の下で，ビジネス・ソリューションは，経営状況を把握し企業の全体最適を考える視点が提供できるようになった。そのことが経営意思決定に影響を及ぼすことができるからこそ経営の変革が可能になったのである。ビジネス・ソリューションは，ＩＣＴとネットワークを活用し，企業内および仕入先，顧客における問題の解決を通して，新しいビジネスモデルの創造と経営革新の推進が可能となった。

第2節　マネジメント・コンテクスト・アウェアネス

経営・会計情報の分野は，情報と意思決定の問題を主体的側面から探求することにより，これからの経営学に貢献することができる。そのために，経営・会計情報と意思決定についての関係性を探ることにより経営状況が把握される。「もともと意思決定は，行動の選択であり，情報も意味あるデータの「選択」である。データ→情報処理→情報→意思決定という流れは，情報の選択過程と呼ばれる」[1)]。特に，経営者の意思決定は，変化する環境に適応する際に活用すべき経営・会計情報に大きく影響される。この影響関係を明らかにすることが経営・会計情報の役割である。しかし，この役割は，意思決定において経営・会計情報の活用を問題にするという従属的関係ではない。経営・会計情報の活用とは，意思決定の問題そのものなのである。このことは，情報プロセスにより経営状況を把握すること自体が，意思決定過程そのものなのである。

ユビキタスネット社会では，ＩＣタグやＩＣチップなどの活用により「ヒト情報」「モノ情報」「カネ情報」「空間情報」「時間情報」を自動的に識別し，それに応じてカスタマイズされた情報サービスや環境制御を行うことをコンテクスト・アウェアネス（状況認識：把握；Context Awareness）[2)] と呼んでいる。コンテクスト・アウェアネスとは，コンピュータやネットワークが人間の生活の状況を認識することができるということである。これは，コンピューティングモデルの本質である。コンテクストというのは，「ヒト情報」や「モノ情報」，

「カネ情報」「空間情報」「時間情報」などの状況を理解することなのである。これらを，空間のコンテクストとして環境や居場所や定性情報も含めて自動認識することなのである。

このコンテクストを認識する基盤となるのが識別コード（ucode）である。RFIDやスマートカードなどの電子タグの技術開発や標準化が今後重要となる。このコンテクスト・アウェアネスを管理するためには，ミドルウェア（Middleware）の研究開発も必要となる。たとえば，電子タグの読み取り機（コミュニケーター）などがミドルウェアである。ミドルウェアとは，ＯＳ上で動作しアプリケーション・ソフトに対してＯＳよりも高度で具体的な機能を提供できるソフトウェアである。ハードウェアを動かすためのデバイス・ドライバと呼ばれるプログラムとアプリケーション・ソフトをつなげる機能がミドルウェアである。ＯＳとアプリケーション・ソフトの中間的な性格を持っている。このため，特定の分野でしか使われないが，その分野では必ず必要とされる。

また，ミドルウェアにはＯＳやハードウェアによる違いを吸収し，さまざまなプラット・フォームで動作するアプリケーション・ソフトの開発を容易にするというメリットがある。代表的なミドルウェアにはデータベース管理システム（ＤＢＭＳ）や，トランザクション処理機能を提供するＴＰモニター，分散オブジェクト環境を提供するＯＲＢ（オーブ：Object Request Broker：異なるマシン上に分散して存在するオブジェクトープログラム部品ー間で，データや処理要求などのメッセージをやりとりする際に用いられる仲介ソフトウェア）などがある。コンピュータの技術の進歩で今では，音声認識や文字認識，指紋認証，画像や音声の圧縮／伸張などの処理がミドルウェアで実現できるようになった。

ユビキタス・コンピューティングは，1988年に米ゼロックスパロアルト研究所のマーク・ワイザー氏が提唱したものである。しかし，東京大学の坂村健教授は，ワイザー氏の数年前から提唱していた。ユビキタス・コンピューティングが，すでに身の回りに組み込まれたコンピュータを利用する環境であるのに対して，ユビキタス・ネットワークは，さまざまな端末をいつでも，どこでもネットワークに接続できる環境を表している。このユビキタス・ネットワークの概念は，1999年に野村総合研究所（ＮＲＩ）が提唱したものである。

経営資源と経営資源情報とが共にあるという認識の元に，経営情報や会計システムを見ていくと，企業経営の状況把握のための認識方法であることが分かる。この認識方法がＩＣタグなどの道具を使い，原始的なデータをＩＣタグによって読み取ることによりコンピュータ内で自動認識することをコンテクスト・アウェアネスと呼んでいる。実際の経営資源が，システムの中を移動し変化することを認識すると共に，経営資源状況を表す情報も先行した形で識別し，システムによって現物を鏡に映しながら情報として認識することをマネジネント・コンテクスト・アウェアネス（Management Context Awareness）と呼ぶ。マネジネント・コンテクスト・アウェアネスとは，経営資源と情報によって現実の企業経営の状況を認識することをいう。すなわち，コンピュータで認識しているコンテクスト・アウェアネスと共に，実際に存在している経営資源も含めて認識し状況把握しようとしているものをマネジメント・コンテクスト・アウェアネス（ＭＣＡ）という。

ユビキタスネット社会における企業経営で重要なことは，マネジネント・コンテクスト・アウェアネス・メソッドを確立する必要がある。マネジメント・コンテクスト・アウェアネス・メソッドは，部門内や関連組織との状況改善・改革に対する顕在化・潜在化要求を探索するために，部門内および部門を取り巻く状況を「マネジメント・コンテクスト・アウェアネス・マップ（Management Context Awareness Map：ＭＣＡＭ)」として分かりやすくビジュアル化することで状況把握をしやすくできる。マネジメント・コンテクスト・アウェアネス・マップで描く状況は，部門の組織内での位置づけや他部門との関連や組織の構造的特性（管理の階層，権限関係，手続きやコミュニケーション・システム等）であり，関連する他組織（他部門や関連・関係会社）との状況，外部環境の状況とそれらに関連する人間模様共に，基幹系システムや情報系システムとの関連も重要となる。

このようなマネジメント・コンテクスト・アウェアネスを探索するには，ある状況の中に情報エージェントとしている存在と，そのエージェントのポジショニングを行い，その状況にエージェントを入れたままその状況を俯瞰し，客観的にエージェントの認識（解釈）に基づいて探索するのである。このときに，エージェントと状況を分離せずに，状況の内部から見ていることが重要である。このような状況の見方を「メタ思考」という。この「メタ思考」とは，高みからエージェントを冷徹に見極める見方である。すなわち，マネジメント・コンテクスト・アウェアネスを探索するためには，エージェントを客観化するメタ思考が必要なのである。コンテクスト・アウェアネス・マップに描かれている状況構造にエージェントの解釈を追加しながら，問題状況の内容を深める。

組織構造に基づく活動である意思決定過程や合理的意思決定のための情報伝達，リーダーシップの発揮とモラール・モティベーションの向上，コンフリクトの解決，環境変化対応への行動，活動のコントロールに関わる問題状況の探索を行うのである。この他にも，部門内の問題状況や組織の構造的特性に関連する人間模様，他組織との関連に関わる問題状況。パワー基盤やパワーの行使，利害関係に関わる問題状況の探索を行う。

また，マネジメント・コンテクスト・アウェアネス・マップの観点としては，現象としての不都合，不具合などマイナス面の事実などに気づき，関与者の価値観に基づく不都合，不具合やこれらを引き起こす原因などから探索を行う。また，関与者の期待，思惑，関与者の主観的な期待実現の目的，期待実現に関わる阻害要因などと共に外部環境による部門へのインパクトや制約事項などの項目が上げられる。この観点は，かなり主観によるものを入れているが，これらの主観をある状況の中で認識するために，メタ思考を利用するのである。すなわち，ある状況に主観的に意味づけしていくのである。

このマネジメント・コンテクスト・アウェアネス・マップにより，経営状況を把握として，現実空間にある「モノ」資源のコンテクストと「ヒト」資源のコンテクストと「カネ」資源のコンテクストが表現できる。それに，空間情報のコンテクストと時間コンテクストにより状況の全体性が認識される。このマネジメント・コンテクスト・アウェアネス・マップにより，情報が知識になり，知識が知恵になっていく。情報は，活用し，説明ができて始めて知識となる。情報だけを追っかけている状況では，把握ができない。状況把握することにより，実態はどうなっているのか，どこに問題があるのか，本質は何かを考えることができる。ゆえに，知識や知恵になってくるからこそ企業変革が可能となる。企業文化は，外部からの働きかけだけで変わるものではない。企業内部からも「変わる」ものであることを理解することである。情報を知恵に変えるためには，定性的な情報を『生きた言葉』で伝達し，情報を共有しなければならない。定性的な情報は，ＩＣタグなどを活用することにより経営情報システムに取り入れられるようになった。それにより，経営情報システムは，１つのまとまりを持った情報として，コンテクストやそれに伴う背景（バックグラウンド）と共に伝達され，情報が共有されることで正しい意味を伝えることができるようになった。

しかし，マネジメント・コンテクスト・アウェアネス・マップにより，「結論」や「要点」だけをまとめたものを共有しているのではない。「結論」と「要点」だけをまとめた情報には，コンテクストや背景が伝わってこない。特に，マネジメント・コンテクスト・アウェアネスを共有しようとするときには，「背景」を伝えねばならない。コンテクストや「背景」を伝えることは，全体性を伝えることになる。マネジメント・コンテクスト・アウェアネスを伝達し，共有しようとするときには，このコンテクストや背景を伴った『物語性（ストーリー)』のある情報として伝えることが重要なのである。このような物語性のあるマネジメント・コンテクスト・アウェアネスが，ＥＲＰやＳＣＭなどの総合経営情報システムと結びついたときに全体最適をシステムとして構築することになり，企業変革に最も大きな力を発揮する。

第３節　意味論的アプローチ

マネジメント・コンテクスト・アウェアネス・マップの見方には，分析方法と解釈方法の２つの方法がある。その１つの分析法は，分析率の変化から勘定科目の数値変化を見ることによってどのような意思決定がなされたかを知ることはできる。それは，因果関係を探索することによって分析するアプローチをとることになる。このアプローチが「因果律アプローチ」である。この因果律アプローチは，ある部分的分析率の結果数値を深く掘り下げて勘定科目数値変化まで原因探索することにより，ある意思決定による数値変化に辿り着くアプローチである。この特徴は，部分的，分析的，客観的，機能的，因果律的な手法である。あることの原因は何か，その原因は何かと次々に要素還元的に考える縦型思考ということもできる。縦型思考とは，「Aを操作するとBが起きる」という因果律を究明して，一般的な法則を見出そうとすることである。この法則を使って，世界をコントロールしようとするコントロール型思考を生んでいるともいえる。

もう1つの解釈方法は，ある数値の変化は「なぜ」起こり，それは，企業経営にどのようなメッセージとして捉えられたのかということを探っていくのである。マネジメント・コンテクスト・アウェアネス・マップを解釈するときには，時系列な変化を定量的に会計情報から捉え，その分析率がなぜ変化したのかということを経営情報から探索していくことによってストーリーに気づくことができる。このようなアプローチを「問いによる意味論的アプローチ」と呼んでみたい。これは，過去の数値変化と全体を見ながら，企業経営に対しての全体的なコンステレーション（constellation：星座・布置：振り返ってみると，いろいろな出来事が星座のように配置されて適当に置かれている様子と解釈する）からのメッセージとして受け取るのである。過去分析した数値から具体的な意思決定現象を捉え，コンストレーションを読み取ることである。すなわち，ある時期の意思決定状況を経営情報として物語ることによって，過去からのメッセージを読み取ることができる。このアプローチの特徴としては，全体的，解釈的，意味論的な方法である。これは，人間の意思決定に迫るためには，一度因果律で考えることを止めてみることが必要である。しかし，この意味論的アプローチはあくまでも因果律分析を補うものとして位置づけておくことが重要であることも強調しておかねばならない。

□図表10－1□ 因果律アプローチ ──

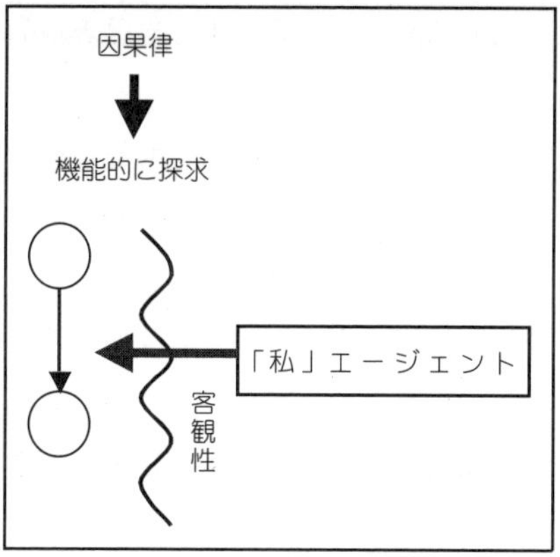

□図表10－2□ 意味論的アプローチ ─

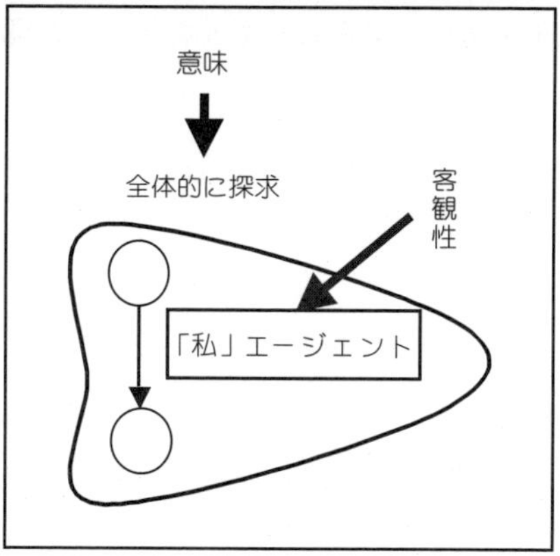

この意味論的アプローチは，エージェントを含めた要素間の横のつながりを考えるネットワーク型思考を促すものである。このネットワーク型思考は，あるものと他のものがどのようにつながっているかを理解し，全体を把握しようとするもので，何かをコントロールしようとするものではない。全体最適を指向し，サポート（支援）体制が基礎となる。企業経営を「私」という主体などを入れたエージェントの集まりである場であり，この主体的な存在のエージェントそれぞれに対してサポート（支援）体制を作り出すことに貢献できる。

図表10－1は，何か発生した状況を，人を介在させないで起こった現象を原因と結果に分けて機能的に探求している図である。この特徴は，エージェントである「私」が客観的視点で物事を見なくてはならないということが前提になっている。図表10－2は，何か発生した状況に，エージェントである「私」が介在して全体的に「私」を入れたまま，「この私」が全体を解釈してその意味を探索する図である[3)]。これは，発生した状況の中に「私」を入れた現象を客観的に見ようとすることで，人の主体性を入れているので真の意味で客観性が確保できているわけではないことを表現している。主体であるエージェントを入れたまま，その状況をそのエージェントが見るという自己言及的パラドックスに陥っている。エージェントやその集まりは，意思決定するという能動的

に活動するシステムである。この能動性はそれらがマネジメント・コンテクスト・アウェアネス・マップとして表現する形で判断し，行為をする自己表現的システムであることから生まれている。

このマネジメント・コンテクスト・アウェアネス・マップは固定的なものではなく生成的なものであり，新しいマネジメント・コンテクスト・アウェアネスに出合うと，適切に対応するための仮説を生成しマネジメント・コンテクスト・アウェアネスを新しくしていく。このような解釈方法は，ある問題を一般的に取り扱うために，まず人間がその一部として包摂されている「環境」を場所として定義して，人間が自分自身を含めて場所をその内部から記述するときの論理を考えてみる。

ここで生まれてくる問題は，対象となる場所の中に記述者（観察者）自身が含まれているためにこれまでの科学技術で使われてきた自他分離型の論理を使うことができないということである。「場所の記述には，まず場所の中にいる記述者自身が自己のいる所からその周囲を見渡して記述する「自己中心的記述」が必要である。……しかし，これだけでは自分自身を記述することができないから，まだ場所の記述ではない。そこで記述者が記述者自身をどう記述するかという「自己言及性」が大きな問題となる。まずこれまでの科学に広く使われてきた反省的な記述法を使って反省的な自己記述を行うとパラドックスが生じる。このことから場所の記述は行為的自己記述が必要になることがわかる。しかし，自己中心的観点に立った記述は不確定になってしまう。そこで行為的自己が場所中心的観点に立って行為的自己自身を超越的に見て記述する「場所中心的記述」がただ一つの論理的に可能な自己記述法である」[4]と，清水博がいう。このことが，「意味論的アプローチ」記述方法である。

情報の記述方法には，分析的方法として「因果律アプローチ」と解釈的方法としての「意味論的アプローチ」があるが，それは共に保管し合う関係にある。そして，意味論的アプローチとは，企業経営に関る意思決定がどのようになされているかということを探索していくことから始まり，その意思決定の過去の全体性からのメッセージを読み取り，物語っていくことにより全体的な情報の関係を理解できるようになるのである。

第4節　自己言及パラドックス（逆説：矛盾した事柄）

「場」の解釈力は，状況を客観的に述べることではない。ネットワーク・システムにおける表現方法は，エージェントをその場に入れて，その状況の情報を述べなくてはならない。それは，自分を入れ込んで自分を物語るということである。すなわち，主観的な要素が中心となり今までの客観性を重視した自他分離型の表現方法ではない。物語る者自身が，自己のいる所から周囲を見渡してその関係性を表現しなければならない。これを，「自己ポジショニングによる表現方法」という。しかし，これだけでは自分自身を物語ることはできない。というよりも，聞く人が理解しにくい欠点がある。

そこで，物語っている表現者が，表現者自身をどのように物語るかという「自己言及性」が大きな問題となる。今までのソリューションの手法として，広く使われてきた方法は自己反省であった。この反省的自己表現を使うと「自己言及パラドックス」に陥ってしまう。すなわち，ある問題状況の中で「私が悪かった反省します」といってしまえば，問題状況は何も変わらなくとも終わってしまう。ある企業の工場長は「物事を変革させるときには，自己反省はしなくてもよい。今の状況をどのようにしていくかが大切なのだ。」といっていたことがあった。

この「自己言及パラドックス」を説明するのは難しいことなのだが，敢えて表現するならば「自分自身を自分のポケットにいれてアスファルトの道を行く月」[5] といういい方ができる。つまり，全体はその部分を全体に含んでいなければならないことにあるという表現が，自己言及パラドックスということになる。すなわち，大変複雑な表現に陥ってしまうことなのである。自己言及とは，自己が自己自身を対象として表現するということである。

自己言及パラドックスとは，「全体はその部分に全体を含んでいなければならないことにあると分析している。このことが…情報のダイナミズムの源泉である」[6]。しかし，これを論理的に完全に実行しようとすると矛盾が出てくるのである。もう１つの例えで言えば「今までの話は嘘である。」とその話をした人がいったとする。この話が本当であった場合，「この話は嘘」が本当であるから嘘であることになる。一方，「この話は嘘」が嘘だとすると「この話は嘘」は嘘であるからこの話は正しいことになり，どちらを考えても矛盾が起きる。これをパラドックスという。このパラドックスは，この話をした人がこの話をした人を対象にして自己言及することによって生まれる。「今までの話は嘘である。」と語った人は場所的観点から話しているのだが，それを，自己中心的観点から語っていると考えることからパラドックスが生まれる。この話をした人のパラドックスのような論理的矛盾が生まれるのは，自己の構造を考えないからである。

自己には，自己中心的自己がもつ自己中心的観点と，それを超越的に眺める場所的観点という２種類の観点が存在している。場の中の自己ポジショニングからの表現方法には，自己中心的観点からの情報発信表現方法と自分の居る場の関係性を把握しながら場所中心的観点から自分を入れたまま別の自分が自分自身を客観的に表現する情報発信方法とがある。この場合の客観的というのは，真の意味での客観性を有していないという矛盾を秘めている。

モノに対しての表現には，パラドックスはないが人間のこととか，主体的なエージェントのことを考えるとパラドジカルになる。情報論の中で主観的要素が多く取り入れられるようになってくると，情報が情報を理解して進まざるをえなくなってしまう。ここに，情報社会のパラドックスが存在している。このパラドックスを情報論の中では，情報の自己解釈過程と呼んでいる。より簡単に表現すると，外部からの統制・管理やあらかじめ定められたプログラムに基づかないで，自分が自分を解釈しながら変化していくこと，つまり生きている現在進行形の状態に関連しているものだということである

このようなパラドックス状況の中で自分自身を入れ込んで社会を見ていくときに，大変な落とし穴がある。それは，教育学では，子供っぽい好奇心と呼ば

れるものである。これは，「悪魔に門戸を開ける4つの門」の1つとして教えている。それは，①仲間外れ，②孤独，③大酒，④子供っぽい好奇心，の4つである。この子供っぽい好奇心は，偽善につながっている。

たとえば，ある母親が，自分の子供が学校に行きたがらないと言って悩んでいた。その理由を聞いてみると，担任の先生があまりにも厳しくて宿題を忘れると1時間は立たせたりするらしい。それを聞いた母親は，このままだと子供が学校に行かなくなってしまう。そこで，学校から帰った子供を見つけては，「早く宿題をしなさい！」と説教調の文句をいう。すると，徐々に子供との関係が悪くなってくる。そこで，思いあまった母親は，このようになった原因は担任の先生にあるのだということで，担任の先生に一言いいたくなる。「うちの子が学校に行きたがらないのは，先生があまりにも厳しすぎるからではありませんか……」と。これを，子供っぽい好奇心という。

□図表10－3□　子供っぽい好奇心 ―

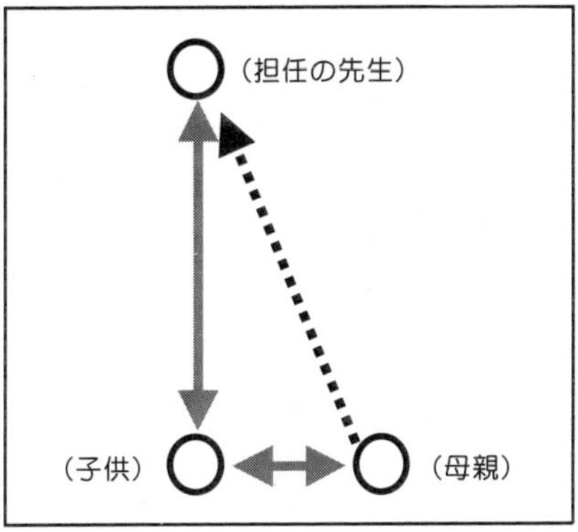

左の関係図を見てみると，厳しくされ宿題をしないで怒られているのは，担任の先生と子供との関係であることが分かる。この関係の中に母親が，子供の立場に立って担任の先生に一言いってしまっている。この立場の違いからの発言が，子供っぽい好奇心と呼ばれるものである。

母親が担任の先生に，一言いいたければ母親の立場から発言すればよいのである。たとえば，「最近，うちの子供が学校に行きたがらないのですが，どうすればよいでしょうか」と相談すれば何か返答があるはずだ。その時に，悩みを打ち明ければよいであろう。この時に，学校長に直談判するとか，社会問題にすることは，また違った視点での問題解決方法であるが，関係性を整理してからでも遅くないであろう。これは，別の問題として扱うことにする。ここでは，母親のポジションからの問題解決の方法が導き出されるのであるが，もし，子供っぽい好奇心を発揮して一言いってしまうと話が大変こじれてしまうことが理解できるであろう。

自分を場の中に入れ込んだときは，それぞれのポジショニングから問題を見なくてはならない。大切なことは，その時に自分の行為をどのポジショニングからどのように起こすかが重要なのである。これを「行為的自己表現方法」という。しかし，自己ポジショニングの観点は，その人その人によってバラバラなのだから，ある問題をどのポジションから発言しているのかが不確定になってしまう。そこで，行為的自己は，自分のポジションをはっきりと示して，自分を入れ込んでいる場所を中心に発言していることを示さねばならない。この観点を「場所中心的観点」という。

行為的自己が，場所中心的観点に立って行為的自分自身が全体を見渡しながら超越的に自己のポジションを見て物語らなくてはならない。この表現方法を「場所中心的表現」といい，自分をある状況に入れ込んだときの表現方法として，唯一論理的に可能な方法なのである。これは，仕事の流れを全体的に捉える観点であり，その仕事の中に自分を含めながら見ることのできる超越的観点の表現方法なのである。ネットワーク・システムにおいては，エージェントとしての主体的な行為的自己を入れ込んだ場所中心的観点から見た情報発信能力が必要となる。すなわち，場の状況を分析するだけではなく，自分なりに解釈しながら意味づけた情報を受信し，意思決定と行動に役立つ情報として発信せねばならない。そのためにも，今この場所で起こっている状況をそのまま見なくてはならない。この方法が，マネジメント・コンテクスト・アウェアネス・マップの解釈的方法の見方であり，自己言及的パラドックスに陥らない方法なのである。

しかし，オートポイエーシスによれば，マネジメント・コンテクスト・アウェアネス・マップの解釈的方法を用いてもでてくるパラドックスは，「存在するものは次に観察するときには認知できないものとなっている。それこそ真実であり，私たちは現実へ立ち戻ることができる」[7)] とある。これは，企業における経営情報システムとしてマネジメント・コンテクスト・アウェアネス・

マップを活用して，情報プロセスの未来に関する要素を入れたフィード・フォワード（Feed Forward）機能やビフォアー・バック（Before Back）機能を入れたとしても，常に遅れた状況判断であるということである。

第5節 「問いによる経営」

そこで，企業内部のものが経営戦略という目的に向かって活動するシステムだけを構築していても遅れた状況判断しかできない。企業経営は，目標手段連鎖だけでは企業システムを構築することはできないのである。その上に，経営計画と目標管理には，2つの落とし穴がある。その１つは過去の延長線上に未来を想定し，過去を「引き伸ばし」操作により計画をつくってしまう。混沌とした変革期においては，過去の成功事例は参考にはならない。フィード・フォワード（Feed Forward）とは，現在の行動が，未来を創っているのである。今を集中して生きることにより，未来を生成するのである。なるものになってゆくことである。そのために，フィード・フォワードを引き伸ばし操作により，現象を予知して対応策を立てるが，結果の影響については考慮しないことである。

もう１つは，未来を勝手に想定して，身勝手な夢を描き，そのために現在を手段として未来のために生きるのである。これは，未来からの「縮め」操作によりできあがっている。これを，ビフォアー・バック（Before Back）機能といっていた。未来目標に対して手段を選ぶという目標手段連鎖は，ビフォアー・バック機能である。フィード・フォワード機能をなくしてしまったイメージや未来を，経営戦略として目標にしてしまうと，現在を手段化して生きることになる。この未来は，自己認識を持って，現在の行動力に裏づけされたものでなくてはならない。今だけを生きているとか，未来だけを考え夢に慕っているという連鎖のない生き方のことである。連鎖がないのに，現在と未来だけに関係性を持ち，ビフォアー・バック機能のみで現在を手段化する危険性についてである。全体性との関連でビフォアー・バック機能を使用することである。

企業経営をシステムとしてエージェントが備えておかなくてはならないことは，自律的な自己認識能力である。これが，エージェント自らがコントロールすることができるシステムを持っていることである。生体のシステムとして自己コントロールするためのシステムは神経系システムである。このシステムを持っているエージェントは，企業経営の方向性に対し行動様式は折り畳んでいるのである。引き伸ばした行動様式や縮めた行動様式ではなく，折り畳んだ行動様式なのである。

折り畳んだ行動様式とは，ピラミッド組織での行動様式を終えることであり，上層部からの命令だけでの動きや，過去からの慣れ親しんだものや去りつつあるものを自分の中で認めるという行動革新を始めることである。今までの行動様式を変えることが折り畳むことである。単純に上から与えられた目標を管理し行動するだけでは成り立たない。１つ１つのエージェントからネットワーク組織に向けて，エージェントの主体性に基づき認識し，状況を解釈しながら意味づけられた目標に問いを持ちながら折り畳むことなのである。

その時のアプローチは，エージェントからのアプローチであるために，目標として受け取るのではなく，エージェントが場の全体からの状況情報として「今何故このことをやらねばならないのか？」と目標そのものを問うて見ることなのである。それが，命令であっても自分という主体により，よく吟味して取りかからねばならない。ここでいう吟味こそが「問い」を持つことである。それが，命令であったとしても，自分で意思決定を行うべきものである。

それが，ネットワーク組織で一番重要なことである。情報を活用するには“Why (問い)”がなければ使うことができない。組織からの“MUST”に対して「何故それをするのだろう？」というような“Why”を持ち，考えながら情報を解釈しなくてはならない。これは，目標管理ではなく，問いによる経営意識を１人１人の個人が持つ必要がある。これは，仕事のノウハウ（know How）を覚えることではなく，ノウホワイ（know Why）を考えることなのである。このノウホワイが，ネットワーク組織に創造性と変革力を持たせる。それぞれの企業も成長性よりも成熟性が問われている。目標を掲げてそれに向かって走っているだけではなく，今の仕事に「問い」を持ち，そこに答えを見出していかなくてはならないことを意味している。

マネジメント・コンテクスト・アウェアネスを解釈するときに必要なものが，「問いによる経営」である。我々の企業が何処から来て，そして何処に行こうとしているのかを企業の転機という視点で捉えると，自ずと答えが見えてくるであろう。答えは，問いの中に存在しているからである。

「経営計画は作らない……。」コンデンサー専業メーカーのニチコン（本社京都市）の武田一平社長は，「無理に目標数字を積み上げると，それを達成するために仕事をすることになる。それでは，時代の変化を読んで柔軟に対応できない」という。消費者や取引先の要望が変われば，それに合わせていく必要が出てくる。だが，計画に縛られれば，即座に対応できず，成長の機会を逃しかねない。「伸ばしやすい商品をどんどん伸ばしていく」（武田社長）という考え方だ」[8)] という。「変化対応型の経営」ということができるであろう。ただし，経営計画を作らないということを，計画がないと決めつけることはできない。例えば，３年から５年の先のことは何が起こるか分からないから，中期経営計画などの計画を作らないという意味である。

現代のような混沌としたユビキタスネット社会への移行期の時代には，遠い先のことは予測できない。さまざまな要因の相互作用により，状況が絶え間なく変化する。このような時代には，画一的な長期目標を掲げ，計画を作り，これに沿って行動を起こすには無理が出てくる。むしろ，絶え間ない目標の変更を重視することの方が現実的である。そのためにも，直感力と洞察力が要求される。単一の価値観にこだわりすぎると，人は臨機応変に目標を立てたり，変更したりすることができなくなる。むしろ，相矛盾する中心価値が両立していた方がさまざまな展望も生まれる。

ネットワーク組織の行動様式は，管理者から与えられた目標に向かって進むのではなく，マネジャーから与えられた資源と方向性に向かって，エージェントとして「問い」を持ちながら進むことである。そして，マネジャーである支援者は，資源と場と方向性を与え，被支援者をエージェントとして理解し，権限を委譲するというエンパワーメントを与えることである。そのために，マネジメント・コンテクスト・アウェネスにより状況判断する能力が必要となる。

このように，ユビキタスネット社会は，20世紀を特徴づける管理というコンセプトから支援というコンセプトへとパラダイム・シフトを起こしている。

しかし，マネジメント・コンテクスト・アウェアネスにより，状況判断し経営改革し続けることにより，企業そのものを折り畳みながら進むときには，支援システムの中に管理システムを導入することにより，より成熟したシステムができあがる。この折り畳むことのためには，企業の内部統制システムを導入することである。内部統制を日本版ＳＯＸ法によって強制されるのではなく，競争優位を勝ち取る経営システムを形成できるチャンスでもある。マネジメント・コンテクスト・アウェアネスができるシステムが，持続的企業形成を可能にする経営に必要なものである。今後の企業経営は，マネジメント・コンテクスト・アウェアネスできるためにも，内部統制システムを内包できていることが必要なのである。

〔注〕

1） 杉原信男『経営情報と意思決定』同友館，1994年，p. ii

2） 坂村　健『ユビキタス，TRON に出会う』ＮＴＴ出版，2004年，p.34

3） 河合隼雄教授京都大学退官最終講座より参考。

4） 清水　博「対象を分離せず「内側」からみる」『日本経済新聞』1994年12月19日付

5） 金子郁容『ネットワーク組織論』岩波書店，1988年，p.180

6） 金子郁容，上掲書，p.180

7） H. R. Maturana & F. J. Varela, *AUTOPOIESIS AND COGNITION: THE REALIZATION OF THE LIVING,* Dorderecht, Holland, 1980

H. R. マトゥラーナ・F. J. ヴァレラ（河本英夫訳）『オートポイエーシス～生命システムとはなにか～』国文社，1991年，p.53

8） 「市場が選ぶ日本の100社」『日経ビジネス』1998年10月５日号，p.26

第11章

企業システムとしての内部統制

日本版ＳＯＸ法（企業改革法）は，2006年（平成18年）６月に成立した法律であるが，このような名称の法律があるのではない。この法律の正式名称は「金融商品取引法」という。金融商品取引法は，企業が正確な財務報告を行うように社内体制を整備する「内部体制」について定めた法律であり，上場企業に内部統制を義務づけている。この法律は，財務報告の正確性を確保することが投資家の利益につながるために，投資家保護が目的で作られている。

しかし，内部統制については，今までも財務会計の分野で議論されてきた。特に，財務諸表監査の分野で用いられ，アカンウンタビリティー確保を目的として捉えられてきた。今までの内部統制は，経営者による経営管理の一環として捉え，経営者から下の資産管理業務や会計管理業務および業務管理というコンセプトであった。資産管理は，企業資産の保全であり，会計業務は，会計記録の正確性と信頼性の確保であり，業務管理は，経営の合理化または経営の増進である。

この内部統制が，金融商品取引法として新しくなってきた理由は，1990年代にアメリカで会計統制以外に経営の視点を全面的に打ち出したCOSOモデルが内部統制の新しいパラダイムを提示したことによる。このCOSOモデルは，経営方針や業務ルールの遵守，コンプライアンス，経営の有効性や業務の効率性向上，リスクマネジメントなどが対象となりコーポレート・ガバナンスのための機能と役割を強めたことによる。

そして，COSOモデルの考え方をさらに発展させようとしたのが日本版の内部統制モデルである。この日本版の内部統制モデルは，COSOモデルには触れていないＩＣＴとの関係を明記している。ＩＣＴは，内部統制の目的達成のために不可欠な要素と共に，内部統制の有効な判断基準になるとして，経営情報システムと会計学の有用性を付け加えている。

内部統制システムの構築目的は，社会情勢の変化に対応した制度作りにあり，企業運営の無駄を省き，安全性を確立することにある。ただし，内部統制の観点は，組織管理や経営管理からではなく，企業のレゾンレートル（存在価値）としての観点から，経営戦略や事業目的の遂行から捉えたソリューション・システムの構築にある。この内部統制システムは，企業経営の機動性の向上などを通して自由度の高い企業経営を可能にし，企業の活性化を図るという内部統制の目的と会社の業務が適正に，健全かつ効率的に遂行できているという業務報告によるディスクロージャーの制度とがセットとなってなり立っている。このように，企業活動のパラドックスの中での仕組み作りには一般システム論のパラダイム[1)]に切り替える必要がある。そのために，企業活動が複雑化，高度化する中での企業の内部統制システムの構築には，ＩＣＴの活用なしには不可能なのである。

第１節　内部統制を巡る事件

アメリカでは，エネルギー企業の大手エンロン社の不正会計事件を機に企業の内部統制に関する議論が高まり，2002年７月に異例の早さでＳＯＸ（サーベンス・オクスレー）法が施行された。この法律の正式名称は「Pubic Accounting Reform and Investor Protection Act of 2002」(公開企業会計改革ならびに投資家保護法）と非常に長いので，この法案を提出した議員の２人の名前から略称を「サーベンス・オクスレー法」と呼ばれ，その頭文字から「ＳＯＸ法」と表記されるようになった。

2001年の秋に，エンロン社が破綻し，アメリカ経済システムの信頼が大きく低下した。この事件が起きるまでのエンロン社に対する評価は，アメリカのエネルギー企業のビジネスモデルの新基軸といわれ，たぐいまれな金融技術，リスク管理能力そしてＩＣＴ技術を駆使して，エネルギーを主とするあらゆる財についてトレーディングを実践した。B to Bプラット・フォームの成功例ともいわれたインターネット上の取引市場「エンロン・オンライン」は高く評価され，エンロンのコア・コンピタンスとして世界中から賞賛されていた企業である。

しかし，2001年12月に大規模な決算の粉飾が行われ，好調な業績と見えていた裏で大規模な不正会計が行われていたことが発覚した。手口はいくつかあったようであるが，コアビジネス以外にも多角的に事業展開をし，同社の株式価値を担保とした低利の資金調達を行い，特別目的会社（ＳＰＥ）を利用することで本体の貸借対照表から資産・負債を切り離し見かけ上の姿を整えた。そして，業績不振会社や投資事業組合の連結外しが主なものである。結果，エンロンの株式や社債は，紙くず同然となり，多くの投資家が損害を受けることになった。

そして，2002年６月にはアメリカ通信大手ワールドコムで，さらに巨額の粉飾決算が発覚し，経営破たんした。これらの粉飾決算と経営破たんは，アメリカの企業会計に対する会計不信を招き，株式市場を低迷させることになった。このために，公認会計士の監査法人だけでは，企業の不正や違法行為を防ぐことはできないとして，企業自身の内部統制を強化する必要性からＳＯＸ法の制定につながっている。

日本の場合も米国と同じような事件が起こった。2004年10月に西武鉄道の有価証券報告書などの虚偽記載に関連する事件に始まり，カネボウの粉飾決算，ライブドアの脱税問題や偽計取引といった企業の不祥事が相次いだことから，財務諸表のディスクロージャーの信頼性を確保することが課題となった。ライブドア事件は，当時の経営者の裁判によりどのような結論が出てくるか分からないが，粉飾の手口として投資事業組合（ＬＬＰ）を利用して利益のつけ替えや還流を行い，連結の対象外の組合を利用したことが，エンロン事件におけるＳＰＥ（特別目的会社）の役割と同じような仕組みで，事件そのものが類似していることにより内部統制機能が働いていなかったことを重要視しておきたい。

これらは，最近話題になった事例だが，もう少し以前には，大和銀行のニューヨーク支店における巨額損失事件において，株主代表訴訟により内部統制を怠ったとして取締役に数百億円の損害賠償を認める判決があった。また，山一證券の場合は，歴代の経営者が巨額な損失を簿外処理して隠していたことにより，経営破たんし企業そのものが消滅してしまった。

第2節　アメリカに見る内部統制制度

内部統制の具体的な枠組みを最初に示したものがCOSOである。1992年にCOSO（The Committee of Sponsoring Organization：トレッドウェイ委員会支援組織委員会）が，米国で不正会計が多発したことを受けて，不正な財務報告の原因となる要因を識別し，その発生を減少させる勧告を行うために，米国公認会計士協会（AICPA）や内部監査協会（ＩＩＡ）と議論を重ね，「内部統制－統合的枠組み（Internal Control-Integrated Frame-work)」(以下，「COSO-IC」という）を公表したものである。

このCOSO-ICによれば，内部統制の目的は，

① 業務の有効性と効率性

② 財務報告の信頼性

③ 関連法規の遵守（コンプライアンス）

である。この3つの内部統制の目的を示した上で，内部統制の定義は，これらの「目的達成に関して合理的な保証を提供することを意図した事業体の取締役，経営者およびその他の構成員によって遂行されるプロセスである」としている。この定義にある「合理的な保証」とは，目的にある業務の有効性と効率性のバランスをとることである。有効性と効率性は，トレードオフの関係にある。品質の良い製品を生産して有効性を高めても，採算に合わないような多大な資源を投入しても効率性は悪くなる。このバランスをとれるような合理性が働くシステムでなくてはならない。すなわち，合理的な保証とは，目的達成を保証することではなく，経営管理サイクルである計画（Plan)，実行（Do)，監

視（See）がシステムとして機能していることを保証することなのである。この状況を診るために必要な具体例は，○予算，業績管理，○生産，物流，購買管理，○顧客管理，○人事管理，研修制度，などである。

財務報告の信頼性とは，企業の財政状態，経営成績，資金状況に関する情報，投資判断に関する経営環境やリスクに関する情報を正確にタイムリーにステークホルダーにディスクローズすることである。上場企業は，市場から資金を調達し，その資金を運用して事業活動を行っている。その事業活動の結果を客観的な数字で表示したものが財務諸表である。それを市場に報告するのが有価証券報告書である。この報告書は，正しいものでなくてはならないし，虚偽の報告は市場を裏切るものとなる。そのために，財務報告の信頼性を確保することが，内部統制の重要な目的となっている。この状況を診るために必要な具体例は，○経理制度，経理組織，○経理基礎データ準備，○財務諸表作成プロセス，○決算開示プロセス，などである。

また，内部統制は，不正をしないシステムでなくてはならない。したがって，全ての従業員がコンプライアンスに従わなくてはならない。定義にある事業体の取締役，経営者およびその他の構成員全ての参加によって遂行されなくてはならないとある。構成員である従業員はもちろんであるが，取締役から監査役および経営者自身も内部統制の構成員になっている点が，以前の内部統制との違いである。以前の内部統制は，経営者より下に対して統制している仕組みであったものが，新しい内部統制では，取締役から経営者まで含んでいるためにシステムとしては，自己言及的システムであるということができる。この状況を診るために必要な具体例は，○会社法，証券取引法，税法，○情報セキュリティ関連法規，○環境，エネルギー規制法規，○輸出関連規制法規などである。

そして，内部統制の構成要素は，

①　統制環境　　②　リスクの評価　　③　統制活動
④　情報と伝達　　⑤　監視活動（モニタリング）

という相互に関連した5つからできている。

・　統制環境は，内部統制の基盤となる組織の状況である。組織の文化やその企業の風土，価値観などが，内部統制を形式だけに終わらせないものがあるかどうかである。そのためにも，組織体制や社風，企業能力についての要素や責任と権限の割り当てや他の構成要素の統制基礎などの要素がある。具体的項目としては，○倫理規定，従業員規則，○取締役会，監査委員会，監査役会，○人事方針，研修方針，などである。

・ リスクの評価は，企業が事業を行うに当たって，工場の事故や他社による新製品の投入や仕掛けられたM＆Aだったり，さまざまのリスクは業務の有効性や効率性を脅かしたり，財務報告に影響を与えるであろう。これらのリスクを洗い出し，分析することをリスク評価という。具体的項目としては，○事業目標の設定，○中期経営計画，予算編成の方針，○環境リスクの認識と評価，○変化への対応方針，などである。

・ 統制活動は，経営者や管理者から命令や指示が実行されるための方針や手続きのことである。具体的には，業務マニュアルや規定類，書式といった業務に関するルールや基準などである。現場の従業員が自分の判断でバラバラの行動を取るようになると，内部統制は有名無実となってしまう。具体的項目としては，○予算統制，業績管理，○受注管理，購買管理，○固定資産管理，資金管理，○決算，連結決算，などである。

・ コミュニケーションは組織を構成する上で必要不可欠な要素である。業務を遂行する上で，情報を発信する人との間で伝達されなければならない。情報がうまく伝達されていないと，内部統制が組織内で周知徹底させることはできない。具体的項目としては，○取締役会，経営会議，○全社業績報告会議，○受注実績報告，損益報告，○内部通報制度，などである。

・ モニタリングは，上記の活動が，見直され改善される必要がある。経営環境は，常に変化し，経済情勢などの外部環境も変化している。そのために，既存の業務の見直しや新規業務の取り組みなどの内部環境変化により内部統制のあり方も変化しなくてはならない。具体的項目としては，○セルフアセスメント，○経理部による事前審査，○内部監査制度，○外部監査制度，などである。

このような目的の3つと構成要素の5つの組合せが，COSOの内部統制のフレームワークとして示された。このフレークワークは，今までの内部統制が内部けん制という概念で捉えられ，従業員に対するコントロールであるとされていたが，取締役会および経営者責任として行うべきものであるとされた。このことが，経営者も含めたコーポレート・ガバナンスとして内部統制を捉え直すことになったのである。

COSOが世界で注目されるようになり，グローバル・スタンダードとしての位置づけを確保しだしたと同時に，リスクに関しての意識が高まり，トレッドウェイ委員会は，2003年に新しいCOSOのフレームワークの公開案を提出した。これを，“COSO ERM（Enterprize Risk Management）”といい，全社的なリスク管理であり，事業戦略の立案にリスク管理のプロセスが適用されるようになった。リスク管理をするということは，事業戦略を行うことであり，企業での目標達成に役立てようとするものである。そのために，この新COSOのフレームワークは，内部統制目的を4つに増やし，構成要素も8つにしている。

内部統制目的は，次の4つとした。

① 戦略目標　② 報告目標　③ 業務目標　④ 法令遵守目標

そして，構成要素は，以前の5つにプラスして，○目標設定，○リスクの特定，○リスク評価，の3つをプラスしている。つまり，経営者は内部統制を経営戦略の一環として考えるということを示唆している。リスクマネジメントの強化のために，自社に存在するリスクをすべて洗い出して認識するというリスク特定が追加され，このプロセスにより，リスク評価されることになった。リスク対応とは，リスクによる損害から企業を守るために，リスク管理策を策定することになる。リスク管理策とは，リスクの回避であり，軽減であり，転移，受容などがある。

リスク回避とは，想定されるリスクを失くしてしまうことである。たとえば，売掛債権を現金回収している場合には，盗難や紛失リスクが発生するので，銀行振込みにすればリスクは回避できる。リスク軽減とは，リスクからのダメージを少なくすることである。売掛金や受取手形に対して貸倒引当金を設定することなどである。リスクの転移とは，リスクを第三者に移転することで，在庫商品に対して保険を掛けることなどである。また，リスク受容とは，リスクに対応の評価のより，リスクの大きさとかけるコストのバランスによって，最後はリスクを受け入れることである。

第３節　日本における内部統制

日本における会社経営に関する法典は，1890年（明治27年）に制定されている。同時に監査制度も制定されている。その後，1948年（昭和23年）に証券取引法が公布され，公認会計士制度が発足された。公認会計士による財務調査は，抜打ち試査と呼ばれる監査で，全ての帳票が正当な手続きを経て作成されているという前提が条件となっている。そのために，企業は内部統制が整備・運用されていることが必要となるのである。1950年（昭和25年）に企業会計基準審議会により「財務諸表の監査について」が発表され，その中で内部統制は，内部牽制組織と内部監査組織とから構成されるとある。そして，1951年（昭和26年）には，通産省産業合理化審議会により「企業における内部統制組織の大綱」が発表され，その中で内部統制は，「経営者が企業の全体的観点から執行活動を計画し，その実施を調整し，かつ実績を評価することである。」としている。

このころは，内部統制も単なる内部牽制から徐々に経営管理の領域まで広がっていたが，その当時の日本の経営者が内部統制に関心をもってはいなかった。戦後の日本のビジネス社会では，投資家保護の意識も低く，財務報告の重要性の認識も薄かったと言える。

しかし，21世紀に入った日本のビジネス社会では，経営管理に重きを置いた内部統制からコーポレート・ガバナンスに重きを置いた内部統制へと変化をもたらした。その最初が，2003年（平成15年）３月に，内閣府令に示した経営者による有価証券報告書の記載内容が適切であることを確認した確認書提出を任意制度として定められたことに始まる。日本における内部統制の義務づけについては，金融庁の企業会計審議会が発表した「財務報告に係る内部統制の評価及び監査基準（公開草案）」（2005年（平成17年）７月13日公表）にて示された。この公開草案は，「Ⅰ．内部統制の基本的枠組み」と「Ⅱ．財務報告に係る内部統制の評価及び報告」と「Ⅲ．財務報告に係る内部統制の評価」の３部から構成されている。内部統制の基本的枠組みの項目には，経営者が整備・運用する役割と責任を有している内部統制自体についての定義，概念的枠組みを規定している。具体的には，取引や業務の内容を詳細に記録保存する「文書化」などが柱になっている。社内体制をチェックする「内部統制報告書」を作成して公認会計士の監査を受けることになった。

また，2006年（平成18年）５月１日に施行された会社法は，大会社（資本金５億円以上または負債額200億円以上）の取締役に内部統制システム構築の基本方針決定を義務付けている。2006年５月16日には，「証券取引法等の一部を改正する法律」（証券取引法等改正法）が，衆議院本会議で可決され，参議院本会議では2006年（平成18年）６月７日に可決された。この法律の内容は，上場会社に財務報告の信頼性に関する内部統制を義務づけるものであり，ディスクロージャー制度も大きく見直された。この主な項目は，次のようなものである。

① 「集団投資スキーム」に対する開示規制の運用
② 組織再編成に伴う開示義務
③ 四半期報告書の法制化
④ 内部統制報告書の導入
⑤ 大量保有報告書制度の見直し

この法律は，公布日から１年６ヶ月以内の政令指定日から金融商品取引法に名称変更される。この金融商品取引法は，日本版ＳＯＸ法（J－SOX）の中核となるものであり，金融商品を取引するときのルールをまとめたものであるが，この中に上場企業に内部統制の義務化を求める部分が含まれている。この法制化によって，上場企業は，財務諸表の内容の適正性を確保するための「内部統制」の整備と，内部統制報告書の提出が義務づけられた。この金融商品取引法

□図表11－1□　内部統制と外部監査

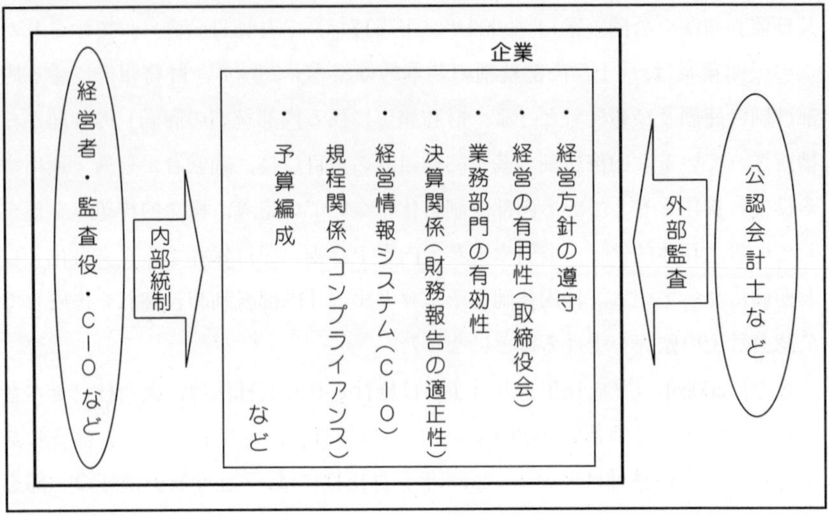

は，2009年３月期から内部統制報告書の提出が求められる見通しである。

以前の商法では，内部統制システムの構築については委員会等設置会社にのみ義務付けていたが，会社法は施行された５月の最初の取締役会で「内部統制システムを作る」ことを決議しなくてはならないのである。そのために2007年（平成19年）の株主総会では営業報告書を開示しなくてはならない。会社法では内部統制システムの具体的な内容までは要求されていないが，①取締役会の法令順守の体制，②従業員の法令順守の体制，③リスク管理の体制などを抽象的にではあるがその必要性を求めている。

Ｊ－ＳＯＸ法に対応した内部統制体制を構築するには，財務報告にかかわる業務フローを洗い出し，そのフローで発生するリスクを棚卸しした上で，業務プロセスを改善しなければならない。この一連のプロセスでは，さまざまな文書を作る必要がある。全社を巻き込んだ中長期のプロジェクトの中で実施しなくてはならないであろう。しかし，これまで性善説で業務を進めてきた日本企業にとっては，「内部統制」というコンセプト自体を捉えにくいのが現実である。どこまでの業務を内部統制の対象に含め，どのような統制活動を組み込めばよいのか。そして，その際に，どんな文書を作成すればよいのかが分かりにくいのが実情なのである。J－SOX対応プロジェクトチームには，「プロジェクト全体の理解」と「文書化技術の習得」が要求される。J－SOXのコンセプトの考え方の理解から始まり，計画立案，文書化対象業務選定，全般統制および業務処理統制にかかわる文書化，内部統制評価，そしてプロジェクト管理まで，J－SOXプロジェクト全体にわたる知識やノウハウが必要となる。そのために，具体的な社内体制や自己評価，監査の基準といった詳細を政令で定めることになっている。

金融庁企業会計審議会内部統制部会長である青山学院大学の八田進二教授は，「金融商品取引法（日本版SOX法）で問題にしているのは，あくまでも財務報告にかかわる内部統制である。米国のSOX法に対応した企業では，業務プロセスの末端に至る内部統制についての文書化などが要求されたことから，現場が疲弊してしまっている。日本版はこれとは全く違う。財務報告を歪めないために最低限のことをやってほしいというのが本来の趣旨だ」[2)]と述べている。すなわち，内部統制は，今後の企業経営に不可欠なものであり，日本企業が対応を迫られることは確かであるということである。アメリカのSOX法が「文書化」を徹底したために巨額のコストがかかり，内部統制のための内部統制になってしまっている状況から，政令による詳細は遅れ気味になっているが，企業経営にとっては，自社の自律的システム構築のためにも不可欠なものであることを再認識して取り組まなくてはならない。

第４節　「ＩＴ利用」から「ＩＴへの対応」へ

2005年（平成17年）７月に金融庁の企業会計審議会が公開した草案では，「ＩＴ利用」とされていたが，2005年（平成17年）12月に公表された日本版ＳＯＸ法の土台となる基準案文書では，「ＩＴへの対応」と大きく踏み込んだ表現となった。米国と比較すると日本版のＳＯＸ法の特徴は，ＩＴとの関連を明記した点にある。ＩＴ環境の飛躍的進展によりＩＴが組織に浸透した現状に即して

「ＩＴへの対応」を基本的要素に加えると共に，その背景を説明している。草案では，「ＩＴは，内部統制実現に重要な影響を及ぼす」と述べていたが，基準案では，「ＩＴへの対応とは，組織目標を達成するために予め適切な方針及び手続きを定め，それを踏まえて，業務の実施において組織内外のＩＴに対し適切に対応することをいう」とあり，ＩＴは内部統制の目的を達成するための不可欠な要素として，内部統制の有効な判断基準となるとしている。

内部統制を実現するには，日々の業務を記録する情報システムの構築が欠かせない。すでに企業が整備しているメールや各種ファイルを基盤とする情報システムは，内部統制を進める上で大きな助けになるであろう。電子データであれば，保存や複製，検索といった処理の手間を抑えられる。問題は，業務の全てにおいて記録を残し，必要なときに必要な記録を取り出せるシステムが構築できるかどうかである。無秩序なＩＴ化は，不正アクセスやデータの散逸を招き，内部統制システムの障害になりかねない。

なお，Ｊ－ＳＯＸ法は「ＩＴへの対応」という表現を使用しているが，2004年の総務省の「ＩＣＴ政策大綱」とは違う表現になっている（第２章第６節を参照のこと）。Ｊ－ＳＯＸ法も本来はＩＣＴにするべきと考えるので，法案のみ「ＩＴ」を使用し，その他は「ＩＣＴ」を使用する。

(1)　業務処理統制と全般統制

そのために，「ＩＴへの対応」は，「ＩＴ環境への対応」と「ＩＴの利用及び統制」の２つに分けている。ＩＴ環境とは，企業がかかわる内外のＩＣＴの利用状況などを指すと規定し，企業の管理が及ぶ範囲で，あらかじめ設定した方針と手続きに基づいて，適切に対応することが必要だとしている。すなわち，ＩＣＴ面の内部統制は，情報システムで行う業務処理に係る業務処理統制のことを指している。業務処理統制とは，業務プロセスとその業務のシステムを対象としている。

また，「ＩＴの利用及び統制」では，内部統制の他の基本要素の有効性を確保するためにＩＣＴを有効かつ効果的に利用すること，また業務に体系的に組み込まれ利用されているＩＣＴに対して内部統制の他の基本的要素をより有効に機能させること，この２つの要素が有効性判断の基準となることを示唆している。すなわち，ＩＣＴの管理全般にかかわる全般統制である。全般統制とは，ＩＣＴのインフラとＩＣＴ部門の業務のプロセスを対象としている。そして，「業務処理統制」と「全般統制」を包括し，ＩＣＴ環境を含む組織や規定・方針などのポリシーや環境を対象とした全社的統制とがある。これら３つの「業務処理統制」「全般統制」「全社的統制」がＩＣＴ統制ツールからみた種類である。

「ＩＴ環境への対応」としては，グループウェアである「ロータスノーツ」で作ったワークフロー管理システムを採用する企業もある。業務プロセスの価格決定については，価格が，納入条件などによって個別に決まる。従来は，営業担当者が柔軟に単価を決めて注文を取ることができたが，原価に基づく利益率などに応じて，部長承認を必要とする規定の整備をして業務プロセスを見直す必要がでてきた。ワークフロー管理システムによって，数量とその数量を前提とした単価について，規定に沿って事前承認を受ける。この情報は見積書作成システムに引き継がれる。承認済みの内容より安い単価，少ない数量の見積もりは作成できない仕組みを作り上げる。

たとえば，営業担当者が作成したワークフロー管理システムで承認された後に，細部を訂正したいケースが出てくる場合がある。この時に，訂正を認めて，これに伴う基幹情報システムのデータの書き換えなどを自動化するのは工数がかかり過ぎる。その時には，訂正を認めず，承認をやり直すルールに変えることにより，営業担当者には，最初から自分の責任で正しい見積書を作成する意識を植えつける改革が必要となる。

「ＩＴの利用及び統制」では，情報システムの部門の対応が必要となる。具体的に情報システム開発・運用体制，ログ（操作履歴）の管理などである。内部統制では社員が自分の責任においてＩＤ管理などが前提となる。人事異動などの情報が入力される人事情報管理システムは，24時間以内に各種業務システムのＩＤ設定に自動反映させる仕組みなどが必要となる。異動した人が，以前の権限のまま情報システムを操作できないようにするために必要となる。

(2) ＥＲＰの権限機能

Ｊ－ＳＯＸ法対応のための情報システム整備の方法として脚光を浴びているのがＥＲＰである。ＥＲＰを導入しなければ対応できないものではないし，ＥＲＰを導入すればそれで解決するものでもない。ＥＲＰやワークフローなどは，ＩＣＴ統制の種類である「業務処理統制」を構築するときに便利なツールなのである（第７章第２節参照のこと）。

ＥＲＰは，在庫，原価，売掛金などの社内のあらゆる数字が連動しているために，特定の数字だけを不正に操作することは不可能である。そのために，内部統制の整備には，ＥＲＰのパッケージの活用が便利であるといわれる。ＳＡＰなどのＥＲＰには，マスター登録と個々の伝票登録を分離するなど，一般的な統制機能が備わっている。

しかし，権限設定は自由にできるので，ＥＲＰ上で同じ社員が「仕入先マスター」と「支払伝票」の両方を操作できる権限を設定しておけば，仕入先に架空に発注などの不正を起こすことはできる。管理職などが経費の支払いを自分で起票し，自分で承認できる権限設定にしておけば不正は起こりやすい。複数の社員が同じ利用者ＩＤを共有しているような企業では，ＥＲＰを導入しても，適切な設定や運用が行われているかどうかのチェックは不可欠となる。

Ｊ－ＳＯＸ法対応および内部統制システム構築の点からＥＲＰ導入を計画した場合のメリットとデメリットがある。ＥＲＰ導入のメリットとしては，①ＥＲＰによる統一コンセプトのシステム化により，手作業の軽減・信頼性の向上が期待できる。②ビジネス全体を通してトレーサブルなシステムを構築できるので監査証跡の確保が容易となる。③システム全体に対して統一的なセキュリティ対策を講じることができる。④カスタマイズを極力回避できれば，システム定義にかかわる文書作成負荷が軽減できる。⑤標準的な内部けん制が適所に組み込まれシステム的なリスクコントロールやモニタリングが可能になる。⑥内部統制にかかわる標準的な文書化機能が組み込まれているものがある。

また，デメリットとしては，①ＥＲＰ製品は非常に高価である。②ネットワーク，パソコン，サーバ費用が増大する。③ＥＲＰの維持費が高い。④導入コストも高くつく。⑤システム部門だけでなくユーザーにも多大な負荷がかかる。⑥ベンダー，製品選択が難しいし，導入後の変更は困難である。⑦カスタマイズが簡単でないために業務面での対応が難しい。⑧ＥＲＰのライセンス費用が高い，など資金面で高くつくことが主なデメリットである[3)]。しかし，企業グループ全体としてＥＲＰソフトを導入すればグローバル標準の統一的な内部統制システムの構築が可能となることは確かであるが，導入すればできあがるというものではない。

内部統制のＩＣＴガバナンスを維持していかなくてはならないし，ＩＣＴプロセスを運営していくことが重要な要素となる。Ｊ－ＳＯＸ法対応でＥＲＰを導入する場合は，一部の業務にだけ導入しても効果が限定される。ただし，日本製のＥＰＲは，販売政策なのかＥＲＰの一部の情報システムのみを別売り的に販売している。今後は，コストの関係で一部の情報システムを順次買い増している企業は，非常に難しい選択に迫られる可能性は高い。

(3) COBIT

ＩＣＴ統制の種類の中の「全般統制」の構築ツールとしては，セキュリティ管理ツールやＩＤ／アクセス管理ツールなどがある。そして，この「全般統制」におけるツールを体系化するために統制対象や統制目標を明確化する必要性がある。その活用のために注目されているのが，COBIT（Control Objective for Information and Technology）[4)]である。COBIT は，企業におけるICTガバナンスの確立を目的に，ISACA（米国情報システムコントロール協会）と IT GI（ＩＴガバナンス協会）が実践規範として作成したものである。ＩＣＴ投資の評価やＩＣＴのリスクとコントロールの判断，システム監査の基準などに使われている。ISACA は，ＥＤＰ監査人財団（EDPAF）からスタートした団体であり，COBIT も EDPAF が編集し発行したコントロール目標（control objectives）に起源がある。

1996年に，COBIT 第1版が，34のＩＴプロセス／5つのＩＴ資源／7つのＩＴ基準からなるフレームワークの形で発表された。そして，1998年にツールセットを加えた第2版が発行され，2000年には成熟度モデルなどの概念を取り入れた第3版が情報システムコントロール協会とITガバナンス協会から発行された。

2005年12月には，実際の組織により適用しやすくした，ITIL（Information Technology Infrastructure Library）やＩＳＯ17799，CMMI（Capability Maturity Models Integration），PMBOX，PRINCE 2などとの調和を図った

□図表11－2□　COBITの4つのドメインと34のＩＴプロセス[5)]

計画と組織		供給とサポート	
1	戦略的ＩＴ計画の定義	1	サービスレベルの定義と管理
2	情報アーキテクチャの定義	2	サードパーティサービス管理
3	技術指針の決定	3	性能やキャパシティの管理
4	ＩＴ組織の関係の定義	4	継続的サービスの保証
5	ＩＴ投資の管理	5	システムセキュリティの保証
6	運用目標と指針の伝達	6	識別とコスト配賦
7	ＩＴ人的資源の管理	7	ユーザーの教育・訓練
8	品質管理	8	サービスデスクとインシデント管理
9	リスクの査定と管理	9	構成管理
10	プロジェクト管理	10	問題管理
取得とインプリメント		11	データ管理
1	自動化されたソリューションの検証	12	物理環境管理
2	業務ソフトウェアの調達・保守	13	運用管理
3	技術基盤の調達・保守	モニタと評価	
4	プロセスの開発・保守	1	ＩＴパフォーマンスのモニタと評価
5	ＩＴ資源の調達	2	内部統制のモニタと評価
6	変更管理	3	コンプライアンス遵守の保証
7	ソリューションと変更の導入・認定	4	ＩＴガバナンスの提供

COBITの第４版が発行された。

COBITの第４版は，ＩＣＴ経営プロセスを①計画と組織，②調達と導入，③デリバリとサポート，④モニタリング，の４つのドメインを定義している。COBITをＳＯＸ法に必要な部分だけを整理したために，「COBIT for SOX」とも呼ばれる。

COBIT for SOX 法は，内部統制の目標を定義し，モニタリングを通して，ＰＤＣＡのサイクルを実行することによって継続的に改善を行い，達成すべき目標に向かって統制レベルを向上させることを期待している。ただし，どのように実行するかという手段であるフレームワークについては，利用者に任させている。

また，日本においては，ＩＣＴツールの導入は自社の状況を鑑み検討する必要がある。ただし，Ｊ－ＳＯＸ法は，「業務処理統制」および「全般統制」への具体的取組みについては，公表されている基準案に具体的対応はない。「実施基準」にも詳細な対応はない。これは，具体的な取組みは，企業によって異なるために，ＩＣＴ統制ツールの導入は，企業の成熟度によって導入範囲や導入形態を検討すべきであるというメッセージである。

そこで，ＩＣＴ組織の成熟度を測るモデルとしては，COBIT では「リスク」という概念が強く打ち出されている。ここでいう「リスク」とはシステムトラブルなどの技術リスクのほか，情報漏えいに関することなどマネジメント体制も含まれる。そこで COBIT では開発側・利用側双方をマネジメントすることで，セキュアな環境の下，ＩＣＴを積極活用できる体制作りの指標を提示している。また，ベンダーからの「ＩＣＴ調達」を前提にしている点も特徴の１つである。

COBIT がＩＴプロセスの成熟度レベルを示している。その最初が，レベル０の存在しない（Non−Existent）の状況であり，レベル１は，初歩的（Initial）状況，レベル２は，反復可能（Repeatable）状況，レベル３は，定義されている（Defined）状況，レベル４は，管理されている（Managed）状況，レベル５は，最適化されている（Optimized）状況として示されている。この成熟度は，内部統制のＩＣＴ対応に相当する。

また，ソフトウェア開発で注目されているのが，ＣMM（Capability Maturity Model）であり，能力成熟度モデルを発表している。ＣMMは，アメリカ国防省の依頼によって米カーネギーメロン大学のソフトウェア工学研究所（ＳＥＩ）が開発したものである。このＣMMを拡張したのが CMMI（Capability Maturity Models Integration）である。下記に CMMI における成熟度レベルを示し，その中でＩＣＴ統制ツール導入例を示してみたい。

⑷　CMMIにおける５段階の成熟度レベル

レベル１　初歩レベル：場当たり的（Initial）

ソフト開発に必要な開発プロセスが管理されておらず，その大半が現場のエンジニアである個人に任せたままになって，組織的な開発プロセスの管理ではない状態である。

内部統制の整備におけるツールは，セキュリティ関連の物理的対策を行うレベルであり，内部統制評価におけるツールとしては，エクセルやワードによる手作業で行う。

レベル２　管理されたレベル：反復可能的（Managed）

個々の要件管理やプロジェクトの計画策定などの個別プロジェクトにおける基本的なプロセス管理は実施されているが，全社的なものにはなっていない状態である。このときの要件管理とは，作業基準や手順がきちんと管理されているかどうかということである。このような管理方法が全社的に標準化されてなくても，個別プロジェクトのメンバーが理解し実践していれば要件管理は達成していることになる。この要件管理のほかには，プロジェクト計画策定やプロジェクトの監視と制御，供給者合意管理，測定と分析，プロセスと成果物の品質保証，構成管理などがある。

内部統制の整備におけるツールは，アクセス管理やアイデンティティ管理，ログ管理，運用管理ができるツールであり，内部統制評価におけるツールとしては，文書化支援ソフトおよび内部監査ツールなどで行う。

レベル3 定義されているレベル（Defined）

標準的な開発プロセスを数多く定義しており，それを全社レベルで実施できる状態である。個々のプロジェクトに留まっていた管理が，全社的に実施されていることを指す。レベル２での要件管理は，それが全社的に実現された状態である要件開発になる。そのために，組織プロセス重視やリスク管理などのＩＣＴベンダーなら当然の実施すべき基本的項目が入っている。この他には，技術解，検証，妥当性の確認，組織プロセスの定義，組織トレーニング，統合プロジェクト管理，統合チーム編成，統合化されたサプライヤの管理，決定分析と解決，統合のための組織環境などがある。

内部統制の整備におけるツールは，変更管理，開発管理などができるツールであり，内部統制評価におけるツールとしては，文書管理，プロジェクト管理，ｅ-ラーニングなどが行える。

レベル4 定量的に管理されたレベル（Quantiative Managed）

開発プロセスを定量的に測定し，結果を把握でき，それをプロセス改善につなげられる状態である。レベル３で設定されている統合プロジェクト管理は，レベル４ではプロジェクト管理を単に実施するのではなく，各種の統計手法や定量化手法などに基づいて実施することが求められる。たとえば，進捗度を定量的にまたは数値的に把握できる EVMS（Earned Value Management System）に基づいてプロジェクト管理することである。

内部統制の整備におけるツールは，ＥＲＰ，ワークフロー，連結会計／財務分析ツールであり，内部統制評価におけるツールとしては，自己評価ツールでＢＲＰが実現できる。

レベル5 最適化されている（Optimized）

開発プロセスを継続的に改革しており，問題の原因を分析し解決できる状態である。レベル４までのすべての改善に加えて，高い品質を維持しながら，不必要なコスト増を抑えてしかも納期遅れを防げるソリューション・システムを目指している状態である。人的，組織的，技術的な欠陥やエラー，ミスが顕在化しなくても，欠陥につながる可能性があれば自律的に，自動的に改善できるような組織であることが要求されている。

内部統制の整備におけるツールは，ＸＢＲＬ対応の会計システムであり，内部統制評価におけるツールとしては，モニタリング，ＢＩツールである。

このＩＴプロセスの成熟度レベルは，企業システムとして内部統制がどのレベルぐらいに成熟しているかを見る尺度として活用可能である。内部統制が企業システムとして，個人に頼らず，組織として一定の水準以上の統制が保てるかという視点を与えてくれる。

この成熟度レベルは，システム関連のベンダーにとっては，企業の成熟度を表す指標ともなる。日本の内部統制法には罰則規定の設定はないが，今後，議論はされていくのでベンダーは，システムに対してのシステム観を持っていなくてはならないであろう。その必要性は，経営者が連結での全社的な内部統制の評価を行い，その結果を踏まえて，財務報告にかかわる重大なリスクに着眼して，必要な範囲で内部統制を経営者自身で評価するという自己言及型システムであるためである。ベンダーが注文を聞いて，その注文どおりにシステムを完成しても，システムの結果において注文通りの結果が出るとは限らない。内部統制法は，罰則規定がないので法的に強制することができないので外部事業者であるベンダーは難しい対応に追われる。この立場は，外部者としての公認会計士などとは違った外部者となる。

第５節　システムとしての内部統制

内部統制のシステム観は，社会のパラダイム・シフトや組織体制の変遷，会計情報システムの進化，情報提供会計への変化などから影響を受けた経営システムの捉え方が関係してくる。このために，５つの内部統制システム観を示す。

フェーズ０　ピラミッド型機械システム観

組織そのものが指揮命令系統で作り上げられているために，ピラミッド型の組織になっている。そのために，経営管理手法が効いていてそれぞれの部門は上からの指令の下に統制が取れていることが前提となっている。しかし，各部門の関係性やコミュニケーションはなく，上下関係のみで成り立っているために，管理がうまくいっているかどうかが内部統制上の問題になっている。組織運営そのものが内部統制的にできあがっている状況であろう（序章第2節および第9章第1節参照のこと）。

フェーズ1　ネットワーク型機械システム観

横のつながりがネットワークとして出てきた状況である。ピラミッドを逆にしたような組織で社員が自分で考え，自分で実行するような経営ができている。逆ピラミッド型組織は，現場や社員を上位とみなして行う経営である。現場主義や社員の意思決定を重視し顧客主義である組織である。組織としては管理システムではなく支援システムとして機能している。そのために，ステークホルダーに対しては内部統制システムが必要となり，財務諸表を通してビジネスランゲージとして信頼のあるものにしなくてはならない。

フェーズ2　ネットワーク型有機体系システム観

内部統制システムから産み出された情報が，スークホルダーや経営者に報告されるだけではなく，組織全体に内部統制データがフィードバックされている状況である。個々のプロジェクトで行われている支援活動が，全社的に実施されていることを指す。情報が情報を生み出している状況である。そのために，経営開発や組織変革が可能となっているシステムとなっている。すなわち，組織が自己組織的フェーズに入っている（第4章および第5章第2節参照のこと）。

フェーズ3　ネットワーク型自己言及的システム観

内部統制システムは，経営者が自分の経営を見るという自己言及的な要素を元々持っているので，内部統制部門が他部門と関係を持ちながら独立性が確保された状態で内部状況が診られる状況である。この独立された内部統制部門が自ら評価システムを持ち，その部門を含めての評価システムを完備している（第5章および第10章第4節参照のこと）。

フェーズ4　ネットワーク型エージェントシステム観

フェーズ3までは組織が自己言及的で自律的システムとしている状況であ

るが，フェーズ４は主体的なエージェント自身の中に自己言及性があり，エージェント自らが開発プロセスを継続的に改革しており，問題の原因を分析し解決できる状態である。エージェント自身が，フェーズ３までのすべての改善に加えて，高い品質を維持しながら，不必要なコスト増を抑えてしかも納期遅れを防げるソリューション・システムを目指している状態である(第５章および第10章参照のこと)。

内部統制制度を提案したCOSOの内部統制システムは，取締役から経営者までを含んでいるためにシステムとしては自己言及的システムであるということができる。企業にとって内部統制の行為は，組織にとっても自己言及的システムである。また，CCMIにおける最適化されているレベル５は，システムの中の欠陥やエラーが顕在化しなくとも自己修正する自律的にそして自動的に改善する自己組織的システムを要求している。

内部統制は，投資家の視点から監査役もしくは内部統制部門を通して「業務処理統制」「全般統制」「全社的統制」を行う。しかし，内部の統制部門が内部を監査するのであるからそこでは独立性が確保されていなくてはならない。この独立性の確保が，監査役および内部統制部門の監査の品質を保証するものになる。もちろん，品質保証には，監査役および内部統制部門の適格性を有していなくてはならない。このことは，システムだけではなく，内部統制制度の中に内包する問題である。この内部統制の独立性の問題と，内部統制システムの自己言及的システムの要求に対してソリューションを提供してくれるものが，オートポイエーシスである（第５章第６節参照のこと)。

ニコラス・ルーマンが，オートポイエーシスの閉鎖性に注目し，自己言及する個体こそが個体の独自性であるといった。内部統制システムをオートポイエーシスとして捉えることにより，企業組織から独立性を確保し自己言及的システムとしてできる。オートポイエーシスにおける自律的システムは，物質システムや機械システムではなく，自己修正や自己調整する自律的なシステムを内部に持っている自己言及的なシステムでなくてはならない。

自己言及的システムとしての内部統制システムは，企業全体のシステムが全体最適に経営方針という目的に向かって進んでいるかどうかという現象を把握することである。その中には自分達の所属する内部統制部門も入っている。この中で独立性を確保して経営全体を把握するときに，他の部門と同じように経営方針という目的に沿って把握することはできない。これが，自己言及的矛盾を抱えているのである。たとえ，独立性を確保した内部統制部門であったとしても，経営方針という目的に沿って「目的手段連鎖」としての経営システムを認識し，説明しているのはその当事者であるために，外部に対しては信頼性の欠けるものとなる（第10章第４節参照のこと）。

内部統制システムは，内部統制部門や経営者，監査役の中にだけあればよいのではなく，各部門をエージェントとして存在するのであって，そのエージェントの中に意識として内部統制意識を持っていることが重要なのである。それは，ネットワーク組織として各エージェントが，自己修正や自己調整する自律的なシステムを内部に持っているものである。

第１に，企業における内部統制システムは，エージェントごとに内包されているシステムであり，経営革新を行うプロセスそのものであり，階層を作る必要がなく，プロセスのネットワーク性があるだけである。

第２は，内部統制システムは，自己言及システムであり，パラドックスによりシステムを作動しているということである。つまり，自己が自己を生んでいるという自己創出システムなのである。すなわち，自己が作用主体ではなく，システム作動そのものを自己としているシステムのである。

第３は，内部統制システムは，空間や時間などの条件すらシステムの産出プロセスが自己決定してしまっているのである。

これらの特徴が，内部統制システム観であり，認知的システム観を表現している。しかし，内部統制システム観としては，「存在するものは次に観察するときには認知できないものとなっている。それこそ真実であり，私たちは現実へ立ち戻ることができる」[6]という視点がある。内部統制システムは，オープンシステムではなく，ある時点の静止状態にして，クローズドシステムとして機能させるのである。そして，各部門であるエージェントの中に目的論の破壊を伴っていることももう１つの特徴でもある。この「無目的論」に替わって，「問いによる経営」が必要となる。

そのために，自律性である独立性を確保するためには，企業目的とは別の経営現象に対しての問題探求している行為を持って現状認識しなくてはならない。この問題探求とは，内部統制部門が「問い」もしくは「設問」を持つことである。内部統制部門の独立性とは，経営方針とは別の「問い」を持つことである。そして，その「問い」が内部統制部門の行動様式を決定し，答えを導き出してくれる。すなわち，プロセスそのものにも言及できるのであろう。内部統制部門のあるべき姿は，どのような「問い」を持っているかによって決定される。独立した自己言及的な部門のあるべき姿の正解などはない。正解のない「問い」の解答は，「問い」の中にしかないのである。自分の所属する内部統制部門は，何のために設置され，どこから来て，どこに行こうとしているかという正解のない「問い」に対して，その部門独自の「解答」を準備しているかというシステムなのである。ビジネスにおける「問い」の中にこそ「解答」があるということが，「創発」そのものを指している。内部統制部門の役割は，企業経営の「問い」と考えることであるといえる。

内部統制部門を持っている生きた企業とは，動的平衡開放システムであり，動的非平衡開放システムであり，非平衡閉鎖システムでなくてはならない。そこには，自律的であり，自己言及的で自己構成的なシステムである。オートポイエーシス・システムの特徴は，①自律性，②個体性，③境界の自己決定，④入力も出力もない閉鎖性，であった。

バーナードは，経営組織のシステムを生体システムとして見ていると述べた（第４章第１節参照のこと）。そして，その生体システムを機能で分けると，消化器系システム・循環器系システム・呼吸器系システムというサブシステムから成り立っているともいった。しかし，そこには神経系システムは入っていなかった。消化器系システム・循環器系システム・呼吸器系システムは，非平衡開放システムであるが，神経系システムは，非平衡閉鎖システムである。そのために他のシステムとは違い閉鎖システムであり，生物はこの閉鎖システムがなければ生物ではなくなる。もちろん，他のシステムもなければ生物ではない。このオートポイエーシスは，生命システムにおける神経系システムの重要性を述べたものである。この神経系システムは，企業システムにおける内部統制システムに当たる。そのために，オートポイエーシスは，バーナードが機能的に分類するような方法を取っていないし，その部門の目的性すら否定している。

企業の生き残りのためには，環境適応業でなくてはならない。ビジネス環境から起こってくるイシューに対して，企業はソリューションを構築していかなくてはならない。この対応ができないときに企業は統合失調症に陥る。すなわち，コーポレート・ガバナンスに支障をきたす。コーポレート・ガバナンスに問題が発生してくるのは，企業の創業期や転換期における内部統制上のシステムである神経系システムの形成期に構造上の問題が起きている可能性がある。

統合失調症のうちの自律神経失調症は，会計情報である定形的情報が，情報プロセスでの関係性がなくなり，意思決定情報として役立たなくなるために，内部統制では機能しなくなる状態である。そのために，未来に対して顧客や株主から信頼価値を得られなくなるのではないかという不安神経症も発生する可能性も出てくる。そのために，自己組織性が機能しなくなる状況に陥るのである。

この危険性は，内部統制システムは，ある意味において非平衡閉鎖システムであるために起こる。システムの思想の項目で，生体システムは，内部システムである消化器系や循環器系は非平衡開放システムであるが，もう１つの内部システムである神経系システムは非平衡閉鎖システムであると述べた。

システム観としての内部統制システムは，経営改革や組織変容そのものが内部統制システムの本質なのであり，経営改革や組織変容は，新たな発現なのではなく経営改革や組織変容の構造をネットワークとして構造化したシステムが生じたとみなすのである。これが内部統制システムなのである。

中堅・中小企業がＳＯＸ法は，上場企業だけのことであるとし，法律での定めがないために内部統制システムを導入しなくても良いというものではない。企業を継続させ，さらに成長するためにも，経営者がリアルタイムに情報を入手できる環境のために，経営の見える化が必要となってきている。ＩＣＴを整備するだけではなくＩＣＴ活用を行い業務改善や経営革新を行うために，システム観を持ちフェーズ４の内部統制システム観を導入すべきである。

〔注〕

1） 本書第３章「一般システム論」参照。

2） 八田進二「経営トップ不在の内部統制はあり得ない」『日経情報ストラテジー』2006年９月，ｐ.174

3） 齊藤　慎監修『日本版ＳＯＸ法入門』同文舘出版，2006年，ｐ.203追加修正。

4） “COBIT” と COBIT のロゴは，米国およびその他の国で登録された情報システムコントロール財団（Information Systems Audit and Control Foundation，本部：米国イリノイ州）およびITガバナンス協会（IT Governance Institute 本部：米国イリノイ州）の商標（trademark）である。COBIT®の内容に関する記述は，情報システムコントロール財団およびITガバナンス協会に著作権がある。

5） IT Govemance Institute, *COBIT MAPPING : OVERVIEW OF INTERNATIONAL IT GUIDANCE, 2ND EDITION,* 2005

6） H. R. Maturana＆F. J. Varela，*AUTOPOIESIS AND COGNITION: THE REALIZATION OF THE LIVING,* Dorderecht, Holland, 1980
H. R. マトゥラーナ・F. J. ヴァレラ（河本英夫訳）『オートポイエーシス～生命システムとはなにか～』国文社，1991年，ｐ.53

外国語索引

INDEX

【 A 】

【 B 】

【 C 】

【 D 】

日本語索引

INDEX

【 お 】

【 か 】

【 き 】

【 く 】

【 け 】

【 こ 】

【 さ 】

【 し 】

【 す 】

【 せ 】

【 そ 】

【 た 】

【 ち 】

＜著者紹介＞

田端　哲夫（たばた・てつお）

1972年　ハワイ大学にて Accounting & Business Policy を学ぶ。
1975年　京都産業大学大学院経済学研究科修士課程修了
1976年　コロラド大学 K. E. Boulding 教授の行動科学研究所にて学ぶ。
1982年　京都産業大学会計職講座センター講師
1989年　産業能率大学総合研究所事業本部講師
1997年　東海学園大学経営学部専任講師
2001年　東海学園大学経営学部助教授
Eメール：t2tabata@nifty.com

著者との契約により検印省略

平成19年3月31日　初版1刷発行

情報系基礎と会計システム論
―内部統制のシステム観―

著者	田端哲夫
発行者	大坪嘉春
印刷所	税経印刷株式会社
製本所	株式会社　三森製本所

発行所　東京都新宿区下落合2丁目5番13号　株式会社 **税務経理協会**
郵便番号 161−0033　振替 00190−2−187408　電話(03)3953−3301(大代表)
FAX(03)3565−3391　(03)3953−3325(営業代表)
URL　http://www.zeikei.co.jp/
乱丁・落丁の場合はお取替えいたします。

ISBN978−4−419−04829−7　C1063